王华锋 赵飞红 ◎ 著

我国小微企业失败研究

Research of the microbusiness failure in our country

中国财经出版传媒集团

经济科学出版社

Economic Science Press

图书在版编目（CIP）数据

我国小微企业失败研究/王华锋，赵飞红著. —北京：
经济科学出版社，2018.10
ISBN 978 - 7 - 5141 - 9829 - 4

Ⅰ. ①我… Ⅱ. ①王…②赵… Ⅲ. ①中小企业 - 企业
管理 - 研究 - 中国 Ⅳ. ①F279.243

中国版本图书馆 CIP 数据核字（2018）第 236455 号

责任编辑：李 雪
责任校对：蒋子明
责任印制：邱 天

我国小微企业失败研究
王华锋 赵飞红 著
经济科学出版社出版、发行 新华书店经销
社址：北京市海淀区阜成路甲 28 号 邮编：100142
总编部电话：010 - 88191217 发行部电话：010 - 88191522
网址：www.esp.com.cn
电子邮件：esp@esp.com.cn
天猫网店：经济科学出版社旗舰店
网址：http://jjkxcbs.tmall.com
固安华明印业有限公司印装
710×1000 16 开 19.25 印张 300000 字
2018 年 10 月第 1 版 2018 年 10 月第 1 次印刷
ISBN 978 - 7 - 5141 - 9829 - 4 定价：78.00 元
（图书出现印装问题，本社负责调换。电话：010 - 88191510）
（版权所有 侵权必究 打击盗版 举报热线：010 - 88191661
QQ：2242791300 营销中心电话：010 - 88191537
电子邮箱：dbts@esp.com.cn）

本书的研究得到了国家社科规划办青年项目"我国小微企业失败研究"（13CGL043）的资助

前　言

　　小微企业（microbusiness）是我国实体经济的重要基础，占企业总数的99%，提供了85%的城乡就业岗位，贡献了国内生产总值的60%。发展实体经济很大程度上就是要发展小微企业。然而，由于受全球经济持续低迷以及国内经济下行的影响，成本高、税费重、融资难等压力形成叠加效应，严重压缩了小微企业的发展空间。小微企业面临严峻的生存危机与发展难关，小微企业的失败现象十分普遍。商务部曾经对我国小微企业的失败率进行统计，结果显示，小微企业的失败率很高，创业前两年就倒闭的小微企业约占一半。近年来，小微企业的发展问题受到政府的高度关注。最近几届政府工作报告，特别提到目前小微企业经营过程中困难加剧的情况，强调政府要在政策和税收等方面对小微企业予以扶持。但是政府在给予小微企业战略和政策的支持时，首先需要在理论上明确导致小微企业失败的原因是什么及其内在的机理，政府才能从顶层进行战略规划，出台相关措施，切实解决其面临的困难。因此，对于小微企业的失败研究具有非常重要的现实意义。

　　小微企业失败逐渐成为学术界关注的新热点。以往对于小微企业的失败研究主要侧重于探究"小微企业失败的原因是什么"以及"小微企业的失败会产生什么影响"等，但是在研究的过程中仍然主要借鉴大企业成功的经验来进行探讨，研究的内容和成果都比较单一。在相关的文献中，对于小微企业失败的相关研究在内容和层次上都有所扩张和深化，重点研究了应该"如何从失败中吸取教训"和"如何从失败中修复"等问题。尽管如此，目前小微企业失败研究还存在一些理论缺口。

第一，小微企业失败的主要原因和机理仍不清楚；第二，小微企业失败的正面影响考察不够；第三，没有站在连续创业的角度研究小微企业失败，对创业者先前的失败经历对后续创业活动的影响考察不深入；第四，缺乏对小微企业失败的系统研究，对小微企业失败发生的具体过程和路径机制探讨不够，还没有形成完整的小微企业失败理论框架。

因此，本书在现有研究基础上，以小微企业为研究对象，着重探讨创业者的创业失败经历，探寻创业失败背后的主要原因及机理，分析失败对企业家个人、团队、组织（家庭、企业等）、社会造成的影响；并在此基础上，进一步考察他们对创业失败所进行的失败学习与反思，以及失败学习对后续创业活动的影响。本书旨在从一个全新的视角——连续创业视角（seires enterpreneusship），以失败学习为核心，建立先前的失败经历与随后的创业活动之间的联系，从而构建出一个研究小微企业失败完整的理论框架，弥补已有研究的不足。本书的研究特色在于：第一，连续创业视角。本书从一个全新的视角——连续创业视角考察小微企业失败现象，回答失败是如何影响后续创业活动这一问题，包括后续创业行业、时机的选择以及后续创业绩效等。事实上，创业者很少在创业成功之前没有经历过失败的，而创业失败经历对创业者日后取得创业成功至关重要。第二，积极的失败观。本书关注小微企业失败积极意义，重点考察失败引起的两种正面结果，失败学习和失败干预，回答创业者如何通过失败学习和失败干预实现东山再起这一问题。因此，本书的研究成果对于丰富和完善小微企业失败理论具有重要学术意义。

本书的研究与出版得到了国家社科规划办青年项目"我国小微企业失败研究"（13CGL043）的资助。在此，我们向国家社科规划办深表诚挚的谢意。本书内容建立一些阶段性研究成果的基础之上，这些成果包括发表于《科研管理》上的论文《创业失败、失败学习和新创企业绩效》，发表于《管理评论》上的论文《创业者的失败经历、失败反应与失败学习》，发表的成果分别被新华文摘网络全文转载、新华文摘论点摘编和人大复印资料全文转载。在资料收集的过程中，我们得到了社会各界人士的帮助，在此表示深表感谢。在本书的写作过程中，参考了大量学者的研究成果，并从这些成果之中获取了许多有益的启示，这些学者已在书中列出，在此一并表示衷心的感谢。由于本书作者水平有限，书中难免存在一些疏漏，我们期待各位专家、学者和广大读者的批评与指正。

2018 年 7 月 18 日

目录

序篇 / 1

第一章　绪论 / 3
　　第一节　现实背景 / 3
　　第二节　理论背景 / 7
　　第三节　研究目的 / 12
　　第四节　研究构思 / 13
　　第五节　技术路线 / 19
　　第六节　章节安排 / 20

第二章　小·微企业及其失败概念界定 / 23
　　第一节　小微企业的概念界定 / 23
　　第二节　小微企业失败概念界定 / 26

上篇：小微企业为什么会失败？ / 31

第三章　小·微企业失败原因 / 33
　　第一节　客观原因 / 33

第二节　主观归因 / 46

第四章　小微企业失败的内在机理 / 52

第一节　研究目的 / 52

第二节　研究假设与理论模型 / 53

第三节　变量的选择与测度 / 61

第四节　数据分析 / 64

第五节　研究小结 / 80

中篇：小微企业失败有什么影响 / 83

第五章　小微企业失败的影响 / 85

第一节　失败对创业者的影响 / 85

第二节　失败对于后续创业活动的影响 / 89

第六章　失败经历、失败归因与失败学习 / 101

第一节　研究目的 / 101

第二节　理论假设与模型 / 102

第三节　变量的选择与测度 / 109

第四节　研究结果 / 115

第五节　结论与讨论 / 119

下篇：如何避免失败 / 123

第七章　小微企业失败学习研究 / 125

第一节　失败学习的研究进展 / 125

第二节　失败学习的模式 / 131

第三节　失败学习的内容 / 133

第四节　失败学习的前因 / 135

第五节　失败学习的结果 / 137

第八章　失败学习与新创企业绩效 / 140

第一节　研究目的 / 140

第二节　理论模型与研究假设 / 142

第三节　变量的选择与测度 / 153

第四节　数据分析 / 157

第五节　研究小结 / 176

第九章　失败干预相关研究 / 180

第一节　小额贷款策略 / 180

第二节　社会网络策略 / 184

第十章　失败干预与新创企业绩效 / 191

第一节　研究目的 / 191

第二节　研究假设与理论模型 / 192

第三节　变量与测量 / 202

第四节　失败外因、失败干预与新创企业绩效关系研究 / 203

第五节　研究结论 / 211

尾篇 / 215

第十一章　失败案例分析 / 217

第一节　研究目的 / 217

第二节　研究方法 / 217

第三节　访谈提纲 / 219

第四节　案例预调查 / 220

第五节　修正后访谈提纲 / 223

第六节　案例分析 / 224

第七节　研究文本分析 / 226

第八节　结论 / 238

第十二章　研究结论与未来展望 / 245

第一节　研究结论 / 245

第二节　研究局限与展望 / 250

参考文献 / 253

附录 / 287

附录1：访谈提纲 / 287

附录2：调查问卷 / 288

后记 / 294

序　篇

第一章

绪　　论

第一节　现实背景

小微企业（microbusiness）作为经济社会的重要组成部分，是市场经济的细胞，分布十分广泛，像一些规模较小的企业、家庭作坊以及个体户等均在这个范畴。随着我国社会主义市场经济的深入发展，小微企业活跃度正在不断提升。20 世纪 80 年代末，由于国内产品普遍短缺，政府放宽私营企业的限制，给了乡镇小微企业发展的契机，小微企业开始快速发展。到了 20 世纪 90 年代后期，随着改革开放的日益加深，对外出口贸易慢慢成为促进我国经济增长的主要动力，东部沿海地区抓住这一市场机遇和国内较低的劳动力成本优势，建立了大量的加工贸易型企业以及与其相配套的小微企业。在 21 世纪，国家大力实施创新驱动战略，提出了"大众创新、万众创业"口号，"互联网＋"以及国家支持创业与创新的政策形成叠加效应，推动了小微企业的发展，成为中国经济发展的一大新亮点，小微企业的发展也迎来了高速发展时期。

目前，小微企业在我国国民经济中扮演的角色越来越重要，已经成为实体经济的重要基础，在促进社会就业、消除贫困、保证经济发展和社会和谐等"保民生"方面发挥的作用越来越突出。党的十八届三中全会决定对企业工商登记制度进行改革，把原先的注册资本实缴登记制逐步改为认缴登记制；并对行政审批制度也进行改革，取消了原有对公司注册资本、出资方式以及时间等硬性规定，极大地激发了社会大众的创业热情。我国小微企业无论是在自身数量上，还是在占企业总体数量比例上，都有了稳步的增长。根据工商部门最新权威数据统计，全国共有小微企业5606万户，占企业总数94%，小微企业数量年均增长率为27%。小微企业生产和销售的最终产品以及服务价值占国内生产总值的一半以上，上缴的税收约占全国税收总额的一半。这些数据充分说明，作为我国市场经济活动重要组成的小微企业，已形成蓬勃发展的新格局。另外，小微企业已成为新增就业岗位的主要载体。随着劳动密集型的特征逐步淡化以及知识经济的发展，规模较大的企业特别是一些大型企业吸纳劳动力的能力将越来越有限，而以轻工业和第三产业为主的小微企业正在逐渐成为吸纳新增劳动力以及失业人员的主力军，小微企业在促进社会就业方面做出突出的贡献。数据显示，全国5600多万小微型企业，按平均5人员工规模计算，已经解决我国将近3亿人口的就业，吸纳全国就业人口达到1/3以上，吸纳城镇就业人口四成以上，而新上岗和失业人群再就业也主要集中于小微型企业。小微企业已经成为促进社会就业的重要渠道，与其他就业渠道相比主要有以下几个特点：一是小微企业是解决我国城镇人口就业问题以及农村剩余劳动力向非农行业转移的主要流通渠道。相对一些规模较大的企业，小微企业的创业就业障碍较小，80%以上的农民工都可以在小型微型企业就业。二是小微企业就业弹性（单位产值使用劳动力）明显高于大中型企业。在同样的资本投入的情况下，小微企业相对于规模较大的企业来说可吸纳就业的人数要多好几倍。其次，小微企业也是创新创业的生力军。小微企业是响应国家"万众创新、大众创业"号召的生力军，小微企业的创办"门槛"低、投入资金少、申办形式灵活,非常适合各类创业人群投资兴业。小微企业主要由大学生创业、女性创业、农民工返乡创业等国家重点鼓励的创业方式建立。目前,全国各地如雨后春笋般涌现的众创空间,也为小微企业提供了一种新型的创业孵化平台,吸引了大量小微企业入驻。最后,小微企业在推动国家科技创新方面也发挥着重要作用。国外数据表明,原始的基础科学创新,90%以上来源于企业,其中80%来源于小微企业。当年的微软、苹果、思科等都是从小微企业发展起来的。从国内来看,小微企业在科技创新方面同样扮演着重要角色,根据有关部门的数据显示,我国小微企业拥有的发明专利占全国总量的65%左右,并且对于新产品的开发越来越重视,各类新兴行业和新型业态不断涌现。

一批小微企业在市场竞争中脱颖而出迅速成长,涌现出一大批新"独角兽公司"。在投资界,所谓"独角兽公司"是指那些估值在10亿美元以上,并且创办时间相对较短的公司。5年前,主要是欧美公司主导"独角兽俱乐部",而今日的"独角兽格局"发生了巨大变化。如今,中国正迅速赶上美国,并远远超过了欧洲。2017年,亚洲新诞生的"独角兽公司"数量18家,来自中国的就有15家。其中包括知乎、摩拜单车、字节跳动等知名企业。这些企业都是从小微企业开始做起,借助风险投资短时间内快速发展壮大,有一些还成功登陆资本市场。

然而,小微企业的发展不是一帆风顺的,遭遇各种问题,最突出的现象就是小微企业创业失败率一直居高不下。尤其是2008年以来,由于国际金融危机等因素的影响,成本高、税费重、融资难等压力叠加,压缩了小微企业在夹缝中的生存发展空间,小微企业面临严峻的生存危机与发展难关。由于产权和经营权高度统一、产品(服务)种类单一、规模和产值较小、从业人员较少、资本实力较弱,小微企业更加容易受到全球经济形势不利的影响。根据《财富》杂志公布的数据,全球创业失败率高达70%左右。国外学者对美国每年新建立的大约70万家新企业进行调查,根据调查数据显示只有3.5%左右的新创企业实现了快速增长并顺利发展成为大企业。美国高新技术型新创企业在 5 年之后仍然存在的仅为之前的 21.9% （Song, et al., 2009）。商务部曾经对我国小微企业的失败率进行了统计，结果显示，我国小微企业的创业失败率很高，创业前两年就倒闭的小微企业约占一半。

小微企业的失败对创业者个人、团队、家庭和社会等均会造成重要影响。从微观层面看，创业失败会让小微企业主蒙受巨大经济损失，负债累累。由于大部分创业资金来源于父母、亲朋好友的借款，少部分来源于银行、民间贷款，创业失败也会间接地导致家庭冲突，更甚者造成家庭破裂。因此，失败的结果会给小微企业主带来沉重的精神创痛，许多人甚至从此一蹶不振。而从宏观层面看，小微企业的高失败率会导致全社会失业率的增加、税收贡献的下降以及民生状况的恶化，进而影响到国家创新驱动战略的顺利实施。尤其是当前我国经济发展进入新常态时期，在供给侧结构性改革的时代背景下，面临"去库存、去杠杆、去产能"的历史使命，鼓励以"互联网＋"为特征的小微企业创新创业成为我国经济转型升级的破局关键，小微企业失败问题已经上升成为影响改革开放大局的问题，引起政府、企业和社会各界的高度重视。

我国政府颁布了一系列的政策和金融措施扶持小微企业发展。2011年国务院推出扶持小微企业健康发展的九条财税政策以及金融政策大礼包之后，相关的配套政策细则以及地方财政政策也陆续出台。银监会也下发了"银十条"的补充通知，对于小微企业贷款的额度以及"门槛"等几个方面放宽限制。在 2012 年《政府工作报告》中，温家宝总理共七次提及小微企业的发展问题，提到小微企业经营困难增多的情况，强调政府要从财政、金融、税收等方面支持小微企业发展。2014 年 10 月31 日，《国务院关于扶持小型微型企业健康发展的意见》正式签发，有针对性地提出了十条政策措施。文件对小微企业初创期所面临的税收、融资、场地、用工、经营管理技能等方面的具体困难和扶持政策的实施问题给予了更多的关注，努力让小微企业进得来、留得住、经营好。这一系列的政策、措施的颁布，极大地减轻了小微企业负担，给小微企业发展创造了更为有利的生存环境。

目前，国内各级政府对小微企业的扶持力度不断加强，并且取得了积极成效，但是仍然没有对小微企业的发展障碍进行针对性的研究，如何进一步做好对小微企业的帮扶是摆在当前的现实问题。目前，一边是小微企业波浪式的创业，一批涌现，一批倒下；一边是政府和有关机构的大力支持，但小微企业高失败的现象没有得到遏制，令人担忧。有学者指出，优惠的政策是国家给予小微企业发展的战略支持，但是给予小微企业的战略支持，首先需要在理论上弄清楚小微企业失败的原因与机理，政府才能从顶层进行战略规划，出台相关措施，切实解决其面临的困难。因此，有必要认真审视小微企业失败现象，分析小微企业失败的内在和外在原因，并且研究创业者失败学习和干预的机制，帮助创业者从失败中恢复，其次进行创业活动。这对于帮助小微企业如何避免失败，提高创业成功率，以及营造小微企业发展有利环境，具有很大的现实意义。

第二节　理　论　背　景

从理论的发展脉络看，理论界对小微企业的关注还只是 20 世纪 80 年代以后的事情。在此之前，大企业、大集团、跨国公司是学术界研究的焦点。主要是由于从"二战"末到 20 世纪 70 年代末这一时期，是以美国为代表的大型资本主义企业发展的鼎盛时期，跨国公司大行其道。在此期间，学者或研究人员主要侧重于探索研究大公司的经营模式或者成长道路，总结大公司的发展经验以及面临的具体问题和相应的决策。因为他们相信大公司本身比小型微型的新创企业更具有效率和社会影响力，因此没有理由把时间和精力浪费在研究小微企业身上。20 世纪 70 年代后期以后，由于国际石油危机爆发导致大企业纷纷破产倒闭，人们对于大型工业企业失去信心，而此时中小型企业自给自足的优点得以被充分展现。此外，当时从以烟囱为基础设施的传统工业慢慢向以信息、服务为基础的无烟工业的转变也为中小型企业的发展奠定了坚实的基础。随着中小企业数量的稳步增加，政府和研究者对于探索如何帮助中小企业健康发展的兴趣也在增加。一大批学者从其他领域纷纷转入对中小企业研究的行列中，并对奠定中小企业研究的学术基础做出了巨大的贡献。

小微企业作为中小企业分支中一个特殊的存在，也受到了学术界足够的关注。然而现有的研究中存在两大显著特征：一是研究领域的可渗透性。学者们更多只是把小微企业作为特定研究对象，借用已有的企业管理理论解释小微企业成长和发展问题。譬如，小微企业的财务管理、战略管理和营销策略研究等等。这些研究本质上是基于大企业实践的管理理论在小微企业中的应用，因此具有研究的局限性。小微企业有着与大企业完全不同的特征，运用已有的理论无法完全揭示出小微企业发展过程中存在的规律。但是到目前为止，理论界尚没有形成权威的小微企业理论，对"小微企业研究的问题有哪些？核心变量是什么？研究的理论边界在哪里？"等关键问题缺乏共识。因此，把小微企业研究建设成为一个在研究主题、理论和研究方法上区别于其他学科的合法学科领域显得十分重要（杨曼、崔平，2014）。二是研究视角的单一性。与政府、媒体和社会公众一样，长期以来学术界也对企业创业成功的现象和案例展示出极大的兴趣，而创业失败现象常常有意或者无意地被忽视，以致有学者认为在小微企业创业研究中存在反失败偏见或者成功偏见（McGrath，1999）。成功固然是企业家追求的目标，但失败却是十分普遍的现象，并且正是因为许多前期的失败才孕育出随后的成功。因此，从某种程度上而言，研究小微企业失败现象显得更有意义。

创业研究领域存在"反失败偏见"的问题，现有的研究大多聚焦于取得成功的创业者，在麦克格雷斯（McGrath，R. G.）、库珀（Cope，J.）

和谢普德（Shepherd，D. A. ）等权威学者的呼吁下，小微型企业的高失败现象逐渐受到学术界的关注，进入主流创业研究学者的视野。特别是最近几年，有关小微企业失败的研究呈现井喷式增长，相关研究在内容、层面和视角方面都取得一定的进展。从研究内容看，小微企业失败的研究可以归纳为以下三类。

一是小微企业为什么会失败？这类研究旨在回答"是什么原因导致小微企业失败"这一问题，学者对小微企业失败的原因有多种解释，有些学者把小微企业失败归咎于内部原因，如创业者个人过度自信、错误的商业模式、对于未来抱有不合理的预期等（Zacharakis，et al.，1999）；而另一些学者则把小微企业的失败归因于不受创业者控制的外部原因，比如小微企业融资受限、经营环境不友善、地域文化差异等（Franco & Haase，2010）。其中，小微企业融资难问题无疑是学者关注的焦点（施生旭，陈琪，2014）。然而，现有研究对小微企业失败主要原因的解释没有达成共识。有学者通过实证研究发现，创业者把小微企业失败归因于"外部原因"或者"内部原因"主要是受当地文化的影响（Cardon，et al.，2011）。目前研究对于小微企业失败的内外因作用机理缺乏深入的探讨。

二是小微企业失败会产生什么影响？这类研究旨在回答"小微企业失败会造成哪些影响"这一问题，学者们研究发现小微企业失败会对创业者个体和社会造成很多直观的负面影响，对于创业者个体方面的影响主要有四个方面：经济上债台高筑，生活水平下降；心理上受到打击，颓废、抑郁；生理上生病，失眠；人际关系上发生家庭冲突，与朋友疏远（Simta，et al.，2007）。从社会方面的影响看，大量创业型企业的破产、倒闭，会对创业风险投资行业造成沉重的打击，加剧区域创业环境恶化，从而降低创业活跃程度（GEM，2012）。但是小微企业的失败是创业者进行学习和吸取经验教训的重要情景，近年来国内外学术界逐渐关注小微企业失败带来的正面影响。通过研究发现失败经历相对于成功更具有学习价值，是创业者获取创业相关的技能和知识的重要来源（Minniti & Bygrave，2001）。失败经历可以为创业者提供客观分析小微企业为什么失败的机会，也是进行创业学习的必要条件（Sitkin，1992）。而目前学术界关于之前的失败经历与创业者后续创业意向之间关系的研究中存在不同的观点：一种观点认为之前失败的创业经历会使创业者一蹶不振，丧失自信，选择就业，不会再进行创业活动；另一种观点认为之前失败的创业经历有助于创业者进行创业学习，积累相关的知识，从而提高创业者的创业热情和后续创业意向。

三是如何从失败中修复？这类研究旨在回答"创业者如何应对小微企业失败"这一问题，包括有情绪导向修复和问题导向修复两类。创业失败会给创业者带来经济、心理、生理和社会四方面的损失，如果没有给创业者提供准确的修复策略，就可能导致创业者产生抑郁等疾病。早期的研究更多关注失败对创业者造成的负面情绪的修复，如谢普德和卡顿（Shepherd & Cardon，2009）从社会心理学的视角，探讨了失败引起的消极情绪在个体内心的变化，认为创业者需要经历一个较长的悲痛复原的过程，才能从失败中恢复。由于目前对于创业者失败的情绪修复研究没有与创业者后续创业活动结合起来，缺乏对创业实践的指导性。因此，问题导向的失败修复成为当前小微企业失败研究的重点。问题导向的修复是指针对失败中暴露出来的各种问题，创业者采取相应的应对措施的行为。

失败学习（learning from entrepreneurial failure）就是一种重要的问题导向修复。失败学习顾名思义就是从当前的小微企业失败情景中总结经验、吸取教训、掌握必要的创业知识和技能，为随后的创业成功奠定坚实基础。学习情景可以有多种，学习过程可以随时随地发生，但创业失败无疑是最佳的学习情景。把社会学习理论和组织学习理论引入到创业失败研究中，并构建失败学习理论是当前最具学术潜力和价值的研究领域之一。失败学习作为创业失败最积极、最正面的影响结果，已经成为创业失败研究的核心变量，是小微企业研究区别于其他研究领域的重要标志。从失败学习的研究内容看，学习的障碍和影响因素是学者关注较多的内容，如归因差异（Cardon，et al.，1999）、文化环境（Cave，et al.，2001）和情绪管理（Shepherd，2003）等。学习的内容和模式是失败学习研究的另一个重要方面内容，主要回答"学什么"和"怎么学"的问题。失败学习的内容大致可以分为外部学习、内部学习和自我学习三类，失败学习的模式则有探索性学习、应用性学习和变革式学习等。虽然失败学习的内容和模式已经延伸到多样性的阐述，但是相关研究仍有很大研究空间，特别是关于"哪一类学习内容、哪一种学习模式的学习效果更好？"诸如此类问题仍没得到很好的回答。

综上所述，小微企业失败研究的理论脉络已经十分清晰，但是从已有的研究文献看，当前的研究缺乏长期导向，还没有形成完整的理论框架，在研究内容、研究方法和研究视角等方面还存在需完善之处。从研究内容看，大部分研究只停留在影响因素识别的阶段，对失败的内在作用机理缺乏深入探讨。譬如许多学者试图罗列出导致创业失败的各种因素，却很少探究失败发生的具体过程和路径机制。学者们已经识别出了众多影响失败学习的障碍因素，但对于失败学习的有效性和学习机制没有深入研究。这些问题的解决有助于发现小微企业运行规律，进一步丰富完善小微企业创业失败理论。从研究视角看，已有的研究更关注失败造成的负面后果，而忽略了失败带来的积极的、正面的结果。失败并不全是坏事，很多时候失败往往是成功的主要前提。因此考察先前的失败对随后的成功造成的影响十分重要且关键，而这就需要研究者站在连续创业的视角看待创业失败的问题，对研究者是一个很大的挑战。与之前的研究相比，相关研究成果更具有实践指导作用。从研究方法看，已有的研究缺少关于小微企业失败的实证研究，由于小微企业失败这一经历具有特殊性，许多失败的创业者不愿回忆和分享那段痛苦的经历，因此学者们较难获得相关的研究数据和资料，并且对于失败小微企业的财务数据也难以获取进行统计分析。以往的研究试图从创业者身上直接获取相关的数据，但是大多数失败的创业者在情感上并不想与其他人分享这一段失败的经历；即便创业者愿意分享，但是他们这种回顾性论述也受到他们个人特质和主观归因的影响而缺乏可靠性。因此这对于学者通过个案访谈来研究创业者创业失败过程来说是一个必须解决的问题。有鉴于此，本书专门开展对小微企业失败过程的系统研究，考察是什么原因导致小微企业失败及其内在的作用机理；重点关注小微企业失败带来的积极影响，即创业者如何从失败中学习和干预；同时站在连续创业视角（Seires Enterpreneusship）上，讨论之前的失败经历对于创业者后续创业活动的影响；这方面的研究成果对于小微企业失败理论的建立与完善具有重要的指导意义。

第三节　研究目的

基于以上所述的实践和理论背景，本书以小微企业为研究对象，着重探讨创业者的失败经历，探寻创业失败背后的主要原因及机理，分析创业失败造成对企业家个人、组织（家庭、企业等）、社会的影响，在此基础上，进一步考察创业者在创业失败后所采取的失败学习行为与失败干预策略，以及失败学习和失败干预对后续创业活动的影响。本书旨在从一个全新的视角——连续创业视角，以失败学习和失败干预为核心变量，建立先前的失败经历与随后的创业活动之间的联系，从而构建出一个小微企业失败完整的理论框架，弥补已有研究的不足。在实践层面上，本书希望起到以下两个方面的作用：一方面，帮助小微企业主能够正确看待失败，积极从创业失败阴影中尽快恢复，并通过有效的失败学习，东山再起；另一方面，帮助政府决策部门从制度层面进行科学合理的顶层设计和战略规划，制定出台务实有效的创业扶持政策措施，切实解决其面临的困难，营造良好的创新创业环境。

第四节 研 究 构 思

本书站在连续创业视角开展对小微企业失败过程的系统研究，回答小微企业为什么会失败、小微企业失败有什么影响以及如何避免小微企业失败等三大关键问题，重点聚焦小微企业失败引起的两种积极后果：失败学习和失败干预。一是小微企业为什么会失败：小微企业的失败原因及机理研究，本书主要认为小微企业失败是内外部因素的共同决定，并且内部因素对外部因素具有调节的作用；二是小微企业失败有什么影响：失败成本与失败学习研究，本书关注小微企业失败积极意义，重点考察失败引起的正面结果：失败学习；三是如何避免失败：失败内部学习机制研究，本书以新创企业绩效为结果变量考察不同失败学习内容的效果和机制；四是如何避免失败：失败外部干预机制研究，本书重点考察小额贷款策略（Small loan strategy）和社会网络策略（Social network strategy）两种干预策略的干预效果和干预机制。具体概念框架如图 1 - 1 所示。

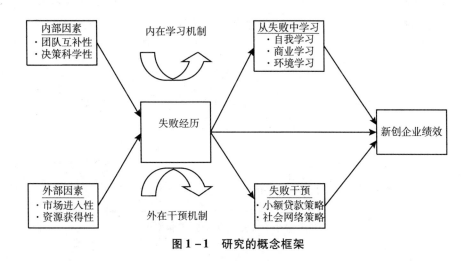

图 1 - 1　研究的概念框架

一、小微企业为什么会失败

本书首先关注"小微企业为什么会失败?"这一问题,旨在弄清小微企业失败的主要原因。关于小微企业失败的原因,已有大量的学者从不同的维度进行论证,但已有的研究并没有得出一致的结论,有的学者把小微企业失败归咎于管理、领导和决策等内部原因(Zacharakis, et al.,1999),有的学者则把小微企业失败归咎于融资、市场和环境等外部原因(Franco & Haase,2010)。由此,本书假设小微企业失败受内外部因素共同影响。此外,本书更想从权变的角度来探究各种因素的交互作用,关注失败发生的具体路径机制。根据权变理论,企业内部的管理和领导风格应该与外部环境的动态性和复杂性相适应(Fielder,1964)。有学者因此建议创业者通过训练包括适应动态环境的能力在内的管理技能来实现成功(Beaver,2003;Biobele,2009)。基于上述研究发现,本书假设有效地管理、领导和决策可以减轻外部复杂环境、市场竞争和融资不畅等不利外部因素对小微企业失败的影响。小微企业失败的主要原因为内部因素决定,外部因素如市场进入性、资源获得性等主要起到催化剂作用。管理制度不完善、领导和决策的不利,再加上受到外部因素的冲击,会加快小微企业失败过程。研究框架如图1-2所示。

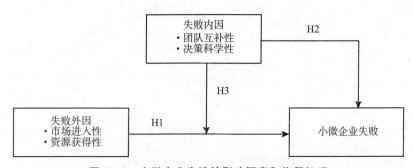

图1-2　小微企业失败的影响因素和作用机理

二、小微企业失败有什么影响

在之前的几年时间里，国内外学者对小微企业高失败的现象进行了广泛关注和讨论，并进行了大量的研究，提出了相应的研究结论。早期对于小微企业失败的研究主要是针对"是什么导致小微企业失败"以及"小微企业失败会对创业者、组织和社会带来什么影响"等相关问题（McGrath，1999；Cardon，1999；Shane，2001）。因此早期的研究结果也主要集中在阐明导致小微企业失败的原因是什么、小微企业失败会造成什么影响、创业者如何从失败中吸取经验教训以及在后续的创业活动中创业者如何避免再次失败或提高新创企业绩效等（Minniti，2001）。1999 年，麦克格雷斯发表了具有开创意义的论文"Falling for-ward：Real options reasoning and entrepreneurial failure"，自此，创业失败研究的重点就从企业失败客观原因和主观归因分析转向了创业者如何从失败中修复以及失败经历对创业者再次创业活动的影响（于晓宇，2013）。国外学术界对失败经历对于创业者进行创业相关知识学习的重要价值予以充分的肯定，并从不同的角度探讨创业者失败学习的作用。例如，论证影响创业者进行失败学习的因素，失败学习对创业者后续创业意向和新创企业绩效的影响等。国内学术界对于这方面的研究较少，并且现有的研究文献主要基于理论模型探讨，缺乏实证数据分析。

人们常说"失败是成功之母"，但很少有人真正理解以前的失败对以后的成功所起到的作用。失败是如何转化为成功的？失败经历会对创业者产生什么失败反应？对于这些问题，我们几乎一无所知。虽然创业者都希望能取得创业成功，但不幸的是，绝大多数人都以创业失败告终（Peng, et al.，2010）。创业失败是一种普遍现象，更有趣的是，许多创业者在经历初次创业失败以后还会进行再次创业。因此，学者除了关注创业成功之外，更需要关注创业失败。特别是在连续创业视角下，创业失败不再是一个简单的负面结果，而且有可能成为有利于后续创业的一个积极因素，这赋予了学术界研究创业失败新的意义。然而，迄今为止关于创业失败对后续创业的积极影响的研究成果非常少见。"从失败中学习"成为学术界讨论相对较多的主题（Cope，2011）。本书聚焦于创业者过去的失败经历以及失败后的反应，考察它们在失败学习中所起的作用。鉴于归因是创业者失败后众多反应中最重要的反应之一，并且会对创业者的学习行为产生深刻影响，本书引入失败归因作为衡量创业者失败反应的关键变量，试图揭示创业者不同的失败经历如何影响他们的失败归因，以及不同的失败归因又如何影响随后的失败学习等关键问题。研究框架如图 1 - 3 所示。

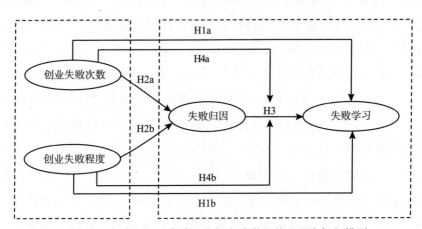

图 1 - 3　失败经历、失败反应与失败学习关系研究框架模型

三、如何避免失败——失败学习

早期的研究者对于创业失败带来的影响保持消极态度，认为创业失败必然会对个人、组织甚至社会产生一些负面影响，如直接地造成创业者经济损失以及给创业者带来的心理和生理伤害等。但随着研究的深入，创业失败研究的内容、层面和视角都有了很大的进展，学者们对创业失败的态度也从消极转为积极，开始关注创业失败的积极影响——失败学习，失败能提供一个很重要的学习机会，对于未来的企业和社会经济发展有积极的促进作用（Shane，2001）。最近研究发现，创业者的失败经历不仅会影响他们的后续创业意愿，而且还会影响后续创业绩效，失败学习则在其中扮演着十分重要的作用（Shepherd，et al.，2009）。需要将失败学习作为一个过程来看待，更多地关注失败学习发生的具体路径机制以及影响这一过程的因素（Yamakawa，et al.，2010）。有鉴于此，本研究站在连续创业（serial entrepreneurship）视角，实证考察先前创业失败经历对后续创业活动的影响，通过引入失败学习这一关键变量，建立创业失败经历与新创企业绩效之间的理论联系，尝试回答先前创业失败经历是否有助于创业者日后创业成功、失败经历是否必然会导致学习、不同失败经历（失败程度和失败次数）对失败学习有什么不同影响，以及创业者从失败中学习到的知识能否真正用来提升他们的企业绩效等一系列问题。本书的研究成果对小微企业失败理论的构建和完善起到重要的理论贡献，同时有助于小微企业主尽可能地避免创业失败，提高创业成功率。研究框架如图 1 – 4 所示。

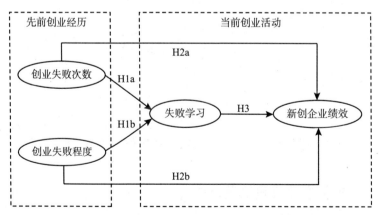

图 1 – 4 创业失败经历、从失败中学习与新创企业绩效关系模型

四、如何避免失败——失败干预

近年来，学者们不仅从失败研究中认识到，创业失败有利于失败学习，并对后续创业具有十分重要的借鉴意义。同时，学者们注意到小微企业失败会引起另一个有积极意义的结果，就是企业会采取一系列防止失败的干预策略。失败学习侧重于创业者能力、知识和技能方面，而失败干预更多的则是应对创业困难、避免企业失败等采取的相应的措施。

本书主要研究小额贷款策略和社会网络策略两大失败干预策略，以及它们在失败外因与新创企业绩效之间的关系。主要从两大方面探究：一是研究分析失败外因对新创企业绩效是否具有显著的正向影响；二是失败干预对失败外因与新创企业绩效之间关系是否具有积极调节作用，并且进一步对失败干预进行分析。研究框架如图1-5所示。

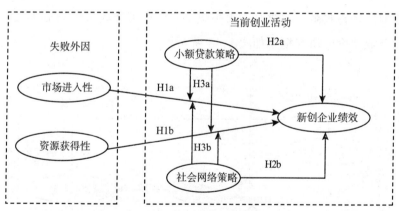

图1-5 失败外因、失败干预与新创企业绩效关系研究框架模型

五、小微企业失败案例研究

本部分在结合已有的创业失败、失败学习和失败干预策略相关研究基础上，通过对连续创业者的深度访谈，详细了解创业者先前创业失败

经历、失败后的自我修复和学习，如何继续再创业的历程以及当前创业取得的绩效等。通过对创业者具体事例的举证，加深本书对小微企业主创业失败研究的探索和启示。本部分包括小微企业主创业"失败—恢复"历程，主要包括创业前因、创业经历和创业失败；创业失败自我修复、学习和再创业历程两块内容。采取预访谈，案例预分析和正式访谈、案例正式分析两步骤。

本部分主要采用了收敛式访谈法（convergent interview），并对访谈材料进行主题内容分析法（thematic content analysis）。收敛式访谈本质上是半结构化访谈的一种。收敛式访谈是一种常被用来在社区或者组织环境中收集关于人们对某个主题的态度和信念方面信息的技术。收敛式访谈往往从最初的开放性问题开始，后面的访谈会在前面访谈的基础上逐渐增加一些探测性问题来获得某些具体信息，当后面的访谈开始产生与以前的访谈一致的信息时，这就意味着已收集到了有关该主题相对充分的信息。尽管可能要做许多次访谈，但整个访谈过程中信息的收集呈现"收敛"的特征。在对访谈信息进行分析时，我们采用了一种使用开放性编码技术的主题内容分析法，主题内容分析法是一种从文本中系统地、客观地识别特征的方法，包括下面几个步骤：访谈抄录、关键数据识别（编码）、概念化、Q 分类。其中，开放性编码是这种分析的核心部分。

第五节 技 术 路 线

首先本书根据研究目的，先对相关的小微企业失败研究理论文献进行系统的分析和梳理，从而整理出本书的研究框架，并且提出相关的研究假设，通过实地访谈与问卷调查等途径获取相关的研究数据，利用 SPSS 和 AMOS 等统计工具对数据进行分析和检验，最后对得出的研究结论进行总结，并对以后的可以更深入进行的相关研究方向进行展望，具体技术路线如图 1－6 所示。

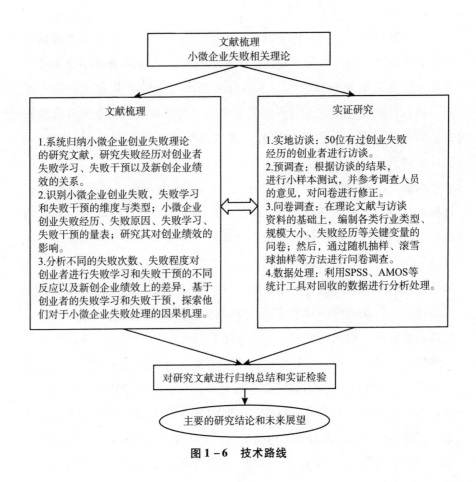

图 1-6　技术路线

第六节　章 节 安 排

　　第一部分是序篇,共分为两章。第一章,绪论。主要阐述本书的研究背景、研究目的、研究构思、技术路线和章节安排。第二章,小微企业及其失败概念界定。着重对本书的研究对象小微企业和小微企业失败两个重要的概念进行系统阐述和界定,为后面的研究奠定基础。

　　第二部分是上篇,共分为两章。第三章,小微企业失败原因。本章在以往的理论文献的基础上,结合实地调查创业者以往企业失败的原因,识别导致小微企业失败的主要影响因素和次要影响因素。同时从归因角度梳理创业者在失败之后对于失败原因的主观归因对后续创业活动的影响。第四章，小微企业失败的内在机理。本章根据权变理论，认为小微企业失败是受到内外部因素的共同影响，其中内部因素对小微企业失败起决定性作用，即有效的内部管理、领导和决策可以减轻环境、市场和资金等外部因素的不利影响。

第三部分是中篇，共分为两章。第五章，小微企业失败的影响。根据实际调查企业的失败情况，以及理论分析的结果，重点关注小微企业失败对于创业者个体的影响，以及小微企业失败对失败学习、创业意愿、创业时机和选择等后续创业活动的影响。第六章，失败归因与失败学习。重点关注失败归因在失败经历和失败学习之间的中介作用，揭示创业者不同的失败经历是否会导致不同的创业者失败归因，并影响不同的失败学习效果等问题。

第四部分是下篇，共分为四章。第七章，小微企业失败学习研究。本章重点对失败学习的国内外相关研究进行系统深入的回顾，对于失败学习的内容、失败学习的模式、影响因素、后果的测量等进行总结与评价。第八章，失败学习与新创企业绩效。本章继续深入考察小微企业的失败学习效果和内在学习机制，弄清"怎么样从失败中学习"的问题，失败学习对创业绩效有怎样的影响。第九章，失败干预相关研究。本章对失败干预策略的相关理论文献进行了系统归纳总结，重点关注小额贷款策略和社会网络策略两种常见的干预策略。第十章，失败干预与新创企业绩效。本章还将深入考察小微企业的失败干预效果和外部干预机制，探讨不同的失败干预策略如何弥补不同的外部因素的不利影响，提高企业竞争优势、克服发展障碍和促进成长。

第五部分是尾篇，共分为两章。第十一章，失败案例分析。通过对连续创业者的深度访谈，详细了解创业者先前创业失败经历、失败后的自我修复和学习，如何继续再创业的历程以及当前创业取得的绩效等，通过对创业者具体事例的举证，加深对小微企业主创业失败研究的印象和认识。第十二章，研究结论与未来展望。本章对研究获得的结论进行总结，提出避免企业失败的对策措施，并指出研究过程中存在的不足之处，以及未来的研究方向。具体内容如图1-7所示。

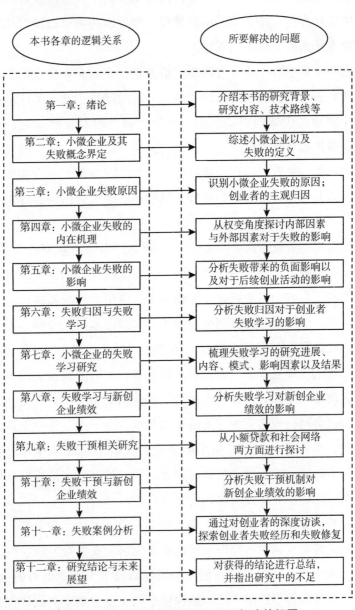

图1-7　各章节的逻辑关系和所要解决的问题

第二章

小微企业及其失败概念界定

第一节　小微企业的概念界定

　　小微企业顾名思义包括小型企业和微型企业，主要指规模较小的企业、家庭作坊、个体户等。小微企业这一学术概念的形成约在 20 世纪中后期，是从小企业或者中小企业概念中分化而来。中小企业一直是国内外学术界研究的热点，而学术界则越来越认为把小企业和微型企业归在一起研究更有意义。目前，国内外对"小微企业"概念缺乏统一的界定。综观国内外的情况，对于小微企业界定的标准主要是从资产总额、员工规模和营业收入等指标加以区分。国外对于小微企业界定的标准主要如表 2－1 所示。

表 2－1　　　　　　　　国外对于小微企业界定的标准

企业规模	美国	加拿大	欧盟	世界银行
微型企业	员工人数在 1~9 人	员工人数 5 人以下	员工人数在 10 人以下；年销售额或资产总额 200 万欧元以下	员工人数在 10 人以下；年销售额或资产总额不超过 100 万美元

续表

企业规模	美国	加拿大	欧盟	世界银行
小型企业	员工人数 10~99 人	员工人数 5~100 人的制造业企业及员工人数 5~50 人的服务业企业	员工人数 10~50 人；年销售额或资产总额在 200 万~1000 万欧元	员工人数 11~50 人；年销售额或资产总额在 100 万美元以下

资料来源：根据相关文献整理。

在 2011 年以前，国内尚未明确对微型企业进行划分，也没有把微型企业纳入到我国官方正式的统计数据中。2011 年，我国工业和信息化部、国家统计局、国家发展和改革委员会、财政部联合印发的《关于印发中小企业划型标准规定的通知》，在之前对于企业的划分类别中，又新增加了微型企业这一新的类别。具体的划分标准主要是参考国外的标准，根据企业的员工人数、营业收入、资产总额等指标，并结合行业特点制定。如表 2-2 所示。

表 2-2   小微企业各行业划型标准

行业	划分标准	企业类型	
		小型	微型
农、林、牧、渔	营业收入（万元）	(500, 50)	<50
工业	营业收入（万元）	(2000, 300)	<300
	从业人员（人）	(300, 20)	<20
建筑业	营业收入（万元）	(6000, 300)	<300
	资产总额（万元）	(5000, 300)	<300
批发业	营业收入（万元）	(5000, 1000)	<1000
	从业人员（人）	(20, 5)	<5
零售业	营业收入（万元）	(500, 100)	<100
	从业人员（人）	(50, 10)	<10

续表

行业	划分标准	企业类型	
		小型	微型
交通运输业	营业收入（万元）	(3000, 200)	<200
	从业人员（人）	(300, 20)	<20
仓储业	营业收入（万元）	(1000, 100)	<100
	从业人员（人）	(300, 20)	<20
邮政业	营业收入（万元）	(1000, 300)	<100
	从业人员（人）	(300, 20)	<20
住宿业	营业收入（万元）	(2000, 100)	<100
	从业人员（人）	(100, 10)	<10
餐饮业	营业收入（万元）	(2000, 100)	<100
	从业人员（人）	(100, 10)	<10
信息传输业	营业收入（万元）	(1000, 100)	<100
	从业人员（人）	(100, 10)	<10
软件和信息技术服务业	营业收入（万元）	(1000, 50)	<50
	从业人员（人）	(100, 10)	<10
房地产开发经营	营业收入（万元）	(1000, 100)	<100
	资产总额（万元）	(2000, 2000)	<2000
物业管理	营业收入（万元）	(1000, 500)	<500
	从业人员（人）	(300, 100)	<100
租赁和商务服务业	资产总额（万元）	(8000, 100)	<100
	从业人员（人）	(100, 10)	<10
其他未列明行业	从业人员（人）	(100, 10)	<10

资料来源：根据相关文献整理。

　　在税收上，小微企业也与其他大中型企业存在不同，主要包括三个方面：一是资产总额；二是企业的从业人数；三是税收指标。具体标准如表2－3所示。

表 2 – 3　　　　　　　　小微企业在税收上的界定标准

企业类型	资产总额	从业人数	年纳税额
工业企业	3000 万元以下	100 人以下	30 万元以下
其他企业	1000 万元以下	80 人以下	30 万元以下

资料来源：根据相关文献整理。

综上所述，为方便数据的收集和统计，本书把小微企业界定为员工人数在 100 人以下，资产总额和营业收入在 3000 万元以下，且年纳税额在 30 万元以下的正处于创业和成长阶段的法人企业或自然人企业。

第二节　小微企业失败概念界定

失败现象是创业活动过程中不可避免的，小微企业失败不仅是竞争中的产物，也是社会适者生存、优胜劣汰的必然结果。就概念定义本身而言，失败的定义是非常宽泛的，失败一般是指未能达到预期的目标，它是一种在现实生活中不可回避的负面结果。如何应对小微企业失败，要求创业者保持一种积极正面的态度。如果创业者能够意识到，之前小微企业的失败经历是一段十分珍贵的学习经历，对于其后续开展创业活动具有指导价值，那么创业者就会将失败看成一种暂时的问题，并会以更加积极的态度去处理失败。因此，研究小微企业失败的基础就是正确地认识小微企业失败。现有关于小微企业失败的大部分相关问题都没有达成一致的意见，导致目前对小微企业失败概念的界定标准仍未统一。主要因为在于，一方面以往的研究学者主要是从方便他们进行研究的角度出发进行界定，而另一方面主要是把小微企业失败与企业停止经营（discontinuance）、小微企业亏损（loss）、小微企业资不抵债（insolvency）以及小微企业破产倒闭（bankruptcy）等概念相混淆。对于小微企业失败的定义主要可以总结出大致以下几种界定。

第一种以小微企业失败的原因界定（原因观）：一些研究以不同的视角考察小微企业失败的原因。内部管理的有效性和外部的经济环境共同影响了小企业的失败率（Dipietro & Sawhney，1977）；产品问题、融资问题和管理层问题是小微企业失败的三个主要原因（Bruno，1988）；年轻的企业失败可能归因于财务管理能力和管理知识不足，而年龄较老的企业的失败可能归因于无法适应环境的变化（Thornhill & Amit，2003）；难以获得融资是导致小微企业失败的最关键因素（Franco & Haase，2010）；也有学者将小微企业失败的原因归结于管理层无效的管理战略（Zacharakis，et al.，1999）；创业者失败是因为他们追求的战略不是详细和有计划的（Van Gelder，et al.，2007）。政府没有创造合适的环境来支持企业发展，企业会更容易失败（Carter & Wilton，2006）。因此，在界定小微企业失败时，应对小微企业失败的原因加以说明。但是这种界定标准比较狭隘，并未获得广泛地认可。因为有学者研究发现，有可能也会出现创业者因为年龄等原因退休或者识别到更好的创业机会，从而自愿将企业关闭等情况（Watson & Everett，1998）。

第二种以小微企业最终的状态界定（结果观）：小微企业的最终状态，要么是小微企业成功进而成为一个成熟的企业，要么是小微企业失败导致企业关闭。有的研究将小微企业失败定义为企业的破产和停止经营的行为，认为一旦创业者为了避免损失，将企业进行清算或者出售，就是失败的（Ucbasaran，et al.，2013）；也有学者将失败看成各种原因（合法性问题、合伙人意见分歧等）所引起的业务中断（Bruno，et al.，1988；Smita，et al.，2007）；其他研究中也有将小微企业失败直接定义为企业的破产与倒闭（Zacharakis，et al.，1999）；小微企业失败不仅包括经济方面的因素，例如破产和清算，也包含其他方面的因素，例如与创业者本人相关的一些棘手的问题（Singh，et al.，2015）；针对初次创业者的研究认为，小微企业失败是初次创业者暂停其创业的行为（Liao，et al.，2008）；同时，麦克格雷斯（1999）在研究中也将新创企业未达到目标即终止作为对小微企业失败的界定。

第三种以创业者创立企业的初衷界定（期望观）：创业者在刚开始创立企业时，都会给自己的企业设定一个预期的目标。企业发展偏离期望的结果即可视为创业失败。一个小微企业继续存在或终止在某种程度上取决于其拥有者个人设定的绩效标准（Gimeno，et al.，1997）；而谢普德对小微企业失败的描述是：由于小微企业的销售收入减少或者经营成本增加到一定程度以致不能吸引新的投资或资产融资，从而现有的所有者和管理层无法继续运营企业时，失败就发生了。

由此可见，在目前的小微企业失败研究的领域中，研究者主要是从方便自身研究的目的对小微企业失败进行界定，从而导致对小微企业失败的界定标准尚未形成一致意见。缺乏一致的小微企业失败定义，已经严重影响到数据的收集与分析（Parsa et al.，2005），并产生很多不一致结论（Crutzen & Van - Caillie，2008）。具体定义如表2 - 4所示。

表2 - 4   小微企业失败界定观点

学者	界定	结论
Dipietro & Sawhney	小微企业失败是由于企业内部管理的有效性和外部的经济环境共同影响	原因观：公司业务经营角度
Bruno et al	因产品问题、融资问题和管理层问题导致小微企业关闭，或者转变业务，导致企业的停业	强调导致企业失败原因、结果
Carter & Wilton	政府没有创造一个合适的创业环境来支持小微企业的发展，导致小微企业失败	原因观
Ucbasaran	企业的破产和停止经营	结果观：方便数据收集
McGrath	新创企业未达到预期设立的创业目标	期望观
Cannon & Edmondson	偏离预期或期望结果	期望观：设定一个期望值，从结果定义失败决策

续表

学者	界定	结论
Beaver & Jennings	由于小微企业的预期收入未能满足主要股东的期望，而造成创业者被迫将企业所有权或管理权的移交	期望观
Politis & Gabrielsson	企业家在创业过程中，创业活动的结果未达到预期或期望而停止创业或创业转型	期望观

资料来源：根据相关文献整理。

　　由此可见，对小微企业失败有个一个清晰、统一的认识，有助于我们更好地理解小微企业失败现象。本书认为，对于小微企业失败，首先我们不能把小微企业失败与企业业务终止这一概念相混淆起来。企业业务的终止可能是创业者由于一些原因选择退休或者创业者发现一个更好的创业机会所引起，即创业者考虑到机会成本而自愿终止业务的经营；而小微企业失败的概念更多是指创业者由于公司财务等因素所影响从而被迫选择关闭企业或中断业务。因此，小微企业失败和企业业务终止是两个不同的概念，我们可以将小微企业失败理解成业务关闭的一种。当然也存在一些企业出于社会责任或者公益事业，企业的经营业绩虽然很差，甚至是亏损经营状态，但是创业者或其他的利益相关者出于特殊目的仍然选择继续维持企业的运转。但由于其经营情况存在特殊性，通常也不像小微企业失败一样的产生影响，因此也不能将这种情况归为小微企业失败。本书为便于收集研究数据，采纳了创业者在创业过程中，创业活动的结果未达到预期或期望而停止创业或创业转型的观点（Politis & Gabrielsson，2009），将小微企业失败定义为创业者在创业过程中，创业活动的结果未达到预期设立的目标而停止创业或企业进行转型。

上篇：小微企业为什么会失败？

第三章

小微企业失败原因

第一节 客 观 原 因

早期的学者致力于研究总结导致小微企业失败的原因？从而指导创业者如何规避这些风险，降低失败率，并分析应该从之前的失败经历中学习哪些经验教训。从以往的研究文献中，小微企业失败原因可以总结归纳出以下几类：商业环境的影响，主要是指整体的商业环境（金融危机、市场竞争、生产要素价格上涨等）；小微企业管理者的影响，这里主要是指管理者在小微企业管理过程中对于各方面事务处理的能力（公司战略、产品生产销售等）；小微企业内部的管理结构以及控制制度，主要是指小微企业内部的管理结构以及控制制度是否合理有效（组织、财务、绩效等）；国家政策和制度的影响，比如政府实行什么财政政策（紧缩性财政政策还是扩张性财政政策）或者对于小微企业的扶持政策（管理体系、税收和补贴等）的影响。

有学者通过对 321 家企业进行实证研究调查，探讨环境敌对性对企业经营失败的影响。研究结果显示，总体环境、市场竞争程度、市场条件和技术敌对性等因素，会影响创业活动的发展（Zahra & Neubaum，1998）。分析过去有关探讨新创事物为何失败的研究发现，市场因素、产业竞争程度以及创业团队的竞争力和经验是影响事业失败的主因（Mullins，2004）。以建筑业为样本，探讨企业的年龄及规模大小对组织生存概率的影响的研究中发现，企业在新创初期且规模越小，则其失败率越高，因此主张新颖性和规模小是新创企业生存的主要包袱（Kale & Arditi，1998）。在探讨东山再起之中，企业家回顾当初创业失败的因素都来自创业情境不熟悉、专业管理能力不足、创业技能的运用失误、追寻自我价值的实现、创业团队理念不合及对风险的认识不足，其中专业管理能力不足是所有个案都曾面临的问题（陈悦琴，蔡明宏，林明杰，2006）。另外，也提出创业者可能在年轻好玩的冲劲下决定创业，却来不及培养与产业相关的专业管理能力，或出现了所谓伪实想象（Counterfactual Thinking），表示创业家在抱持过度乐观的情况下，认知到比实际情况更少的风险而导致企业失败。

一般小型餐厅失败的原因不外乎缺乏明确的市场、地点差、无效的广告及促销方案、投入资金不足、缺乏竞争力以及不良的财务控管等5项，整体来说即是对内财务控制差、对外则是缺乏营销策略（Wilk，Bharath，Randall，Weillem，1996）。通过调查研究9个创业成功及9个创业失败的独立餐厅个案比较之间的差异，发现创业成功者相较于创业失败者拥有较高比例与餐饮相关的教育背景，并具备较好的可行性研究、营运规划、营销计划及营销概念，此外成功者多有借贷资金投资餐厅的经历（Angelo，Daniel，Kim，2008）。张进芳（2005）于研究中发现，影响青年创业失败的因素，可从个人背景条件、创业动机、选择行为、创业类型与创业后经营阶段问题等五大方面探索，并指出缺乏积极正面动机的创业者容易导致失败，以及新价值创造程度相较个人改变程度大容易导致失败，股东关系不佳以及经验方向不明确，是造成企业失败的关键因素。根据王素弯与杜英仪（2005）的研究，微型企业在发展上面临的前三大问题主要为：创新能力有限、专业人才不足及资金筹措渠道狭窄，而缺乏经营管理技术、市场信息不足以及行销网路欠缺等问题则是分居第 4 位至第 6 位。

研究是什么原因导致小微企业失败实际上就是要从"企业生存因素理论"的角度来考察小微企业失败的问题。一般说来，从创业初期的资金分配与调度、人才招募、营销策略、管理技巧，以及继之而来的市场潮流变化、竞争、应对策略等等，都有可能导致所创办的企业无法继续生存的命运。总结以往学者的研究成果，可以把导致小微企业失败的前因归纳为外部环境因素（不受控制）和内部管理因素（受控制）这两类。外部环境因素主要可以从市场和资源要素两方面进行阐述。市场角度主要关注市场的可进入性、竞争情况等方面；资源要素则主要关注企业进入市场所需要的必要成本以及产品差异化程度。内部管理因素可以从创业者和组织两个方面进行解释。创业者个人角度主要关注创业者的学历、年龄和行业经验等方面；企业角度主要关注企业管理制度、组织决策、财务制度和企业战略等问题。根据上述学者对小微企业失败前因的分析，本书总结出以下几个方面小微企业失败前因，具体如表 3 - 1 所示。

表 3 - 1 小微企业失败的主要前因

	小微企业失败的前因	学者
内部因素	创业者过度自信或低效率的团队合作	Hayward 等；Cardon 等
	财务管理混乱，资金短缺	Wilk，Bharath，Randall，Weillem
	企业管理不当、组织决策错误	Cope，Kempster，Parry
	过度扩张和过度保守的问题	Gaskill 等
	战略问题	Van Gelder
外部因素	政策因素，不了解国家有关规定	Carter；Wilton
	融资问题	Bruno；Cardon 等
	激烈的市场竞争；市场咨询不足	Cardon 等；Gaskill 等
	外部环境的变化	Zahra；Neubaum

资料来源：根据相关文献整理。

一、内部因素

(一)创业者个人及团队

强调创业者个人原因的学者认为,小微企业的失败是由于受到创业者个人特质影响从而作出错误的判断与决策或者他们缺乏相关的管理技能造成的结果,创业者过度自信也是小微企业失败原因之一。创业者对于创业缺乏认知以及缺少创业所需的胜任力是导致小微企业失败的原因(Cardon, et al., 2011)。国外还有一些学者研究观察小微企业创业者的个人特质对于小微企业发展过程的影响,归纳总结创业者具备什么个人特点会使创业活动获得成功(Moran, 1997; Aitchison, et al., 1994; Hayward, et al., 2006)。通过研究发现过于自负的创业者在决策过程中更不愿意接受其他人的意见,在决策过程中更容易发生失误,从而导致小微企业失败的可能性增加(Hayward, et al., 2006)。创业者过度自信会导致对于市场不合理的预期,并且在小微企业的发展上采取过度扩张等战略,从而发生资金链断裂等情况,导致小微企业失败(Cardon, et al., 2011)。在小微企业进入快速发展期后,创业者的管理才能(Management skills)比创业技能更重要。许多创业者在企业发展到一定程度后不能依靠自己的管理才能来进一步带动小微企业的发展,从而导致小微企业陷入"瓶颈"。针对这一情况,有学者创新性地提出了"执行限制"或者"能力限制"(Executive Limit)的概念,"执行限制"充分阐述了为什么小微企业在创立时期能取得成功,但是在进入快速发展时期,由于小微企业规模的扩大,创业者由于管理才能的缺失以及决策失误导致小微企业快速走向崩溃(Meyer & Dean, 1990)。总的来说,小微企业在创立初期受制于成本和资源的限制,并且需要克服新进入者的缺陷,取得一定的市场份额,创业者在早期的管理过程中事必躬亲。但是在小微企业进入成长时期后,这种个人主义的管理风格由于企业规模的扩大会使创业者变得力不从心,而且由于早期企业管理过程中制度的不健全、裙带关系、任人唯亲等原因会导致排外和管理混乱等现象的发生。

强调创业团队原因的研究者认为，目前大多数的创业活动都是以团队的形式开展，团队之间的互补性程度以及相互之间的配合对于新创企业绩效有重要影响。低效率的团队合作是导致新创企业失败的主要因素（Bruno，et al.，1992）。邢蕊、周建林和王国红（2017）调查了近6年中国创业板上市公司中的221家技术型创业企业，研究发现创业团队教育水平异质性与创业绩效正相关，但是影响没有达到显著性水平，而创业团队教育专业异质性与职能背景异质性均与创业绩效呈负相关，但只有职能背景异质性的影响达到显著性水平，并且创业团队的认知复杂性和知识基础均有助于改善创业团队知识异质性对创业绩效的影响作用①。

（二）财务问题

企业的财务问题是小微企业管理过程中创业者必须解决的核心问题，财务管理的好坏，不仅会对企业自身资源的配置产生影响（比如投资不足、现金流管理、控制成本的能力），而且对于小微企业的成败有着决定性的作用。目前我国小微企业在财务管理过程中产生许多问题。在财务管理过程中，小微企业由于成本原因，缺乏专业的会计审计人才，在企业运营资金的管理以及债务管理方面缺少专业知识，导致企业资金链断裂。并且由于小微企业重利润而轻成本，创业者在企业管理过程中不重视财务管理，使得企业财务制度不完善、管理混乱，进而出现破产倒闭的情况。企业的财务问题是导致小微企业失败的首要原因（Festervand & Forrest，1991）。尽管财务分析和资本的净运作管理被小公司的创业者认为是十分重要的问题，但是相当一部分小微公司没有使用任何这类概念（Nix & McFetridge，1987）。一般小型餐厅失败的原因不外乎缺乏明确的市场、地理位置差、无效的广告投放及促销方案、投

---

① 邢蕊，周建林，王国红．创业团队知识异质性与创业绩效关系的实证研究——基于认知复杂性和知识基础的调节作用［J］．预测，2017（1）：1-7.

入资金不足、缺乏竞争力以及不良的财务控管等五项原因（Wilk，et al.，1996）。在目前这个竞争激烈的市场环境中，小微企业应重视并且完善自身财务管理的工作，以此来保证企业的稳定发展。

（三）管理问题

管理问题被认为是第三位导致小微企业发生危机的因素。小微企业的失败往往是因为企业内部存在一些问题。其中，企业内部的管理问题通常被认为是小微企业面临的最大问题之一。通过考察小微企业管理中的领导力问题，发现小微企业失败的原因是由于领导力和管理技能的欠缺（McCartan - Quinn & Carson，2003）。差的领导力和管理技能是造成多数小微企业失败的原因（Behery，2008；Biobele，2009；Cope，Kempster，Parry，2011；Dalakoura，2010）。另外一些管理上的问题包括缺少合格的职员、错误的分配了家庭成员的角色和任务、创业者不能适应环境变化（Bradley，1997）。

在企业从初始创建阶段到高速成长阶段的转变过程中，创业者的经营管理能力会达到其极限，此时若不及时引入专业的经理人，企业将更容易遭受失败。以 20 世纪 60 年代硅谷的 250 家技术型创业企业为样本，对其 20 年发展状况进行研究显示，绝大多数的被调查者将管理团队的低效率作为创业企业失败的原因之一（Bruno，et al.，1992）。基于 8 个高科技制造企业的失败案例，学者比较了创业者和风险投资对创业企业失败原因解释的差异，结果表明 58% 的创业者将失败归因于自身管理能力的不足（Zacharakis，et al.，1999）。

（四）决策因素

除了内部的管理和财务因素，决策因素是另一个导致小微企业失败的关键内部因素。小微企业通常是由创业者自己或者几个创业者一起创建并拥有的，因此小微企业的创建者在企业决策方面有很大的话语权。但是小微企业的创业者由于自身知识水平、技能等的限制有可能在面临关键决策时发生失误或者不能及时作出决策。在高度信息化的时代，企业的有效管理是基于管理者能够针对外部复杂动态的环境快速地作出相应的决策（Huber，1990）。小微企业家拥有绝对的经营、决策权利，但缺乏必要的监督、约束力量，企业在经营过程中无法建立科学、民主的决策机制。在企业创业前期创业者依靠自身的素养和个人魅力领导企业，随着公司规模的扩大和经营决策复杂性的不断加强，创业者疲于应对常常会出现"一头热"或者"拍脑袋"的主观、轻率决策。已有的研究表明，创业者对于未来保持较高的乐观水平，会使创业者忽视市场竞争的激烈程度，从而采取过度扩张的决策，最终导致小微企业的失败。

（五）企业战略

在企业战略方面，有学者通过研究认为导致小微企业失败的原因往往是因为小微企业缺少长期的、详细的或有计划的战略规划（Van Gelder，2008）。大部分小微企业的失败在于未制定企业长期发展战略，或发展战略只浮于表面，没有进行深入挖掘。以致创业者在他们公司模式和业务模式成功后，为了追求更多的利润、扩大公司规模和分散风险，在缺少相应的管理制度以及战略规划下，企业家带着投机和侥幸心理开始盲目地大力扩张和进行无序的多元化发展，导致企业资金链断裂从而失败。还有一部分小微企业的失败在于不敢扩张，遭到其他后起企业的挤压，失去市场最终被兼并或者破产倒闭。

同时，企业的产品和服务的战略导向也是影响小微企业失败的一个至关重要的因素。小微企业不具有大企业稳定的销售渠道和市场竞争力，小微企业的新产品在进入市场后需要一段时间才能获得顾客的认可，但是外部环境的复杂性以及消费者需求的变化有可能会进一步威胁小微企业的生存与发展，从而会出现新产品积压等情况，变相增加了小微企业的失败的可能性。小微企业创业初期的成功大多依赖于成功模式的借鉴，新兴市场的机遇，政策环境的财务优惠和支持。创业者们没有经过与市场中其他企业真刀实枪的竞争，经历企业生命周期的循环，因此，他们的经验程度、竞争意识、企业周期性情况成熟的应对策略相对薄弱和欠缺，导致企业没有建立完善的管理运营机制，主要依赖于以往成功模式的经验，这就为小微企业的失败埋下了伏笔。

二、外部因素

（一）政策因素

政府通过出台财政政策来扶持和引导小微企业的发展，是小微企业健康稳定发展的重要保障。学者认为，政府制定出台的政策在激发创业者创业动机以及引导小微企业的良性发展等方面都起到了非常关键的作用，如政府采取紧缩性财政政策可能是导致小微企业快速走向死亡的主导因素。导致小微企业失败的原因往往在于政府未能针对小微企业的具体情况制定出台相应的政策，从而建立一个适合小微企业发展的经济环境（Carter & Wilton，2006）。国外对于扶持小企业发展的政策研究比较早，同时制定实施了一些扶持小企业健康发展的政策法规。例如，美国在1953年实行的《小企业法》中明确规定政府应该尽可能地帮助、解决中小企业面临的具体问题；同时要保护中小企业的合法权益，尊重和维护市场的自由竞争，允许中小企业拥有通过政府采购、投标等方式与大企业平等竞争，以及向国家社会提供商品和劳务的权利。差的基础设施也被看作发展中国家小微企业失败的原因之一（Bowen，et al.，2009）。耿慧芳等（2018）通过调查我国国有企业的创新绩效，发现政府制定的创新激励政策和抑制政策会显著影响企业研发投入，从而增加创新绩效，而税收等行业政策则对国有企业的创新绩效没有显著影响[①]。

（二）市场因素

学者认为，新创小微企业进入市场，无论以何种方式进入，都是对市场原有产品或服务的充分替代，是对原有市场的重新瓜分。而新创企业进入市场，必然受到自身要素对市场的阻碍，比如产品成本、产品差异化、营销技术、资金和地理位置等，这些在经济学中称之为市场进入

---

① 耿慧芳，张杰，杨震宁. 国有企业创新绩效、市场环境变化与政策冲击——基于创新战略和政治嵌入的调节作用 [J]. 技术经济，2018（3）：15-29.

壁垒。新创小微企业由于在资源的获取和市场竞争方面都存在严重不足，使得新创小微企业很容易遭遇困境和失败（Shepherd，et al.，2000）。因此学者提出"市场的可进入性"或者"进入壁垒"（Barriers to entry）是影响小微企业最后成功还是失败的重要因素之一。

本书考察市场的进入性，即考察市场进入壁垒。对于市场的可进入性这一概念，从经济学角度可以解释为：产业内原有的企业相对于潜在竞争企业或刚进入产业的新企业所具有诸多优势因素，也是影响潜在竞争企业不能自由进入特定市场或有关产业的经济性障碍。市场进入理论的研究如图 3 - 1 所示。

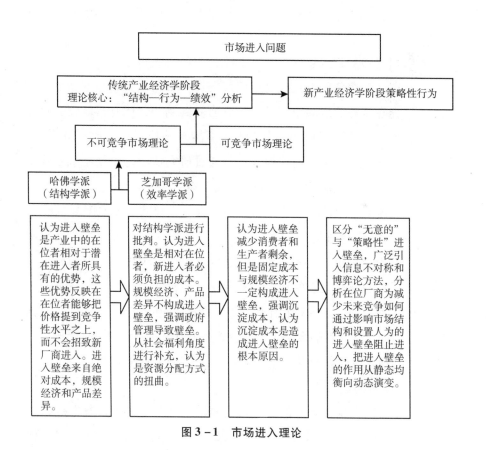

图 3 - 1　市场进入理论

小微企业由于在营销技术、资金和地理位置等方面都存在欠缺，使得它们难以进入市场（Mikkelsen，1999）。受近几年经济持续萎靡以及实体经济下行的影响，小微企业的生存环境日趋恶劣。新创小微企业无论选择进入的是一个新行业还是一个成熟的行业，只要这个行业具有可营利性，考虑到"进入壁垒"，新创小微企业都会不可避免地面临一些市场竞争。而且由于新创小微企业自身知识、技术、成本等方面的限制，其所处的外部环境往往比规模更大的原有企业更复杂、更具风险性的特点。外部环境的竞争程度以及复杂程度是决定新创小微企业成功还是失败的重要因素之一。高度竞争的外部环境会增加新创小微企业通过社交网络获取资源的压力，减少小微企业的生存绩效，从而导致小微企业的失败。

考虑到"市场进入壁垒"这一因素的限制，新创小微企业由于是对市场原有产品或服务的取代，对原有市场进行重新瓜分，导致新创小微企业不仅会在资源获取和市场进入等方面受到制约，还有可能使新创小微企业受到其他企业的"敌视"，从而不能与其他企业及时建立关系，导致新创小微企业失败。谢普德等学者通过研究认为，新创小微企业的建立必须要克服一些新生的"障碍"或"缺陷"才能规避失败。缺乏商品市场和没有竞争能力是导致新创小微企业失败的重要原因（Lorsch，2010）。国外学者通过构建一个在复杂、动态的外部环境下，新创小微企业的失败模型显示，技术型新创小微企业由于缺少可供抵押的固定资产，往往通过与一些关键的利益相关者建立某种固定的合作关系来降低其生存的压力，而一旦这种稳定的合作关系链发生中断，将会导致新创小微企业走向失败。总的来说，新创小微企业与规模更大的原有企业相比更依赖与其他企业建立稳定的合作关系，降低其失败的可能性。

（三）融资问题

缺乏融资的渠道或者其他金融问题被认为是新创小微企业失败的重要原因（Cressy，2006；Hess & Rust，2010）。学者通过长达 7 年对新创小微企业的跟踪调查得到的数据显示，在这 7 年的时间里获得风险投资

（风投，venture capital）的新创小微企业比没有获得风投的新创小微企业，失败率要低得多。同时相对于规模更大、更成熟的企业而言，新生企业的可追溯记录比较少，使他们在融资方面的竞争力比成熟企业弱得多（Clute & Garman，1980）。小微企业通常无法获得正式信用，因为其对企业主的信用情况和担保情况有着较高要求。对小微企业主而言，因为缺乏与金融机构打交道的历史和经验，这些要求构成了难以逾越的障碍（Edgcomb，et al.，1998）。由于小额贷款的管理过于烦琐并且无利可图，像银行这样的正式贷款机构往往不愿意从事小额贷款业务（Tendler，1989），因此从非正式贷款机构获取小额信贷成为小微企业唯一选择。小额信贷的可获得性（availability of microfinance）也由此直接对小微企业的成败产生影响。目前，政府为了鼓励创业，虽然放宽了对于新创小微企业的税收空间，减轻小微企业资金紧张问题，颁布优惠政策加大力度扶持小微企业发展。但是由于新创小微企业缺少信用记录以及可供抵押的固定资产，金融机构向新创小微企业放贷的成本和风险性仍较高，制约了金融机构对于新创小微企业放贷的积极性，小微企业仍然存在缺少融资渠道的问题。而且我国的金融机构缺少竞争性，缺乏民间融资机构，导致新创小微企业的融资规模也受到限制，短期资金融通难度增加，融资成本也相对较高。

（四）资源因素

资源就是在整个小微企业创立过程中创业者所投入的各种有形资源和无形资源的总和（Wernerfelt，1984）。也有学者将研究的重点放在创业者获取到资源的类型与其发展是否匹配上，如果相互能够匹配，那就表示新创小微企业就可以获得可持续的竞争优势（Barney，1986）。有研究认为资源是指企业拥有的，可以控制的并可以利用的各种生产和经营要素的存量（Amit & Schoemaker，1993）。我国学者林嵩等（2005）研究认为资源是受到企业控制或可支配的所有要素以及要素组合，可以帮助企业完成战略目标，资源的可获取能力对企业失败率有重要影响。根据学者们对资源定义的理解和综述，本书总结了不同定义的差异，并进行了类别划分，具体内容如表 3 - 2 所示。

表 3 - 2   资源的定义

作者	定义
Wernerfelt（1984）	在整个创业过程中所投入的各种有形资源和无形资源的总和
Amit，Schoemark（1993）	是企业拥有或控制的，能够与其他企业资产协同使用可以转换成最终产品或服务的要素存量
Dollinger（2003）	创业者在企业的创立过程中投入进去的各种可以利用的资源及其组合
林嵩等（2005）	企业控制或可支配的所有要素和要素组合
刘霞（2010）	企业投入到创业过程中的各类资产、能力、信息与知识的统称
余绍忠（2013）	企业拥有、控制或整合的各种有形要素与无形要素之间的组合
李硕（2014）	企业能够利用和控制，并能够主动进行整合的要素及其组合

资料来源：根据相关文献整理。

    同时有学者在研究中指出，创业者资源的获取能力对小微企业最后成功还是失败有重要影响，资源获取对于小微企业生存至关重要；并且小微企业能否在市场中维持自身的竞争优势也取决于能否获取有价值的、难以被替代的和可以控制的资源及其组合，创业资源对于新创小微企业的成功有重要影响（Barney，1991）。这一研究结果推动了创业资源基础观的发展。新创小微企业可以通过资源整合来创造自身独特的竞争优势，降低生存压力（Grant，1991）。研究指出在小微企业的创立初期，创业者首先需要明确自身对于不同资源的需求，从而确定什么类型的资源需要优先获取，这样才能够降低小微企业失败的概率（Lichten-stein & Brush，2001）。在资源对新创小微企业生存的影响研究方面，国外学者通过研究企业成长阶段和组织生命周期的理论，提出了"创业期"的概念和"创业期缺陷"的假设，认为新创小微企业的失败率与其生命周期存在倒"U"型的关系。在创业起初阶段，即企业处于"创业期"或"新创时期"，新创小微企业享受着政策红利以及初始资源独特性带来的好处，创业者把精力集中在为市场提供产品和服务上，失败率并不是很高，并且早期创业者由于成本和未来的考虑，一般会延迟"关闭公司"的决策，使得在"新创时期"小微企业的失败率较低；而在小微企业进入成长阶段以后，小微企业对于各要素的需求大大加强，创业者需要进行及时的调整，但是在这一阶段由于创业者或团队往往居功自傲，没有意识到这一状况，导致小微企业的失败率居高不下。这也说明，资源是小微企业创建和成长的基础，创业者对于资源的获取能力对小微企业的生存绩效有重要影响。此外，小微企业资源获取渠道的狭窄以及管理制度的缺位，也是造成小微企业失败的重要原因。所以如何有效获取到足够、合适的资源来发展是小微企业不得不去思考的一个问题。

为了获取到合适的资源发展，有学者认为企业会与客户建立良好的关系，了解客户的需求，并与其他企业建立合作联盟，甚至有可能为获取关键资源采取收购其他组织等，重视能够获取重要资源的员工（Pfeffer, et al. , 1978）。大多数新创小微企业，其政策红利以及初始资源独特性并不能保证企业能够得到持续发展，如何从资源供应商那里获取资源是创业者必须要解决的问题（Powers, 2003）。组织可以建立一种社会网络从其他组织获取资源，组织可以与这些在社会网络中的组织建立一个较为高效的合作关系来得到发展。并且相对于其他没有在社会网络中的组织，应该具有特殊的权益（Loveamn, 1991）。我国学者赵道致、张靓（2006）在这一基础上借鉴力学中的杠杆原理提出，组织可以使用社会网络这一杠杆从而获得额外的资源，具体原理同杠杆模型相似：杠杆的动力来源于组织获取资源的能力；阻力则是组织为了撬动资源所愿承担的成本及其风险承受能力；作用点则是取决于组织在社会网络中的地位；杠杆的长度则是受组织与其他在社会网络中组织关系的限制。

根据以往的研究结果，学者们从不同的角度探究了资源获取与企业绩效之间的关系问题。新创小微企业资源获取应该考虑两个方面的因素，一方面小微企业从外部获取的资源应该满足小微企业发展的需要；

另一方面则是对于获取到的资源小微企业应该充分利用，从而获得更高的企业绩效（Romanelli，1989）。小微企业对于资源的有效获取对新创企业绩效有积极的促进作用，并且随着小微企业规模的逐渐扩大，资源获取能力越强对于企业绩效的影响就越显著，所以小微企业资源获取能力至关重要（Premaratne，2001）。新创小微企业从外部所获取资源存在差异性，因此产生的影响也会有所差异。但是，如果新创小微企业一旦拥有了与其他企业异质性的资源，就能够在市场上保持竞争优势，从而避免失败（Heirman & Clarysse，2004）。

第二节　主　观　归　因

虽然大多数企业家都希望创业成功，但不幸的是他们的事业大多数是以失败而告终（Knott & Posen，2005；Peng，et al.，2010）。失败是创业过程中的一个常见的现象（Lee，et al.，2007，2011；McGrath，1999；Shane，2001），并且迄今为止很难用经验来解决。创业研究者不仅需要研究企业为什么成功，也需要研究企业为什么失败，因为这次失败有可能是另一次成功的先驱（Aldrich，1999；Learned，1999；McGrath，1999）。小微企业失败的原因因人而异，市场环境、企业家个人特性、地域文化等因素都有可能导致小微企业在不同方面遭遇不同程度的问题。目前学者们对小微企业失败的研究，大多从企业内因与外因考察。有学者通过对 321 家企业进行实证研究调查，探讨环境敌对性对事业经营失败的影响，研究结果显示，总体环境、市场竞争程度、市场条件和技术敌对性等因素，会影响创业活动的发展（Zahra & Neubaum，1998）。分析过去有关探讨新创企业为何失败的研究发现，创业团队的能力和异质性、市场因素以及产业竞争程度是影响企业失败的主因（Mullins，2004）。

上述学者对于小微企业失败因素的分析，除缺乏理论性的架构支持及实证研究外，学者大多从"创业动机""个人背景""人格特质"与

"专业能力"的角度切入，将小微企业成败因素归咎于创业者本身或者外部环境单一层面，缺乏创业家个体与外在环境的互动考量。并且有趣的是，通过调查显示一些（但并非所有）创业者从失败中回来，并开始另一项业务（Hayward, et al., 2006）。尽管创业者在以前的创业过程中没有获得成功，但是许多创业者之后仍然重新创办了企业（Flores & Blackburn, 2006）。然而，先前失败经历对于创业者未来创业的影响在目前的研究领域中没有得到显著的关注（Cardon & McGrath, 1999；Shepherd, 2003）。从理论研究的角度看，先前失败经验对后续新创企业绩效的作用是不确定的（Shepherd, Covin, Kuratko, 2009）。先前的创业失败经历如何影响未来的创业？在什么条件下，从失败中重新崛起的创业者（从以前的失败中反弹）在未来获得更好的创业绩效？更具体地说，什么样的认知决定因素影响这些创业者的学习能力、坚持能力以及以增长的形式获得随后的表现？

有鉴于此，本书尝试引用韦纳（Weiner, 1985）在海德（Heider, 1958）研究基础上应用的"归因理论（Attribution Theory）"，海德（1958）研究指出个体在解释各种事件以及相关行为的产生原因时有两种类型。内在原因：把原因归因于受个人内部可以控制的影响因素，例如个人能力等；外在原因：指把原因归因于外在环境因素的影响，如外部环境等。有学者通过研究发现个体对成功经历比对失败经历更加倾向于归咎为个体内部可以控制的影响因素，而对失败经历比成功经历更加倾向于归咎为受到外部不受控制因素的影响（Nicholls, 1975）。此观点已在教育领域获得实证。归因是指人们对自己所经历的事情和相关的行为表现进行主观上的解释，也就是个体推论事情和行为发生的原因与性质的过程，包括对个体与他人行为原因的知觉或判断，对事情推论原因的心理历程，这种归因会对个人未来会采取什么行为有一定的影响（Russell, 1982）。韦纳（1985）在前人研究的基础上进一步将归因分两个维度：一是稳定性，包括稳定因素（个人能力以及能力程度）和不稳定因素（工作的难度与运气）；二是因果根源，分为内部因果根源（个人努力与能力）和外部因果根源（工作难度与运气）。这四种因素就组成了归因矩阵，具体如表3-3所示。

表3-3 成功与失败的原因

稳定性	内部因果根源	外部因果根源
稳定	能力	难度
变化	努力	运气

　　小微企业失败是一件毫无征兆突然发生的事情，并且这种失败经历常常会让创业者感觉到羞耻和不愿提及，导致现有创业者对小微企业失败的归因是如何形成的相关研究仍然较少，相关研究多是定性分析，目前也并没有得出一致的结论。本书从不同的角度来探讨影响小微企业失败对于创业者后续创业活动影响的关键因素，并研究不同的失败归因对创业者失败学习产生怎样的效应。在以往的研究中，学者们从不同的创业利益相关者的角度进行了归因。从风险投资者的角度出发所做的研究发现，企业内部因素（比如创业者管理能力的不足）和外部环境因素（比如经济环境和产业的竞争程度）都会对小微企业的失败造成一定的影响。但是研究者发现在这两种影响小微企业失败的因素中，风险投资者将失败更倾向归因于企业内部原因。例如，风险投资家往往认为小微企业的失败是由于管理者能力不足、缺少相应的风险管理控制等因素造成（Ruhnka, et al., 1992）。但是一项对企业样本的跟踪调查研究数据显示，创业者普遍将企业失败的原因归结为无法控制的外部环境的因素（如市场竞争激烈，市场增长缓慢，市场规模狭小等）而不是企业内部原因（如管理上的不足、对未来缺少计划、财务管理薄弱以及成本控制缺乏）（Lussier & Corman, 1995）。由于风险投资者与创业者两者所在角度的不同，对于小微企业失败原因的理解上也会存在差异性，而这种差异性会导致风险投资者与创业者在面对小微企业失败时采取不同的措

施和手段（Zacbarakis，et al.，1999）。考虑到新创小微企业的资源的有限性以及获取能力的限制，两者在小微企业面临失败时能否及时就企业失败原因达成共识并作出正确的决策显得非常关键。

之所以风险投资者和创业者在小微企业失败原因的解释上出现相反的结论，主要是由于个体对事件和相关行为的主观解释受到个人特质、所在角度以及环境等多种因素的影响。根据韦纳的归因理论，个体在对事件和相关行为的主观解释上存在"自我服务偏见"，就是把对自身利益有利的（成功）归结于是外部因果根源，如"个人的能力与努力程度"；而对自身利益不利的（失败）归结于是内部因果根源，如"工作难度与运气"。社会心理学通过研究发现，个体对所经历事件和相关行为在进行归因时普遍容易出现三个偏差（刘永芳，1998）：基本归因错误，即过高地估计内在因素；行为者和观察者的偏差，即行为者倾向归咎为外部因素，观察者倾向归咎为内部因素；利己主义倾向，即个体成功的时候倾向归于内因，失败的时候倾向归于外因。

考虑到以上归因区别和偏差，学者通过对 8 位具有失败经历的创业者和 2 家风险投资公司的相关工作人员的访谈之后发现，创业者认为导致自己事业的失败的主要原因是内部因素，例如管理不善和缺乏资本。事实上，创业者最常见的内部因素是管理策略不佳。而与此相反的是风险投资公司认为小微企业的失败主要原因是受到外部环境中无法控制的因素（财政政策、宏观经济环境和产业的竞争程度等）影响（Zacbara-kis，et al.，1999）。这一研究结果与社会心理学的归因偏差结果相悖。但是他们又发现，无论是创业者还是风险投资者都倾向于将其他人的创业失败归因于是内部因素造成的。这一研究结果与社会心理学基本归因偏差的结果相符。因此当创业者回顾小微企业失败时，在解释小微企业失败的原因时可能存在主观偏差。创业者对"企业为什么会失败？""企业失败可能是什么原因造成的？"这些问题的回答标志着失败归因的开始。在这个过程中，创业者将小微企业失败的原因赋予不同归因（Bradley，2002；Gooia & Chittpeddi，1991）。鉴于创业者对失败的不同反应水平（Yanchus, et al., 2003），他们最大限度地从失败中学习的能力也存在异质性（Shepherd, 2003）。这就是为什么关于小微企业失败原因的归因可能对创业者从失败中恢复，学习并在以后的创业活动中取得成功产生重大影响（Shepherd, 2009）。

因果关系（就学习而言）的意义在于它意味着失败原因的来源以及在哪里采取纠正措施（Ford, 1985）。先前的社会心理学研究已经建立了内部归因，动机和积极学习成果之间的联系（Weissbein, et al., 2011）。对于那些没有动机再次进行创业的创业者而言，有可能导致他们将失败内部归因于创业者自己不够聪明或者不够努力去做，并且从失败中学习到的东西很少。对于重新开始的创业者而言，由于创业者的行为被认为是创业失败的原因，失败责任的内部归因更有可能与失败后的有效学习相关联。这导致他们开始提出问题，比如"我哪里出了问题？"和"我能做些什么更好？"，这将重点放在他们的创业资源和能力以及他们需要改进的领域。将"反事实思维"（在特定情况下将不同结果想象成实际发生的倾向）概念引入为重要的创业能力（Baron, 2004）。例如"如果我……可能会发生什么？"这非常相关，因为这样的想法可能会让企业家对因果关系，决策和企业绩效的理解产生深远的影响（Markman, et al., 2002；Roese, 1997）。并且研究认为创业者的反事实思维更可能发生在更高层次的内部归因上。在内部归因于创业者自身的原因时，失败的创业者更倾向于回顾他们可能做错了什么，以及考虑他们下一次如何做得更好，特别是如果他们认为问题是可以被纠正的时候。这种反事实思维可以让创业者在决定更有效的策略过程中考虑过去的失败，从而在未来产生积极的结果。创业者自己如果从对内部归因转移到外部归因，更有可能导致后续的风险增长。总而言之，那些从失败中有效恢复的成功创业者可能是那些参与反事实思维的人，是那些将失败的原因归因于内部并善于在随后的创业中改进策略的人。因此，有失败经历的创业者可能从过去的失误中获益更多（Baron, 2004；Sitkin, 1992）。

另外，低水平或没有责任的内在归因可能会让失败的创业者减少他们的羞耻和内疚感，从而重新再次选择创业。然而，这并不一定意味着他们在之前的失败经历中学到更多或下一轮的创业过程中表现更好。相反，由于之前小微企业失败的原因不被认为是创业者造成的错误，因而他们不会去反思自己的决策和行为。也就是说，创业者由于把失败归因于外部原因很可能导致创业者无法从之前的失败经历中学习到相关的知识和教训。Ford（1985）也认为，外部归因会导致创业者放弃自身熟悉领域选择其他行业进行创业的负面结果。在这时许多创业者从失败中学到的具体经验教训可能不再适用，因为一个新的行业领域（而不是他们自己的行为）才是一个问题。

创业者对于失败的归因影响了他们对于失败的认知、情感和行为反应（Douglas，et al.，2008；Weiner & Kukla，1970）。因此，更好地理解创业者从先前的失败中恢复需要理解其中因果关系的归因（Ford，1985）。创业者对于失败原因的归因在理解先前失败对未来创业活动风险的影响中起着重要的作用（Wagner & Gooding，1997），特别是能够从失败中学习到多少经验（Sitkin，1992）。创业者失败归因的一个重要方面就是失败原因因果逻辑关系，无论创业失败是由于创业者的内部原因还是由于其中无法控制的原因（Cardon，et al.，2010；Weiner，1985）。

通过以上的文献回顾可以看出，对于小微企业失败归因的研究上应从多方面的利益相关者的角度出发进行探讨，单方面地对创业者自身进行小微企业失败原因的调查研究可能会使研究结果产生一定的偏差，并且创业者如何认识失败的原因会影响他们从失败中学到什么，可见导致失败原因的不同归因可能会对他们未来的创业活动产生影响。为努力填补这一空白，我们关注的是创业者以及利益相关者对于小微企业失败的反应，并且假设创业者对于他们以前失败经历的归因以及归因的内部水平会对创业者从失败中学习，以及他们后来新创企业绩效产生重要影响。具体而言，我们研究创业者的失败归因是如何影响其从失败中学习的，研究失败经历的程度如何调节上述关系，以探索创业者对失败的反应和后续表现的边界条件。

51

第四章

小微企业失败的内在机理

第一节　研　究　目　的

　　小微企业是我国实体经济的基础，是新增就业岗位的主要载体，是"保民生"的重要力量，发展实体经济很大程度上就是要发展小微企业。进入21世纪，小微企业等实体经济迎来了发展的高峰期，同时也遭遇各种问题，尤其是2008年世界经济危机以来，小微企业不仅面临招工难、成本高、融资难等众多压力的叠加影响，生存空间也不断被压缩。但这对小微企业来说不仅是困境，也是一次机遇。政府对小微企业的发展高度重视，颁布利好政策，在财政、税收方面实施优惠予以扶持，创业群体的活跃，小微企业创业服务体系的完善等，都极大地促进小微企业的发展。但长期以来积累的问题，短时期内无法得到妥善的解决，需要一定的时间缓解。有专家指出，政策宽松和财政等支持是国家考虑给予小微企业发展以战略支持，但是给予小微企业战略支持，首先需要在理论上弄清楚小微企业失败的原因与机理，政府才能从顶层进行战略规划，出台相应措施，切实解决其面临的困难。

当前，大部分创业初次创业失败率极高，而选择继续创业的却为数不多，这不仅挫伤了创业者的积极性，更丧失了潜在的宝贵资源。创业失败经历对于日后取得创业发展成功至关重要（Ucbasaran, et al., 2009）。如何减少创业高失败现象，将初次创业失败经历转化为再创业的宝贵经验，鼓励创业失败经历者继续创业显得尤为重要。因此，研究小微企业失败，分析小微企业失败的内在原因和外在原因，以此制定有效的失败学习和失败干预机制，减少小微企业创业高失败的现象，提高创业成功率，为小微企业创业提供坚实的理论依据，不仅具有重要的理论意义，也符合当前迫切的现实需求。

本章的研究目的在于弄清小微企业失败的原因与机理，小微企业为何失败？在影响小微企业失败的因素中，哪些因素是主因，哪些又是次因？本章通过研究影响小微企业失败的因素，识别出主要内部影响因素和外部影响因素，并基于权变视角，进一步探究内部因素与外部因素相互的作用机理。

第二节　研究假设与理论模型

组织行为学者认为，小微企业失败的最主要的因素首先是由于管理者管理上的不足、对未来缺少计划、财务管理意识薄弱以及成本控制缺乏；其次则是由于缺乏对市场进行有计划的开发。有学者认为财务问题（比如投资不足、现金流管理、控制成本的能力）是导致小公司失败的首要原因（Festervand & Forrest, 1991）。本章探究造成小微企业失败的内部因素与外部因素及其相互之间的联系，以便弄清小微企业失败的内在机理。

内部因素：以往的研究结果都表明小微企业的失败通常是由于企业内部存在的一些问题而造成的（如日常管理混乱、缺少财务计划以及内部控制等），在这些问题中创业者作出错误的决策或者他们缺乏相关的管理技能被认为是最大的问题。有学者考察了小微企业管理中的领导力问题，发现小微企业失败的原因是由于领导者领导力和管理技能的欠缺（McCartan‐Quinn & Carson，2003）。领导者缺乏领导力和管理技能是造成多数小微企业失败的原因（Behery，2008；Biobele，2009；Cope，Kempster，Parry，2011；Dalakoura，2010）。除了内部的管理和领导因素，决策因素是另一个导致小微企业失败的关键内部因素。小微企业通常是由创业者自己或者几个创业者一起创建并拥有的，因此小微企业的创建者在企业决策方面有很大的话语权。但是小微企业创业者由于自身知识水平、技能等限制，有可能在面临关键决策时发生失误或者不能及时作出决策。创业者对小微企业拥有绝对的经营、决策权利，但缺乏必要的监督、约束力量。创业者对于未来保持较高的乐观水平，会使创业者忽视市场竞争的激烈程度，从而做出的关于企业资源分配的决策常常会发生失误，最终导致小微企业的失败（Hayward，et al.，2006）。目前越来越多的创业活动是以团队的形式展开，研究表明团队成员之间职业背景异质性以及配合程度对于新创企业绩效有重要影响。学者通过调查250家科技企业，对数据进行分析后发现创业团队团队合作效率越高，所带来的新创企业绩效也就越高（Bruno，et al.，1992）。学者通过对高管团队的调查研究发现，高管团队成员职业背景异质性越大，其带来的绩效也越多（Carpenter，2002）。

外部因素：目前学者们对导致小微企业失败的外部因素研究，主要涉及小微企业的融资问题、市场的可进入性、政府政策以及宏观经济环境等方面。缺乏资金或者其他金融问题被认为是小微企业失败的重要原因（Cressy，2006；Hess & Rust，2010）。小微企业通常无法获得正式信用，而银行等金融机构放款则对创业者的信用情况和担保情况有着较高要求。对小微企业创业者而言，因为缺乏与金融机构打交道的历史和经验，这些要求构成了难以逾越的障碍（Edgcomb，et al.，1998）。由于小额贷款业务管理过于烦琐并且无利可图，像银行这样的正式贷款机构往往不愿意从事小额贷款业务（Tendler，1989），因此从非正式贷款机构获取小额信贷成为小微企业进行融资的唯一选择。小额信贷的可获得性（availability of microfinance）也由此直接影响着小微企业的成败。外部高度竞争及复杂多变的市场是小微企业面临的另一个挑战。小微企业由于在营销技术、资金和地理位置等方面都存在欠缺，使得它们难以进入市场（Mikkelsen，1999）。缺乏商品市场和没有竞争能力是导致小微企业失败的重要原因（Lorsch，2010）。此外，小微企业失败不仅仅由于是资源的有限性和市场的激烈竞争所导致，小微企业因"新进入障碍"短期内无法从外部环境中得到有效的支持（财政政策）也对其造成一定的影响。例如，有学者把差的基础设施看作发展中国家小微企业失败的原因之一（Bowen，et al.，2009）。有研究指出，小微企业的失败率还与政府没有制定出台合适的财政政策和税收优惠来创造一个合适的经营环境有关（Carter & Wilton，2006）。

已有的研究除了发现不同的因素对于小微企业失败的影响之外，并没有确定导致小微企业失败的主要原因，理解小微企业失败的原因还需要更多的信息（Parsa，et al.，2005）。对于小微企业失败的内在机理研究，应该基于权变的角度来探究内部因素和外部环境因素的共同影响，同时应该将小微企业的失败作为一个过程来探索。也就是不仅要关注造成小微企业失败的原因，而且要关注小微企业失败发生的具体路径和内在机制。综合以往学者对企业失败影响因素的研究，本书设定小微企业的失败是由内部因素和外部因素两方面共同引起的。并结合上述学者对企业失败原因的分析和小微企业的实际情况，在内部因素中，我们选取团队互补性（team complementarity）、决策科学性（decision science）；在外部因素中，我们选取市场进入性（market access to）、资源获得性（availability of resources）四个主要影响因素作为研究对象，探讨它们对小微企业失败的影响程度。

基于权变理论，本书认为具有互补性、高效率的团队，能够制定出科学的决策，可以为小微企业制定良好的商业模式、管理制度和正确的企业战略；改善企业内部管理、财务制度、成本控制等，减轻环境不稳定、市场竞争和资金不足等外部不利因素对小微企业的影响。而市场进

55

入性、资源获得性则是影响一个企业进入市场的壁垒、企业竞争力和资源获取能力的关键。市场进入性好、资源获得性高，则在市场中立足障碍小，反之则障碍大，在市场中容易遭受困境和失败。

由此，本书选用团队互补性和决策科学性两方面代表小微企业失败内部因素，选用资源获得性和市场进入性两方面代表小微企业失败外部因素；而小微企业失败以失败的次数和失败程度来测量。

一、失败原因与失败经历的关系研究

（一）市场进入性与小微企业失败

新创小微企业由于是对市场原有产品或服务的充分替代，是对原有市场的重新瓜分。而新创企业新进入市场必然在资源以及市场竞争方面都存在严重不足，使得新创小微企业很容易遭遇困境和失败。无论新创小微企业进入的是一个新的行业还是一个发展成熟的行业，新创小微企业都会不可避免地面临一些市场竞争或"市场进入壁垒"（Barriers to entry），而外部环境的竞争及复杂多变对小微企业造成的影响要比市场原有企业大得多。并且新创小微企业由于在营销技术、资金和地理位置等方面都存在欠缺，使得它们难以进入市场（Mikkelsen，1999）。谢普德等学者认为，新企业必须克服一些新生缺陷才能避开或延缓失败。高度竞争的市场环境会加大新创小微企业通过社交网络获取资源的压力，加大小微企业的生存压力。小微企业失败主要是由于外部激烈的市场竞争、市场需求减小、市场规模狭小等原因导致的（Zacharakis，et al.，1999）。缺乏商品市场和没有竞争能力是导致小微企业失败的重要原因（Lorsch，2010）。由此可见，市场进入性是企业在获得市场认可和在市场中立足的关键，良好的市场可进入性对新创企业是成功的一道"门槛"。

市场环境给创业者提供一个市场机遇，融资、政策和基础设施等创造创业者所需要的企业生存空间和条件。与此同时，在企业的成长过程中，也会遭遇如市场进入壁垒高、竞争过于激烈、资金和资源不足等情况，就会造成企业面临困境或者破产。而在市场进入壁垒低、市场处于良性竞争状态、资金和资源获得相对容易的情况下，小微企业则具有很大的成功率，也能规避较大的失败风险和失败程度。为此，我们提出以下假设。

H1a：市场进入性越好，则小微企业越不容易失败。

（二）资源获得性与小微企业失败

资源基础观理论也已经指出，资源是新创企业创建和成长的基础。在资源对新创小微企业生存的影响研究方面，国外学者通过研究企业成长阶段和组织生命周期的理论，提出了"创业期"的概念和"创业期缺陷"的假设，研究认为新创小微企业的失败率与其生命周期存在倒"U"型的关系。在创业起初阶段，即企业处于"创业期"或"新创时期"，新创小微企业享受着政策红利以及初始资源独特性带来的好处，创业者把精力集中在为市场提供产品和服务上，失败率并不是很高，并且早期创业者由于成本和未来的考虑，一般会延迟"关闭公司"的决策，使得在"新创时期"小微企业的失败率较低；而在小微企业进入成长阶段以后，小微企业对于各要素的需求大大加强，创业者需要进行及时的调整，但是在这一阶段由于创业者或团队往往居功自傲，没有意识到这一状况，导致小微企业的失败率居高不下。这也说明，资源是小微企业创建和成长的基础，创业者对于资源的获取能力对小微企业的生存绩效有重要影响。此外，小微企业资源获取渠道的狭窄以及管理制度的缺位，也是造成小微企业失败的重要原因。

根据以往的研究结果，学者们从不同的角度探究了资源获取与企业绩效之间的关系问题。新创小微企业资源获取应该考虑两方面的因素，一方面小微企业从外部获取的资源应该满足小微企业发展的需要；另一方面则是对于获取到的资源小微企业应该充分利用，从而获得更高的企业绩效（Romanelli，1989）。小微企业对于资源的有效获取对新创企业绩效有积极的促进作用，并且随着小微企业规模的逐渐扩大，资源获取能力越强对于企业绩效的影响就越显著，所以小微企业资源获取能力至关重要（Premaratne，2001）。新创小微企业从外部所获取资源存在差异性，因此产生的影响也会有所差异（Heirman & Clarysse，2004）。但是如果新创小微企业一旦拥有了与其他企业异质性的资源，就能够在市场上保持竞争优势，从而避免失败。缺乏资金或者其他金融问题被认为是小微企业失败的重要原因（Cressy，2006；Hess & Rust，2010）。此外，创业资源筹措渠道不畅及制度缺位，也是导致小微企业失败的原因。资源要素的获得，是创业的基础和小微企业成长的关键因素，虽然放开资源获得限制会让市场处于无序混乱的状态，但是通过政府"有形的手"的合理操作，可以让帕累托效应显著，让好的小微企业在资源获得上处于优先位置，促使资源得到合理的配置。通过以上文献得出，资源获得性越强，创业企业成功率越高，为此我们提出以下假设。

H1b：资源获得性越强，则小微企业越不容易失败。

（三）团队互补性与小微企业失败

目前越来越多的创业活动是以团队的方式展开，因而"创业团队的人员如何配置才能避免失败？"的问题引起了学者的广泛关注。

组织管理学者们对如何打造高绩效团队进行了大量的研究，他们提出了影响团队有效性的诸多因素，这些因素涵盖了组织环境、团队构成、工作设计以及团队过程等多个方面（Cohen & Bailey，1997；Hyatt & Ruddy，1997；孙海法，伍晓奕，2003）。而团队互补性无疑是非常关键的一项。高效的团队需要团队成员之间优势互补、互相配合、携手共进才能产生良好的绩效。要实现团队互补性的作用，首先要有一个好的团队沟通氛围。沟通能实现所有团队成员的专业知识和信息的有效整合，而这一整合对跨职能团队的绩效产生影响，并且一定的沟通次数，对企业绩效会产生正向积极的影响（Green，2003）。因此不佳的团队合作模式是导致小微企业失败的重要影响因素之一。所以，优秀的团队需要有良好的沟通氛围，队员之间优势互补，才能成为高效团队。

学者通过对企业的跟踪调查指出，低效率的团队合作模式是导致新创小微企业失败的主要因素之一（Bruno，et al.，1992）。在小微企业初始创建阶段，创业者可以根据自身的人格魅力和精力去管理整个企业。但是在小微企业进入快速发展时期后，创业者的经营管理能力会达到其极限，许多创业者在企业发展到一定程度后不能依靠自己的管理才能来进一步带动小微企业的发展，此时若不及时引入专业的管理团队，小微企业将更容易遭受失败。所以，企业需要在不同的阶段引进不同的人才，弥补企业团队的不足，增强团队互补性。良好的创业团队，成员之间具有互补性，在工作过程中能产生巨大的效率和能量，做出科学的决策，制定好的商业模式、管理制度、投资策略等，帮助企业在市场环境中茁壮成长。如果团队不具备良好的互补性，则容易引起摩擦，造成效率低下，或做出不具有科学性的决策，使得企业偏离市场轨道，最终酿成不可避免的失败。为此，我们提出以下假设。

H2a：团队互补性越强，则小微企业越不容易失败；

H3a：团队互补性越强，外部不利因素对小微企业失败的影响越小。

（四）决策科学性与小微企业失败

小微企业通常是由创业者自己或者几个创业者一起创建并拥有的，不具备大公司科学、优化的机构设置，因此小微企业的创建者在企业决策方面有很大的话语权，但是小微企业的创业者由于自身知识水平、技能等的限制有可能在面临关键决策时发生失误或者不能及时作出决策。管理决策的科学性对企业资源分配以及绩效有直接影响，决策的科学性越高对于企业绩效的影响也就越显著。创业前期创业者依靠自身的素养和个人魅力领导企业，随着公司规模的扩大和经营决策复杂性的不断加强，创业者疲于应对，常常会出现"一头热"或者"拍脑袋"式的主观、轻率的决策。许多学者通过研究指出，管理者作出的有效决策不仅关乎小微企业绩效，更直接影响小微企业生命，管理决策的有效性以及执行力可以使小微企业获得成功。管理者过度自信会导致对市场需求过高的期望，过度进行扩张而导致企业资金链断裂，使小微企业失败破产（Cardon，et al.，2011）。管理者作出决策的科学性可以为小微企业带来竞争优势，决策失误不仅会造成小微企业资源的浪费，而且会导致小微企业的发展战略发生

59

偏差，甚至会导致小微企业失败关闭（Brohman，et al.，2000）。

在当今高度信息化的时代，企业的有效管理是基于管理者能够针对外部复杂动态的环境快速地作出相应的决策，而且管理者越快作出决策越能提高产品销售额和利润（Huber，1990）。管理者作出决策的速度与企业绩效的增长（销售额或利润的提高）正相关（Judge & Miller，1991）。学者通过调查研究发现高层管理团队快速作出科学有效的战略决策对于企业绩效的提高有正向影响（Mankins，2004）。本书认为决策不仅需要快速应对市场的变化，还要保证决策的质量和科学性，只有正确的决策才能有效地应对市场和取得良好的绩效回报，否则，无效的决策不仅会让企业损耗大量的人力、财力，不慎者，更会让企业直接破产倒闭。在此我们提出以下假设。

H2b：决策科学性越好，则小微企业越不容易失败；

H3b：决策科学性越好，外部不利因素对小微企业失败的影响越小。

二、理论模型与说明

根据上述讨论的关于小微企业失败的四种影响因素，以及失败外因、失败内因与失败经历之间的关系假设，构建出如图4-1所示的概念模型。

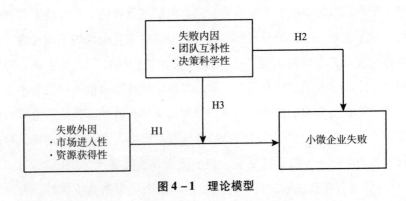

图4-1 理论模型

第三节 变量的选择与测度

一、被解释变量的选取与测量

在关于小微企业失败概念界定的内容中，本书总结了现有关于小微企业失败定义的研究，并认为除了不可抗力等因素影响创业者被迫关闭小微企业外，新创小微企业的发展未达到创业者的预期也在小微企业失败的范畴之内，比如小微企业破产关闭、创业者转变业务等情况。为了便于概念的操作化定义和研究样本的界定，本书用失败次数以及失败程度来衡量小微企业失败。失败次数由调研对象根据以往创业失败经历直接回答而得，失败程度借鉴史密塔等学者（Smita，et al.，2007）的研究，从经济、心理和生理3个方面，用8个测量条款加以测量，采用李克特7点计分方法进行评价，从1表示"很不同意"，逐步过渡到7表示"非常同意"。完整的失败程度测量量表如表4–1所示。

表4–1 失败程度测量量表

变量		条款
失败程度	经济	我曾经因为企业的失败蒙受过巨大的经济损失
		我曾经因为企业的失败差点破产
		我曾经因为企业的失败债务缠身
	心理	我曾经因为企业的失败差点失去继续生存下去的勇气
		我曾经因为企业失败而心灰意冷，不再继续创业
		因为企业失败使我对自己的创业能力产生过怀疑
	生理	在创业失败时期我的体重明显下降
		在创业失败时期我有严重失眠现象

二、解释变量的选取与测量

(一) 小微企业失败内因

团队互补性，对于创业团队成员互补性的研究，国外已有较为成熟的调查量表。团队互补性的测量借鉴杰恩等学者 (Jehn, et al., 1999) 的研究，并结合国内学者对团队互补性的相关研究，从团队成员的教育背景和行业背景两个方面，采用李克特 7 点计分方法进行评价，从 1 表示"很不同意"，逐步过渡到 7 表示"非常同意"。完整的团队互补性测量量表如表 4 - 2 所示。

表 4 - 2   团队互补性测量量表

变量	条款	来源
团队互补性	创业团队的成员在教育背景上差异很大	Jehn, Northcraft 和 Neale (1999)
	创业团队成员已有的行业背景差异很大	Jehn, Northcraft 和 Neale (1999)

决策科学性。决策科学性的测量借鉴塔兰卡等学者 (Talanlicar, et al., 2005) 的研究，并结合国内学者对管理者决策科学性的相关研究，从创业团队决策的科学性、团队成员认同度等方面，采用李克特 7 点计分方法进行评价，从 1 表示"很不同意"，逐步过渡到 7 表示"非常同意"，受访者根据自己的主观感受进行各项问题的回答，具体的测量条款设置如表 4 - 3 所示。

表 4 - 3   决策科学性测量条款

变量	条款	来源
决策科学性	创业团队成员在正式制定决策前对决策方案已有明确的了解和建议	Talanlicar, et al., 2005
	决策制定过程中团队成员会对决策风险进行充分的分析与评估	周劲波, 2005

（二）小微企业失败外因

资源获得性。资源获得性的测量借鉴蒂蒙斯（Timmons，1999）及德林格（Dllinger，2003）的研究，并参考国内外学者对资源的研究。本书根据的研究需要，采取的外部资源包括政策资源、人才资源等两个方面，采用李克特7点计分方法进行评价，从1表示"很不同意"，逐步过渡到7表示"非常同意"，受访者根据自己的主观感受进行各项问题的回答，完整的资源获得性调查量表如表4-4所示。

表4-4　　　　　　　　　　资源获取性测量条款

变量	问题项描述	来源
资源获得性	在小微企业创立初期能获得相应的人力资源吗	Timmons（1999）
	在小微企业创立初期能够得到政府相关政策的扶持吗	Dllinger（2003）；林嵩（2007）

市场进入性。市场进入性即市场的进入壁垒，是指新创企业进入市场受到自身要素的阻碍，比如产品成本、产品差异化、营销技术、资金和地理位置等。本书参考前人的研究，采取的市场进入性包括必要资本壁垒、产品差异壁垒等两个方面，采用李克特7点计分方法进行评价，从1表示"很不同意"，逐步过渡到7表示"非常同意"，受访者根据自己的主观感受进行各项问题的回答，本书市场进入性的初始测量条款如表4-5所示。

表4-5　　　　　　　　　　市场进入性测量条款

变量		条款
市场进入性	必要资本	进入这个市场所需要投入的必要资本大吗？
	产品差异化	企业提供的产品或服务与原有企业有差异吗？

第四节　数据分析

本书样本必须符合两个条件。第一，他们必须是企业家，本书对企业家的界定如下：首先他们是利用自己或他人的资本创办组织的人；其次他们是掌握组织控制权和经营权的人，能够对决策的全部风险与后果承担最终责任；最后他们是能够发现和利用一切可能的机会实现组织创新与发展并取得成绩的人。第二，有过创业失败经历且继续创业的小微企业家，这样有助于我们进行创业失败经历（次数、程度）数据的采集。本书采用了便利抽样方法。这种方法在学术研究中非常常用（DeVon & Zerwic，2003）。便利抽样方法的好处是容易联系潜在的参加者，以及更高的响应率，主要的缺点是可能影响样本的代表性。样本主要取自杭州天堂硅谷、武汉光谷等创业十分发达，小微企业集中的地区。

数据的获取主要通过两种渠道，第一，通过各地的青年企业家协会、地方性商会组织等组织获取。每个地区基本上都有企业家协会的类似组织，它们掌握着最全面的企业家的信息，通过协会组织者的介绍，然后通过面对面、E-mail 或者邮寄的方式进行问卷调查。第二，在作者个人的人际关系网络中筛选，然后通过面对面、E-mail 或者邮寄的方式进行问卷调查。在调查过程中，我们采用了滚雪球法（Snowball Sampling），每一位调查对象都会被要求推荐或者介绍几位较熟悉的企业家。本书总共发出调查问卷 174 份，共计回收 174 份，回收率达到 100.0%，其中有效的问卷为 147 份，问卷有效率为 74.5%。

一、样本描述与数据收集

调查样本的基本资料如下：从人口统计特征看：男性创业者比重居多，有 100 人，所占比重为 68%；女性创业者有 47 人，所占比重为

32%。从创业者年龄来看,创业者年龄段主要分布在 20 ~ 30 岁,所占比重为 53.7%;样本创业者以本科学历为主体,所占比重为 55.8%;从员工人数和规模上看,大部分企业规模主要集中在 1 ~ 5 人,营业额为 50 万元以下,所占比重分别占为 53.7%,68%。在行业类型上,传统制造业占 8.2%,高新技术行业占 12.9%,传统服务业占 29.3%,电子商务占 17.0%,其他占 32.7%。具体如表 4 - 6 所示。

表 4 - 6　　　　　　　　　　样本基本资料统计

性别	频率	百分比（%）	年龄（岁）	频率	百分比（%）
男	100	68.0	20 以下	18	12.2
女	47	32.0	20 ~ 30	79	53.7
规模	频率	百分比（%）	30 ~ 39	26	17.7
1 ~ 5	79	53.7	40 ~ 49	20	13.6
6 ~ 10	29	19.7	50 ~ 59	3	2.0
11 ~ 20	22	15.0	60 以上	1	0.7
21 ~ 50	10	6.8			
50 人以上	7	4.8			
营业额	频率	百分比（%）	创业失败次数（次）	频率	百分比（%）
50 万元以下	100	68.0	1	75	51.0
50 万 ~ 100 万元	26	17.7	2	41	27.9
100 万 ~ 500 万元	16	10.9	3	18	12.2
500 万元以上	5	3.4	3 以上	13	8.8
行业	频率	百分比（%）	学历	频率	百分比（%）
传统制造业	12	8.2	中学	32	21.8
高新技术行业	19	12.9	大专	25	17.0
传统服务业	43	29.3	本科	82	55.8
电子商务	25	17.0	研究生	3	2.0
其他	48	32.7	其他	5	3.4
合计	147	100.0	合计	147	100.0

样本创业者创业失败次数如表4－7所示，创业失败次数1次的75人，占总体比重51.0%，创业失败次数2次的41人，占总体比重27.9%，创业失败次数3次的18人，占总体比重12.2%，创业失败次数3次以上的13人，占总体比重8.8%。大部分创业者创业失败次数偏少，重复创业者比重偏少。

表4－7　　　　　　　　　样本创业者创业失败次数描述性统计

次数（次）	频率	百分比（%）	有效百分比（%）
1	75	51.0	51.0
2	41	27.9	27.9
3	18	12.2	12.2
3 以上	13	8.8	8.8
合计	147	100.0	100.0

样本创业者创业失败程度如表4－8所示，在经济层面，大部分创业者都遭受过重大经济损失，但都在可承受范围之内，少部分人破产和债务缠身。而"在创业失败时期我有严重失眠现象"这一测量指标中，超过一半的创业者面临精神困扰和忧虑。在"我曾经因为创业失败差点失去生存下去的勇气"测量指标中，大部分选择很不同意选项，说明大部分创业者面对失败挫折不曾有过轻生的念头。从整体情况来看，大部分小微企业创业者对自身的创业失败经历持中性意见，不肯定也不否定，这在一定程度上影响了测量的准确度。

表4－8　　　　　　　　　样本创业者创业失败程度描述性统计

失败程度衡量指标	均值	中值	众数	标准差	方差
我曾经因为创业失败蒙受过巨大的经济损失	3.86	4	4	1.663	2.767
我曾经因为创业失败差点破产	3.14	3	2	1.676	2.808
我曾经因为创业失败债务缠身	3.34	3	1	1.800	3.240

续表

失败程度衡量指标	均值	中值	众数	标准差	方差
我曾经因为创业失败差点失去生存下去的勇气	2.63	2	1[a]	1.643	2.700
我曾经因为创业失败而心灰意冷	3.48	4	4	1.718	2.950
创业失败使我对自己的创业能力产生过怀疑	3.86	4	4	1.750	3.064
在创业失败时期我的体重明显下降	3.99	4	4	1.746	3.048
在创业失败时期我有严重失眠现象	4.27	5	6	1.830	3.350

二、问卷信度和效度分析

在进行假设检验之前，应对测量量表进行信度和效度分析。只有具备足够的效度和信度的测度量表才可以被采用。

信度（reliability）是为一种现象的测度提供的稳定性和一致性结果的程度，即同一群受测对象在同一份量表上测量多次的分数要有一致性。由此可见，信度是指测量的一致性程度。信度分析就是要对量表的稳定性和一致性进行检验。测量信度有两个维度：内在一致性和可重复性（Zikmund，1995）。前者测量的信度是内在信度，后者测量的信度为外在信度。

内在一致性主要用来度量某一测量条款与测量同一变量的其他测度条款之间相关性。可以用三种不同的方法来检验这种内在一致性：折半（Split – half）信度系数、克朗巴赫（Cronbach）α 系数和验证性因子分析（Confirmatory Factor Analysis，CFA）。

可重复性表示用同一测量工具在不同时间内重复测量某变量，得到相同结果的程度。可以用两种不同的方法来检验这种可重复性：一是再测信度，使用相同的问卷，对同一群受测对象，在不同的时间段内，先后分两次进行测试，测出两次得分的相关系数，相关系数越高表示该问卷的测量信度越好；二是复本信度，复本是指用内容相似，难易程度相当的两份问卷，对同一群受测对象，分先后两次进行测试，每次用一份问卷。两次得分的相关系数被称为复本系数或者等值系数，如果两份问卷不是同时进行，而是相距一段时间后再进行的，这样计算出的相关系数就是等值系数。

克朗巴赫（Crobach）α系数是估计某一量表（scale）中测量条款所能表示的要测量的结构变量内涵的程度。克朗巴赫（Cronbach）α系数可用下列公式表示：

$$\alpha = \frac{k\bar{r}}{1 + (k-1)\bar{r}}$$

其中 k 为评估项目数，$\bar{r}$ 为 k 个项目相关系数的均值。克朗巴赫（Cronbach）α系数介于 0～1，值越大，则表示内在一致性程度越高。通常，α系数大于0.9，表示量表的内在一致性程度很高；α系数大于0.8而小于0.9，则内在信度较高，α系数大于0.7而小于0.8，设计量表仍可被接受；α系数小于0.7，设计量表存在很大问题，应考虑重新设计（Nunnally，1978；转自陈学光，2007）。

（一）小微企业失败原因量表的净化和信度检验

本书首先采用 CITC 分析（Corrected – Item Toal Correlation，即纠正条款的总相关系数），净化测量条款。当 CITC 小于0.5时，通常就删除该测量条款（Cronbach Alpha，1951；转自杨志蓉，2006）。其次，采用克朗巴赫（Cronbach）α系数法检验测量条款的信度。如果删除某个测量条款后，α系数增大，则表示可以删除该条款。在测量条款净化前后，都要计算α系数（刘怀伟，2003）。剩余测量条款的α系数超过0.70，说明信度符合要求（Nunnally，1978）。

小微企业失败原因（Business failure reason，BFR）量表的 CITC 与信度检测如表4-9所示。从中可以看出，题项 BFR1，BFR2，BFR3，BFR4，BFR5，BFR6，BFR7 和 BFR8 的初始 CITC 值部分小于0.5，小微企业失败原因的8个条款紧密度不高，但8个条款检测相应的α系数均大于0.7，整体α系数为0.769 > 0.7，说明小微企业失败原因条款的内部一致性好，表明量表符合研究要求。

表4-9　　　　　　小微企业失败原因量表的 CITC 与信度检测

条款	项已删除的刻度均值	项已删除的刻度方差 γ	CITC	多相关性的平方	项已删除的 Cronbach's Alpha 值	Cronbach's Alpha
BFR1	30.65	59.543	0.372	0.269	0.761	
BFR2	30.69	58.474	0.450	0.253	0.747	
BFR3	30.37	55.249	0.555	0.376	0.729	
BFR4	30.97	56.910	0.487	0.291	0.741	0.769
BFR5	29.99	57.219	0.533	0.394	0.734	
BFR6	30.27	57.676	0.472	0.286	0.744	
BFR7	30.15	57.608	0.473	0.241	0.743	
BFR8	30.24	59.844	0.409	0.291	0.754	

（二）小微企业失败原因量表的效度检验

效度（validity）是指量表的条款能够测量出研究人员所要衡量的事物的真实程度，它揭示了结构变量（construct）与测量条款之间的关系（Zikmurid，1995；转自陈学光，2007）。常用的效度可以分为两种：内容效度（content validity）、结构效度（construct validity）。

内容效度又被称为表面效度（face validity），测量量表的内容效度是指该领域的专家之间对某一量表（scale）能够测度所衡量的事物的认可程度，主要有两层含义：第一，测量量表是否可以真正反映出研究者想要测量的变量；第二，测量量表是否涵盖了所要测量的变量。内容效度主要是靠研究者在概念的定义上或者语义上的判断（荣泰生，2005），也就是内容效度是一种质性的效度，主要依赖逻辑的处理，依赖于学术界对理论概念的认同（黄芳铭，2005），而不是统计的分析。

结构效度是指量表测量由理论所产生的变量之间关系的系列假设（信息的结构）的能力（Bollen，1989；转自黄逸群，2007）。研究者在设计问卷和量表时实际上是假设有某种结构存在的，通过验证性因子分析可以考察所用的量表是否能够测量出真正的结构，从而验证研究者的假设是否成立。结构效度是最重要的效度指标之一（王重鸣，1990）。结构效度可通过检验测量条款的聚合效度和区分效度来进行（Shook，2004）。

测量效度的验证过程一般可以通过两个步骤来进行（O'Leary – Kelly & Vokurka，1998；转自黄逸群，2007）：第一，明确一组测量一个概念结构（变量）的测量条款，这些测量条款在理论逻辑上与某种结构有关，即建立测量的内容效度。第二，对条款的特性进行一系列的检验，建立结构测量程度的证据，即建立测量的结构效度。

在结构效度的验证过程中，本书采用了验证性因子分析和相关性分析，分析的工具是结构方程模型（SEM）软件 STATA12.0 与 SPSS21.0。验证性因子分析主要通过构建结构方程分析，也称为"结构方程建模"基于变量的协方差矩阵来分析变量之间的关系。对于结构方程模型，评估的关键是模型的拟合性（适配度）。模型的拟合性是指实际测量的数据与反映变量间关系的假设模型的适配程度，以此判断研究假设是否成立。如果实际测量数据与假设模型拟合良好，则说明假设模型符合预期假设，变量间的假设关系得到支持，如果拟合效果不好，则说明实际情况与预期假设之间存在一定差距，需要对假设模型进行必要的修正。

首先，内容效度检验。本书所采用的量表主要借鉴现有的较为成熟的量表编制而成，原始的量表已经经过了实证研究的检验，已为众多相关领域专家学者所认可。除此之外，笔者在原始量表的基础上，通过对专家以及企业家的访谈，对原始量表的一些条款进行了修改，并增加了一些符合企业家特征的重要条款。如表 4 – 10 所示，KMO = 0.787，巴特里特检验的近似卡方值为 251.336，对应的概率值 P = 0.000 < 0.01，因此变量"小微企业失败原因"的条款效度较好，本书所采用的量表具有较好的内容效度，因此可以放心地对小微企业失败原因维度使用因子分析。

表 4 – 10　　　　　　　　小微企业失败原因探索性因子分析结果

小微企业失败原因	条款	因子载荷				首因子方差贡献率（%）	累计方差贡献率（%）
		因子1	因子2	因子3	因子4		
团队互补性	BFR1	0.622				38.525	21.399
	BFR2	0.839					

续表

小微企业 失败原因	条款	因子载荷				首因子方 差贡献率 （%）	累计方差 贡献率 （%）
		因子 1	因子 2	因子 3	因子 4		
决策科学性	BFR3		0.803			53.974	42.081
	BFR4		0.754				
资源获得性	BFR5			0.686		64.527	58.727
	BFR6			0.803			
市场进入性	BFR7				0.855	73.147	73.147
	BFR8				0.524		

　　注：公共因子提取办法为主成分方法，KMO 样本分性检验值分别为 0.787，Bartlett 的球形检验卡方值分别为 251.366，sig 值为 0.000。

　　其次，验证性因子分析。验证性因子分析主要通过构建结构方程分析，也称为"结构方程建模"，是基于变量的协方差矩阵来分析变量之间的关系。主要通过结构方程分析出的标准化因子负载，t 检验和 LR 检验的数据，分析测量条款的拟合优度以及整体模型的有效性。对于因子负载而言，必须超过一定的标准，且达到统计显著性水平，才能表示测量的有效性（徐碧祥，2007），推荐的标准化因子负载的最低水平为 0.7（Ford，McCallum，Tait，1996；转引自王庆喜，2004）。

　　下面，本书将参照适配度指标的理想取值范围标准、标准化因子负载、t 检验和 LR 检验，对各潜变量进行验证性因子分析以检测其样本的拟合效度以及数据的有效性。小微企业失败原因的验证性因子分析模型如图 4－2 所示，IF 代表内部因素，EF 代表外部因素。基于小微企业失败原因的"内部因素"和"外部因素"均为自变量，"内部因素"包含 4 个测量题项，"外部因素"包含 4 个测量题项。

　　小微企业失败原因的验证性因子分析检验结果具体内容如表 4－11 所示，就问卷样本数据的拟合效度而来说，其中 Chi2_ms（17）= 48.328，p > chi = 0.000；Chi2_bs（28）= 259.304，p > chi = 0.000；CD = 0.959，TLI = 0.777，CFI = 0.865，均大于 0.9 接近 1；RMSEA = 0.112，稍大于 0.1，表明数据的拟合效度结果较为理想。所有测量问项的标准化因子负载均大于0.7。模型内每个估计参数都达到显著水平，表明模型的内在质量理想。t检验，每个参数对应的P值均大于显著性水准，所有的条款参数具有显著性。就拟合优度指标而言，LR检验得出 Prob > chi2 = 0.0155 < 0.05，该模型全体的拟合度良好。

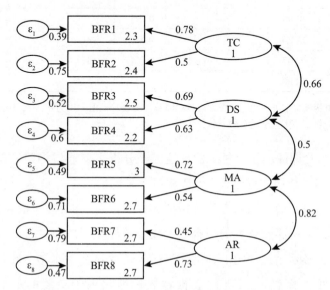

图 4 - 2　小微企业失败原因的验证性因子分析模型

表 4 - 11　　　　　　　小微企业失败原因的验证性因子分析结果

小微企业失败原因	Measurement	标准化因子负载	Coef	OIM Std. Err	Z(t)	P > |z|
团队互补性	BFR1	0.78	1.24	0.56	27.79	0.000
	BFR2	0.50	2.17	0.32	29.06	0.000
决策科学性	BFR3	0.69	1.58	0.31	30.45	0.000
	BFR4	0.63	1.83	0.30	26.36	0.000
资源获得性	BFR5	0.72	1.21	0.27	36.76	0.000
	BFR6	0.54	2.04	0.28	32.21	0.000
市场进入性	BFR7	0.45	2.38	0.32	32.29	0.000
	BFR8	0.73	1.28	0.41	33.09	0.000

注：LR test of model vs. saturated：chi2 (17) = 48.33, Prob > chi2 = 0.0001 < 0.05。

（三）失败程度的信度与效度

本书所采用的测量量表主要借鉴国外现有的且较为成熟的测量量表，并结合中国的具体情境修改编制而成，原始的测量量表已经通过了实证研究的检验，并且被众多相关领域专家学者所认可和使用。除此之外，笔者在原始量表的基础上，通过对专家以及企业家的访谈，对原始量表的一些条款进行了修改，并增加了一些符合企业家特征的重要条款。如表 4 – 12 所示，KMO = 0.864，巴特里特检验的近似卡方值为 574.103，对应的概率值 P = 0.000 < 0.01，因此，变量"小微企业失败程度"的条款效度较好，本书所采用的量表具有较好的内容效度，因此可以放心地对小微企业失败程度维度使用因子分析。

表 4 – 12　　　　　　　　失败程度因子分析和信度

失败程度	因子载荷			首因子方差贡献率	累积方差贡献率	Cronbach's Alpha
	因子 1	因子 2	因子 3			
我曾经因为创业失败蒙受过巨大的经济损失	0.783					
我曾经因为创业失败差点破产	0.858					
我曾经因为创业失败债务缠身	0.841					
我曾经因为创业失败差点失去生存下去的勇气		0.757		55.17%	77.40%	0.883
我曾经因为创业失败而心灰意冷		0.863				
创业失败使我对自己的创业能力产生过怀疑		0.715				
在创业失败时期我的体重明显下降			0.759			
在创业失败时期我有严重的失眠现象			0.857			

注：公共因子提取办法为主成分方法，KMO 样本分布性检验值为 0.864，Bartlett 的球形检验卡方值分别为 574.103。

三、失败原因与失败经历的关系研究

(一)结构变量的相关性分析

在有效检验小微企业失败原因的测度量表以及失败程度的测度量表之后，本书对前文构建的小微企业失败原因——失败经历（次数、程度）的理论模型采用线性回归分析进行验证，采用的分析工具是SPSS21.0。

相关分析是通过研究现象与现象之间是否存在着某些依存的联系及彼此间的相关关系和程度的一种统计方法。相关系数是一个介于 - 1 和 + 1 的量，用 r 表示，若两者的相关系数为 - 1，则为绝对负相关关系；若两者的相关系数为 + 1，即表示两者间是绝对的正相关关系；当相关系数为零时，两者则没有关系。相关系数的绝对值小于0.3时，表明两者为低度相关关系；其绝对值处在0.3～0.7，则为高度相关关系；如果超过0.8的，说明具有非常高的相关性。

带星号则表示两者具有相关关系，若无星号表示两者无相关关系。因此须观察 α 值来判断两变数间是否存在显著相关。

为了进一步探讨小微企业失败原因——失败经历（次数、程度）之间的内在关系，本书先对这些变量进行了 Bivariate 相关分析，求出上述变量间的相关关系与显著性水平。我们把结构变量的简单算术平均后的得分，作为该变量的取值。结构变量的相关分析如表4 - 13所示，从对结构变量的相关性检验结果来看，各关系假设都是统计性显著的。但是，同时也必须注意，基于 Bivariate - Correlation 的假设检验统计性显著，并不能说明当它们同时接受检验时仍会显著。因此，有必要对它们进行进一步的检验。

表4-13　结构变量的相关分析

变量	1	2	3	4	5	6	7	8	9	10	11	12
性别	1											
年龄	-0.186*	1										
学历	0.110	-0.233**	1									
行业	0.092	-0.293**	0.106	1								
规模	-0.148	0.346**	-0.014	-0.350**	1							
营业额	-0.148	0.344**	-0.062	-0.257**	0.629**	1						
失败次数	-0.107	0.313**	-0.313**	-0.167*	0.219**	0.320**	1					
失败程度	-0.032	0.077	-0.060	-0.111	0.118	0.167*	0.254**	1				
团队互补性	-0.007	0.010	-0.188*	-0.178*	0.048	0.166*	0.180*	0.292**	1			
决策科学性	-0.133	-0.010	-0.124	-0.092	-0.031	0.090	0.067	0.274**	0.457**	1		
资源获得性	-0.138	0.018	-0.076	-0.137	0.040	0.103	0.061	0.288**	0.280**	0.453**	1	
市场进入性	-0.074	-0.080	0.063	-0.096	0.149	0.104	-0.071	0.316**	0.282**	0.363**	0.539**	1

注：** 表示在0.01的水平下统计显著，* 表示在0.05的水平下统计显著。

（二）结构变量的描述性统计

为了验证本书所提出的理论假设，本书将采用层级线性回归的方法，对小微企业失败原因——失败经历（次数、程度）之间的关系分别建 2 组回归模型进行分析。本书使用 SPSS21.0 和 Amos 等统计分析工具建立层级线性回归模型，模型估计方法为最小二乘法。首先，将各研究变量所对应的测量条款得分取算术平均值，得到各变量得分，变量的描述统计如表 4 - 14 所示。

表 4 - 14 　　　　　　　　　研究变量的描述性统计

变量	均值	标准差	N
性别	1.32	0.47	147
年龄	2.41	0.99	147
学历	2.48	0.97	147
行业	3.53	1.29	147
规模	1.89	1.18	147
营业额	1.50	0.82	147
团队互补性	4.09	1.46	147
决策科学性	4.09	1.52	147
市场进入性	4.64	1.42	147
资源获得性	4.56	1.39	147
失败次数	1.79	0.97	147
失败程度	3.57	1.28	147

（三）结构变量的回归分析

我们分别以失败次数和失败程度为因变量，以小微企业失败外部因素作为自变量进行拟合，同时加入控制变量，如创业者的性别、年龄、学历、所在的行业、企业规模和营业额 6 个指标。在自变量小微企业失败原因中，我们将其分为内部因素和外部因素两个子变量，同时将小微企业失败内部因素作为调节变量，验证企业内部的可控因素对企业外部环境因素是否具有调节作用，分析出小微企业失败的主要因素。

首先，我们以创业失败次数为因变量进行回归分析。层级回归分析分为7个步骤，分别建立7个模型。模型1为6个控制变量对创业失败次数的回归分析。模型2、模型3、模型4和模型5在模型1的基础上分别引入两个外部因素变量：市场进入性和资源获得性；两个内部因素变量：团队互补性和决策科学性，分别考察市场进入性、资源获得性、团队互补性和决策科学性对失败次数的影响。模型6考察调节变量团队互补性对市场进入性、资源获得性与失败次数之间关系的调节效应。模型7考察了决策科学性对市场进入性、资源获得性与失败次数之间关系的调节效应。结果如表4-15所示。为了检验各变量之间是否存在共线性问题，本书在回归分析前做多重共线性问题的诊断，各模型的VIF均在10以下，分别为1.10，1.38，1.14，1.30，1.94，1.78，1.41，1.62，1.63，1.72，2.81，2.70，表明变量之间不存在明显多重共线性。

从表4-15的层级线性回归结果中，模型2中，市场进入性 $P = 0.019 < 0.05$，$r = -0.093$，得出市场进入性对失败次数的影响显著；模型3中资源获得性 $P = 0.047 < 0.05$，$r = -0.035$，得出资源获得性对失败次数的影响显著；模型4中团队互补性 $P = 0.038 < 0.05$，$r = -0.109$，得出团队互补性对失败次数的影响显著；模型5中决策科学性 $P = 0.036 < 0.05$，$r = -0.058$，得出决策科学性对失败次数的影响显著。

模型6中，分析了调节变量团队互补性和失败外因的调节效应对失败次数的影响，分析得出团队互补性对市场进入性、资源获得性与失败次数之间关系的调节效应显著（$P = -0.093$，$P = -0.802$，$r < 0.05$）。模型7中，分析调节变量决策科学性和失败外因的调节效应对失败次数的影响，分析得出决策科学性对市场进入性、资源获得性与失败次数之间关系的调节效应显著（$P = -0.661$，$r < 0.01$、$P = -0.339$，$r < 0.05$）。

表 4 – 15　　　　　小微企业失败原因与失败次数的层级线性回归分析结果

变量		因变量：创业失败次数						
		模型 1	模型 2	模型 3	模型 4	模型 5	模型 6	模型 7
控制变量	性别	– 0.010	– 0.013	– 0.018	– 0.022	– 0.019	– 0.040	– 0.011
	年龄	0.161	0.172*	0.171*	0.157	0.155	0.169	0.147
	学历	– 0.256**	– 0.238**	– 0.239**	– 0.222**	– 0.225**	– 0.217**	– 0.244**
	行业	– 0.031	– 0.014	– 0.016	– 0.018	– 0.014	– 0.006	– 0.040
	规模	– 0.005	0.005	0.001	0.024	0.030	0.033	0.056
	营业额	0.242*	0.118	0.224*	0.219*	0.216	0.194	0.213*
自变量	市场进入性（MA）		– 0.093*	0.109*	0.126*	0.125*	– 0.062	– 0.500
	资源获得性（AR）			– 0.035*	– 0.002*	– 0.016*	– 0.379	0.270
	团队互补性（TC）				– 0.109*	– 0.134*	– 0.368	
	决策科学性（DS）					0.058*		– 0.184
调节效应	市场进入性×团队互补性						– 0.093*	
	资源获得性×团队互补性						– 0.802*	
	市场进入性×决策科学性							– 0.661**
	资源获得性×决策科学性							– 0.339*
R²		0.213	0.221	0.222	0.231	0.233	0.261	0.237
调整 R²		0.179	0.182	0.177	0.181	0.177	0.200	0.175
F 值		6.314	5.628	4.916	4.577	4.136	4.327	3.817

注：* 表示 p < 0.05，** 表示 p < 0.01 的统计显著。

其次，我们以失败程度作为因变量进行分析。层级回归分析分为 7 个步骤，分别建立 7 个模型。模型 1 为 6 个控制变量对失败程度的回归分析。模型 2、模型 3、模型 4 和模型 5 在模型 1 的基础上分别引入外部因素变量：市场进入性和资源获得性；内部因素变量：团队互补性和决策科学性，并分别考察市场进入性、资源获得性、团队互补性、决策科学性对失败程度的影响；模型 6 考察调节变量团队互补性对市场进入性、资源获得性与失败程度之间关系的调节效应。模型 7 考察了决策科

学性对市场进入性、资源获得性与失败程度之间关系的调节效应。如表
4－16 所示，为了检验研究的各变量之间是否存在共线性问题，本书在
回归分析前做多重共线性问题的诊断，各模型的 VIF 均在 10 以下，表
明变量之间不存在明显多重共线性。

在小微企业失败原因与失败程度的层级线性回归结果中，模型 7 的
R^2 为 0.170，调整后的 R^2 为 0.103。F 值为 2.519，显著性概率为
0.006 < 0.01，表明模型具有统计显著性。对残差独立性进行游程检验
结果得出双侧检验的概值 P = 0.159 > 0.05，即回归模型残差具有独立
性。模型 2 中市场进入性的 P = 0.010 < 0.05，得出市场进入性对失败程
度的影响显著；模型 3 中资源获得性的 P = 0.020 < 0.05，得出资源获得
性对失败程度的影响显著；模型 4 中团队互补性的 P = 0.002 < 0.01，得
出团队互补性对失败程度的影响显著；模型 5 中决策科学性的 P = 0.045 <
0.05，得出决策科学性对失败程度的影响显著。

模型 6 检验了团队互补性对两个失败外因与失败程度间关系的调节
作用。得出团队互补性对市场进入性、资源获得性与失败程度之间关系
的调节效应显著（P = 0.200，P = 0.279，r < 0.05）。模型 7 检验了决策
科学性对两个失败外因与失败程度间关系的调节作用，得出决策科学性
对市场进入性、资源获得性与失败程度之间关系的调节效应显著（P =
0.593，r < 0.01）。

综合上文所述，市场进入性、资源获得性、团队互补性和决策科学
性对失败经历影响显著，假设 H1a、H1b、H2a 和 H2b 均得到数据支持，
假设成立。这表明团队互补性越强、决策科学性越好、市场进入性越宽
松和资源获得性越容易对小微企业失败的影响越轻，创业者创业失败次
数会越少，失败程度会越轻，有利于企业创业。团队互补性、决策科学
性分别对市场进入性、资源获得性与失败经历之间关系的调节作用显
著，假设 H3a、H3b 均得到数据支持，假设成立。

表 4 - 16　　　　小微企业失败原因与失败程度的层级线性回归分析结果

变量		因变量：创业失败程度						
		模型 1	模型 2	模型 3	模型 4	模型 5	模型 6	模型 7
控制变量	性别	- 0.010	- 0.006	0.019	0.028	0.034	0.012	0.030
	年龄	0.161	0.028	0.036	0.064	0.061	0.064	0.049
	学历	- 0.256**	0.006	0.012	- 0.013	- 0.008*	- 0.011	- 0.032
	行业	- 0.031	- 0.021	- 0.015	- 0.010	- 0.003	- 0.002	- 0.006
	规模	- 0.005	0.033	0.054	0.006	0.016	0.010	0.012
	营业额	0.242*	0.086	0.073	0.082	0.077	0.070	0.094
自变量	市场进入性		0.274*	0.193*	0.157*	0.156*	0.093*	0.330*
	资源获得性			0.184*	0.114*	0.089*	- 0.020*	- 0.208*
	团队互补性				0.228**	0.183**	- 0.143*	
	决策科学性					0.099*		- 0.135*
调节效应	市场进入性×团队互补性						0.200*	
	资源获得性×团队互补性						0.279*	
	市场进入性×决策科学性							- 0.169
	资源获得性×决策科学性							0.593**
R^2		0.213	0.102	0.128	0.170	0.176	0.172	0.170
调整 R^2		0.179	0.057	0.078	0.115	0.115	0.108	0.103
F 值		6.314	2.267	2.539	3.107	2.896	2.574	2.519

注：* 表示 $p < 0.05$，** 表示 $p < 0.01$ 的统计显著。

第五节　研究小结

一、研究结论与讨论

本书主要考察小微企业失败外因、失败内因与失败经历之间的关系，研究创业者创业失败原因及其作用机理。

本书以团队互补性和决策科学性两方面的企业内部管理因素，探索其对失败经历的影响，并分析它们对失败外因与对失败经历的调节作用。在回归分析中，团队互补性和决策科学性对市场进入性、资源获得性与失败经历的调节作用显著，创业团队和团队决策可以促进企业对市场进入机制、资源获得能力的提升，同时能加强对企业内部管理和治理，并能降低后续创业失败的程度和减少失败次数。

在市场竞争中，任何的疏忽和失误都可能导致小微企业失败。市场环境的变更、消费者消费观的改变、政府政策、科技发展等一系列的变化，足以让企业为适应市场而作出巨大的调整。适者生存，劣者淘汰。创业者能极快并且高质量的适应市场，则企业发展能获得成功；不能适应市场或者竞争力不足的，就会失败。经过对创业者的调查，我们发现，大部分创业者的失败在于未认清市场行情，盲目的生产，以致获利不足而失败。本书以团队互补性、决策科学性、市场进入性和资源获得性作为小微企业失败原因来研究企业家的失败经历。团队是企业的创造力源泉和执行保障，决策是企业成功的依靠，市场进入性和资源获得性是企业外部的关键。良好的市场准入，能降低企业压力和提高生存空间。良好的资源获取，是企业源源不断生产和发展的动力。本书研究发现，四种失败影响因素对失败次数和失败程度都具有显著的影响，说明小微企业的失败不是单独的内部因素的影响或者外部的因素影响，也不是个别因素的作用，而是小微企业内部和外部因素共同对小微企业产生影响。从而验证了失败经历是企业内部因素和外部因素共同作用的结果的观点。

二、研究局限与未来展望

虽然本书的研究结论，对小微企业失败理论的发展有一定的理论贡献和指导意义，但是调查研究还存在许多局限。

81

（一）问卷调查的不可控性

由于本书的研究对象是具有小微企业失败经历的创业者，而创业者普遍存在不愿承认自己失败或者不愿意谈及之前的失败经历的倾向，并且在回顾过程中存在主观偏差的影响，许多被调查者在填写失败次数和失败程度上，掩盖自己失败经历和真实情况，同时许多被调查者在创业失败原因上模糊不清或者认识性不强。此外，通过亲戚朋友、同学等关系和社会网络发放的纸质和电子版问卷也可能存在一定的不可靠性，发放问卷的地域范围也过于分散且代表性不强，因此造成问卷数据的局限性和代表性相对较弱。

（二）小微企业失败原因的局限性

本书对小微企业失败影响因素只是采取了团队互补性、决策科学性、市场进入性和资源获得性四种，缺乏对其他失败影响因素，如环境稳定性、地域文化、领导风格等对失败学习和失败经历的影响。不同的市场环境和地域文化对创业产生不同的结果，稳定的环境有利创业，动荡的环境会加剧创业失败。创业文化浓郁的地区，其创业氛围、成功率也大大不同。

（三）失败经历测量的科学性

本书依靠失败次数和失败程度作为衡量失败经历的指标，而失败程度条款虽然参考了前人研究，并依据既定研究的需求设定的，但细微之处存在欠思考的地方，条款主要测量创业者经济损失、心理打击和身体受创程度，缺乏对社会成本、专家成本、情绪成本等方面的考量。同时，还应针对被调查者不愿吐露真实的失败经历这一现象，尽力克服数据收集困难的障碍。

中篇：小微企业失败有什么影响

第五章

小微企业失败的影响

第一节　失败对创业者的影响

小微企业的失败必定会对创业者、组织甚至社会造成一定的影响。其中，对于创业者造成的影响是目前学术界重点关注的研究领域。相关结论多借鉴自对失业的研究。失业对个体造成的负面影响包括四个方面。这四个方面是经济、心理、生理以及社会关系（Latack，et al.，1995）。经济方面由于缺乏收入而导致财务紧张（Brief，et al.，1995），而且在业务中断的情况下可能涉及个人为失败业务提供资金而产生的个人债务；心理方面包括从减少主观幸福感（Brenner & Bartell，1983；Kinicki，1985）到发生严重精神疾病（Stafford，Jackson，Banks，1980）等一系列问题，包括严重抑郁症（Hamilton，et al.，1993）和增加自杀率（Cobb & Kasl，1977）。生理因素包括个人以血压升高的形式增加焦虑和高血压（Latack，et al.，1995）。社会关系方面通常涉及个人身份地位的丧失以及社会交往中的疏远和限制（Payne & Hartley，1987）。具体如表5-1所示。

表 5 – 1 非自愿失业的影响

学者	研究内容	结论
Brief, et al. , 1995	经济	由于缺乏收入财务应变，在工作业务中断的情况下可能涉及个人债务的破产
Brenner & Bartell, 1983 Kinicki, 1985 Stafford, Jackson, Banks, 1980 Hamilton, et al. , 1993 Cobb & Kasl, 1977	心理	主观能动性受到打击，个人主观幸福感减少；有可能增加严重精神疾病的发生率；包括产生重度抑郁症和自杀率增加
Latack, et al. , 1995	生理	血压升高的形式增加焦虑和高血压
Payne & Hartley, 1987	社会	社会交往的个人地位和身份的异化和限制损失

资料来源：根据相关文献整理。

小微企业的失败会给创业者带来很高的成本（Coelho & McClure，2005），无论是在经济资本还是社会资本方面。麦克格雷斯（1999）通过研究指出，小微企业的失败会导致现有的社会资本损失，并且会对打击生产力。小微企业的失败除了会导致创业者经济受到损失以外，还会给创业者带来负面的精神上的影响，如打击创业者的自信、主观能动性、对于风险的承受能力，伤害创业者个人的自尊心以及影响创业者与他人的关系，严重的话甚至会导致创业者产生抑郁倾向（Whyley，1988）。目前，关于小微企业失败给创业者带来的成本构成维度主要有以下两种观点：谢普德（2009）通过研究发现创业者经济成本（创业者由于企业失败而导致的个人经济收入上的损失以及背负的债务）与心理成本（创业者对于企业情感的投入以及期望程度）两个维度的高低及其相互之间的关系决定了小微企业的失败会对创业者带来多少影响，并且失败成本的高低会对创业者从失败中修复（从失败中学习经验教训）以及后续创业意向有显著的影响。这种观点同时指出创业者的心理成本会受到经济成本高低的影响：如果创业者损失的经济成本越多，那么创业者的心理成本也就越大；而小微企业失败带来的总成本则可能是由经济成本和心理成本相加或者相乘构成。在新创企业的建立过程中，创业者会把各种自己拥有的以及通过社会网络获得的资源全部投入到新创企业中，将个人所拥有的财富与新创企业的经济价值捆绑在一起（Brophy & Shulman，1992）。因此，新创小微企业的失败会给创业者个人带来很严重的经济损失。小微企业失败给创业者带来的心理成本是指小微企业的失败会对创业者带来很严重的负面情绪，创业者对新创小微企业的投入越大，倾注的心血越多，那么小微企业的失败对创业者造成的心理成本也就越大，打击创业者的主观能动性，导致创业者悲痛、沮丧、绝望、焦虑、自卑等负面情绪的滋生（Johnston，2002）。史密塔等（2007）则通过对创业失败的人群进行案例分析探索小微企业失败对创业者造成的失败。他认为，新创小微企业给创业者造成的失败成本不仅包括经济成本和心理成本，还会对创业者的生理健康、社会关系造成影响。小微企业的失败会对创业者带来明显的负面影响，其社会地位与人际关系会受到打击（Weisenfeld，et al.，2008）。最后把结果归纳总结为以下几个方面的影响：经济（财政压力、偿还债务），社会关系（社会地位、朋友关系等），心理（打击自我效能感，产生悲痛、沮丧、焦虑、自卑等负面情绪），生理（失眠、体重下降等）。具体内容如表 5 – 2 所示。

表 5 – 2　　　　　　　　　　　　　小微企业失败的影响

经济	财政压力 偿还债务 收入降低	最困难的部分是我花了一笔钱去渡过难关，但是最后我失去了它。（案例 A） 开始背负债务……所有债权人都亲口给我打电话（案例 C） 在企业关闭之后，我面临着极大的就业困难，当你以最低工资生存时，很难维持生计（案例 D）
社会	与家人和朋友疏远	我曾经想和母亲沟通过很多次，但是我已经两年没有给她打电话……同时我也已经远离了我的朋友们（案例 A）
心理	悲伤	我认为这就像是悲伤……你必须经历所有的尖叫、哭泣，然后你从中发现并感觉你已经处理了它（案例 A）
生理	健康恶化	我崩溃了，最终住院了……在生意失败的时候我会病得很厉害（案例 C）

资料来源：根据相关文献整理。

之后许多学者开始更多关注小微企业失败成本对创业者失败修复以及后续创业意向的影响。例如，之前小微企业失败的经历可以让创业者避免对市场过度乐观，但是并不会让创业者的风险承担倾向发生显著变化（Ucbasaran, et al., 2010）。但是也有研究认为，小微企业的失败会导致创业者经济成本以及社会成本蒙受损失，进而打击创业者后续创业活动的热情和积极性（Cope, 2011）。通过研究发现，创业者在面对小微企业失败带来的经济收入降低、心理受到创伤、健康恶化以及社会地位下降时，通常会有两种策略来处理小微企业失败问题：首先关注小微企业失败带来最直接的影响，侧重于处理小微企业失败后的经济收入下降的问题；第二则关注小微企业失败带来的心理创伤，侧重于应对小微企业失败后造成的心理压力（如自我效能感、否定自己等问题）（Singh, et al., 2007）。具体内容如表 5-3 所示。

表 5-3　　　　小微企业失败的成本类型及其相应的策略

成本类型	内容	产生根源	应对策略
经济成本	收入减少带来的成本压力，投资失败后的个人债务	投资失败后的个人债务	聚焦于问题的应对策略
心理成本	创业者自我效能感降低，产生悲痛、沮丧、焦虑、自卑等负面情绪	对小微企业投入的情感以及精神压力	对于自我认知的调整；情绪管理
生理成本	健康恶化、失眠、体重下降等	心理压力积压在身体中，对生理造成影响	调养身体
社会成本	社会地位下降、朋友关系发生疏远，产生社交障碍	社会上存在的"反失败偏见"	社会对于失败的包容

资料来源：根据相关文献整理。

如何应对失败带来的种种负面影响，要求创业者要有一种积极的心态。如果创业者能够意识到，失败经历从长远来看可能会是一种正向产出，那么创业者就会将失败看成一种临时性问题，并以更加积极的态度去处理失败。因此，目前学者们重点关注创业者如何从小微企业的失败中恢复过来，侧重于观察失败给创业者造成的心理成本和如何应对上。现有的研究结果证明，创业者失败修复以及后续创业意向常常会和创业者的态度有一定的联系。谢普德发现，创业者的创业失败经历会阻止他们从失败的事情中去学习，它是一个痛苦的过程，会给创业者带来负面情绪。谢普德等学者研究认为，创业者在创业失败后还会和其他员工存在一定的联系，这个过程会让创业者感觉到羞耻，这不利于创业者的情绪调节。如果创业者缺乏正确应对失败带来的负面情绪时，很容易产生自卑甚至抑郁等心理疾病，不愿积极正面地看待失败的问题，进而排斥从之前的失败经历中吸取经验教训（Politis，2005）。目前，对于小微企业失败给创业者带来的成本及其构成维度对于创业者失败学习和后续创业活动的相关研究仍处在摸索阶段，大多仍然是定性研究，缺乏实质数据的支持。

第二节　失败对于后续创业活动的影响

小微企业失败是一个毫无征兆突然发生的事情，它常常会对创业者后续活动有一定的影响。有一些学者研究发现，小微企业失败带来的影响不仅仅只有负面影响。小微企业的失败会给创业者发出一种信号，提供一个客观分析其对于创业的态度以及采取的相关行为的机会，避免其在后续创业活动中过度自信（Sitkin，1992）。也就是说，小微企业的失败过程或结果会对创业者的认知框架产生影响，促使创业者对自我进行再次的反思，从而有可能使创业者在自我认知、风险承受倾向、自我效能感以及后续创业意愿等方面产生变化。西蒙斯等学者（Simmons，et al.，2007）研究发现小微企业失败不仅仅给创业者带来一些消极的影响，也对创业者产生一定的积极作用。创业失败后的羞耻感会慢慢加强，但是羞耻感会让创业者将失败作为人生的一项积极的经历（Singh &

Lumsden, 1990)。从创业失败的过程中收获的反面信息常常会伴有一定的积极激励，因为它使得创业者认清在创业中得到的一些东西与实际中的些许不同，这样就刺激创业者进行积极的行动（Cardon, et al., 2011）。创业失败也许不会削弱创业者进行后续创业的想法（Meyer & Dean, 1990）。

一、失败对于失败学习的影响

在之前较早的研究中，大多认为失败是令人不舒服的一件事情，但是近年来的研究慢慢发现了失败的价值，它可能是开发自己潜力的重要途径，为创业者营造提高自己水平的一种环境。现在越来越多的学者研究发现，小微企业的失败给创业者带来的影响并不全都是负面的，也有积极的影响。创业者在经历小微企业失败以后并不会丧失自我效能感，并且也不会放弃新的创业机会或项目。相反，相比于拥有成功经历的创业者而言，经历过企业失败的创业者对创业拥有更多的自信和创业热情，因为他们将失败看成学习的重要情景（Cardon, et al., 2011）。也有研究显示个体和组织能够从失败中学习，进而提升成功的机会。我们应该把小微企业的失败看作一种珍贵的知识来源，从失败中吸取经验教训对创业者有重要意义（Politis, 2005）。小微企业的失败经历可以增强创业者在后续创业活动中识别出一系列不确定因素和风险的能力及应对危机和失败的能力，使得创业者在开展再创业活动时能做得更好，避免再次失败的发生（Bates, 2005）。没有经历过企业失败的"创业老手"（habitual entrepreneurs，指有创业经历的创业者）认为自己所做的行为和决策不会导致企业失败，因此这些"创业老手"根本不会去反思自己的行为和决策（Ucbasaran, et al., 2010）。谢普德等学者指出失败学习是创业者自我认知路径重新构建的过程。小微企业的失败能刺激创业者从中进行学习，也督促创业者们对之前的行为和决策进行反思。促进失败学习主要是创业者的经济方面，而不是社交、生理和心理等方面

（Singh，et al.，1990）。

　　小微企业的失败可以为创业者提供学习的重要机会，目前许多学者开始对创业者之前的失败经历与创业者失败学习之间的关系展开研究。例如，失败经历比成功经历对创业者更有学习价值，是创业者获得自身所需技能和知识的重要情景（Minniti & Bygrave，2001）。小微企业的失败会给创业者发出一种信号，给创业者提供一个客观分析其自身能力和行为以及对于创业态度的机会，避免其在后续创业活动中过度自信；鉴于小微企业的失败有多种情形，不同情形的小微企业失败对创业者带来的影响的严重程度也存在差异性（如创业者转变业务和破产倒闭等）；并且提出了"智能失败"（Intelligent failure）概念，即那些失败给创业者造成的损失相对较低的、负面情绪较少的经历，并认为"智能失败"会给创业者带来正面的影响，特别在促进创业失败学习方面是很有效的（Sitkin，1992）。最近，一些学者提出"适度失败"论，认为失败次数偏多或者偏少都是有害的，失败程度和次数适中，创业者才会进行有效学习。对于以上学者所提出的概念，也有学者认为失败的程度越大，给创业者带来的积极影响也就越大。小微企业失败的经历将可以为创业者提供更多的自我反省和自我检查的机会，而失败的程度越大越能刺激创业者从失败中学习（Stokes & Blackburn，2002）。创业者经历的失败程度越大，越能够显著加强创业者在后续的创业活动中有处理危机和失败的能力（Cope，et al.，2008）。

　　基于学术界现有的研究成果，本书总结归纳出以下几种有关小微企业失败经历对于创业者失败学习影响的观点。第一种观点是"大失败论"，认为创业者经历的失败程度越严重，次数越多，越能从中学习到有价值的内容，认为小微企业失败经历会给创业者带来积极影响。强调从灾难性失败经验中学习的效果，认为"令人痛苦"的失败是促进学习的最有效因素。反之，如果创业失败的程度很低，创业者就不会从创业失败中学习（Sitkin，1992）。谢普德等学者（2009）通过研究指出：如果创业者之前失败的程度很低，创业者就不会去反思自己所做的决策和相关的行为，创业者就不会积极的从失败经历中吸取经验教训。第二种则是"小失败论"，认为小微企业失败经历会给创业者的失败学习造成负面影响，认为创业者经历的失败程度越轻，次数越少，越能从中学习到有价值的内容。通过实验发现之前失败经历会给创业者带来负面情绪，而这种负面情绪越大越会抑制创业者失败学习的能力（Goleman，1996）。失败的程度越小越有利于增强创业者的信心并促进渐进式学习，而失败程度越大会带来巨大的心理成本，会阻碍创业者的认知过程，影响他们正常发挥自己的决策能力，进而降低他们的学习能力（Baumard & Starbuck，2005）。之前失败的经历会给创业者带来心理成本，而心理成本的高低会对创业者失败学习能力造成直接的影响（Anca，2007）。第三种观点则是"中失败"，主要观点是失败次数偏多或者偏少都是有害的，失败程度和次数适中，创业者才会进行有效学习。谢普德等几位学者（2009）在进行了相关的研究分析后发现，失败经历给创业者造成的失败成本与创业者失败学习能力之间的关系会受到创业者自我效能感的影响，而且这种关系是一种倒"U"型。初次创业者在经历创业失败以后，很少能够通过学习从失败中吸取经验，而那些有过一定失败经历的创业者的失败学习能力则相对较强；但是，随着失败次数的增多，失败所带来的成本越来越大，创业者就会失去自信，怀疑自己的能力，创业者不愿从失败中学习，失败带来的积极影响越来越小（Mitchell，et al.，2002）。也就是说，对于一些自我效能感较强的创业者，他们的失败学习能力会随着心理成本的增加而得到提高，但在达到一个阈值以后又会随着心理成本的增加而下降；而对于那些自我效能感较弱的创业者，失败学习能力则会单一地随着心理成本的增加而下降。但是上述几个学者的研究，除了戈尔曼（Goleman，1996）的研究以外，其他学者的研究都是质化研究，没有实质数据的支撑。所以，小微企业失败成本及其相互之间的构成维度对创业者失败学习的影响仍有待定量研究加以检验（McGrath，1999）。

　　创业者能从失败学习中得到什么，换句话说，就是失败学习主要包括什么，这是研究失败学习理论很重要的一面。关于失败学习主要包括什么，总结出三种。第一种观点认为创业失败学习的主要内容与失败具体的情况相关，从失败中学习的效果因所处行业不同而异（Kim & Miner，2007）。第二种观点包含机会识别和分析处理问题两个方面的知识。失败学习的主要内容就是如何对新机会的识别和把握，失败学习是对之前经历的一种探究（Mueller & Shepherd，2014）。另外，创业老手由于拥有创建和管理企业的经验，因此相对于初次创业的人来说积累了更多的新创企业创立的知识和技能，这属于创业者企业内部管理知识和技能的学习，而创业者的外部知识学习则表现为相比于初次创业者，创业老手对于创业机会的识别能力更强而且应对挫折和失败的能力也更高（Schutjens & Stam，2007）。创业老手能够从外部学习到如何识别机会以及应对挫折，特别是当他们在以往的创业经历中遇见过外部新的创业机会和挫折（Ucbasaran，et al.，2003）。第三种观点认为创业者失败学习内容包括自我学习、新企业管理等，首先将创业者失败学习的内容划分为创业者自我学习、商业学习和小企业管理学习等，他认为失败学习能带来对自己、商业环境和企业管理的重新认识（Cope，2011）。创业者在经历企业失败之后可以通过失败修复来释放对信息的处理能力，提高创业者失败学习的效果（Bower，1992）。失败学习对于提高创业者后续创业意愿有重要影响（Cope，2011）。但是小微企业失败成本的构成维度、各维度之间的相互作用关系对于创业者失败修复能力有重要的影响并且对于其后续创业意向也有影响。

　　虽然目前学术界从关注失败经历对创业者造成的负面影响转变到创业者如何从失败学习的研究上来，但是目前失败学习的相关研究仍然存在较大的空白。例如，学者们对创业者失败学习哪些方面内容和知识更加重要仍然没有达成统一意见。有的学者强调在创业者失败学习的过程中加强创业者自我学习的能力，而有的学者则认为应该在失败学习的过程中加强创业者抗挫折以及识别机会的能力。还有学者认为失败经历并不能让创业者学习到知识和经验，认为创业者只能从成功的经验中获益，而从失败的经历中获得的经验很可能导致错误的行为。所以，未来有关创业者创业失败学习的内容和研究方向的具体研究如图5-1所示，仍然有很多的研究方向可供研究。

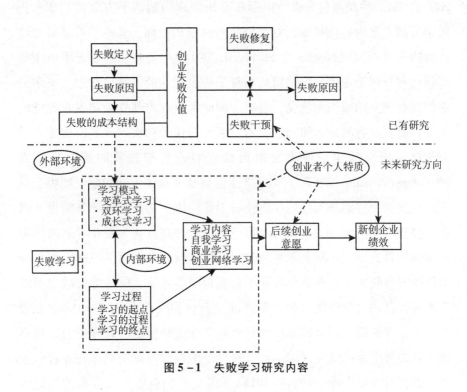

图5-1 失败学习研究内容

二、失败对于创业者后续创业意向的影响

创业意向主要是指创业者对于创建新企业的主观估计或者是对自己创建新企业的可能性的判断（Wu, et al., 2008）。因此后续创业意向就是指创业者在经历失败经历之后对于创建新企业的态度和意愿。企业失败关闭是一种非常突然的情形，也是创业者在开展创业活动中不可避免会发生的问题，而创业者对于失败的态度则会影响创业者采取什么策略来应对失败、在后续创业活动中识别机会的能力以及后续创业动机

（Cotterill，2012）。有学者通过实证研究分析发现：与初次创业者相比，创业老手对待失败的态度更加积极，并会把从失败中学习视为重要的经验来源（Politis & Gabrielsson，2009）。当创业者遭遇失败的次数较少时，创业者会通过学习总结经验教训，从而在后续创业活动中表现得更好；但是，随着创业者经历的失败次数增多，失败经历对创业者失败学习和后续创业的影响会变得越来越小，创业者失去自信和创业动力（McGrath，1999）。有些创业者进行创业活动不是为了获取更多的经济而是为了实现自我价值或梦想。在这种目标的影响下，即使创业者的创业活动失败，企业被迫倒闭，但是他们的创业热情并不会遭受打击，创业者反而会把之前的失败经历当成一次难得的学习机会，通过这次失败经历反思自身存在的不足，吸取创建和管理企业的经验，创业者的后续创业动机会得到加强；但是，研究也同时发现创业者失败学习能力、选择再次进行创业活动的动机和意愿、识别创业机会的能力还与创业者的失败经历有关，并且这种关系呈倒"U"型（Ucbasaran，et al.，2009）。也就是说创业者在经历的失败次数较少时，可能会将企业失败倒闭归结为一些意外因素，因此不会质疑自己的能力和行为，并且会努力从之前的失败经历中吸取经验教训，创业者后续创业动机和意愿并不会减弱，识别创业机会的能力也会加强。但随着创业者经历的失败次数的增加后，创业者会慢慢开始怀疑自己，失去自信，变得颓废，从而影响创业者从失败中学习的能力及再次创业的动机和意愿。通过考察创业者失败经历的次数与新创企业绩效的关系，发现创业者经历失败次数增加时，新创企业的绩效呈先上升后下降的趋势，创业者经历的失败次数适中对新创企业绩效最有利（Yamakawa，et al.，2010）。也就是说创业者经历的失败次数适中时，对创业者识别机会、管理技能以及抗挫折的能力的影响增幅最大，对新创企业绩效的提高最有利。

目前，学者们关于创业者失败经历和后续创业行为之间关系的研究也大致存在两种不同的观点：一种观点认为创业者之前经历的失败有助于提高创业者后续创业的行为，失败经历这一现象孕育着新的机遇。有效的学习过程能够促进创业者从失败中恢复并执行后续创业行为（Cope，2011）。企业失败倒闭说明创业者的能力和知识等方面存在不足，创业失败会触发创业者的逆反心理，进而促使创业者更加努力地克服困难（Locke & Latham，1990）。谢普德从失败的意义解读个体经历失败后如何反思创业导向，他们认为创业导向的反思有助于后续创业行动。创业者在经历失败以后，会审视自己的行为，对创业不再过度自信，并且通过失败学习，在后续的创业活动中表现得更好（Ucbasaran，et al.，2010）。当创业者企业失败所带来的经济成本越高时，创业者就会越倾向于选择再次展开创业活动（破釜沉舟）来提高经济收入或者偿还债务（Politis & Gabrielsson，2009）。由于失败经历会让创业者重新审视自己的能力和行为，对创业避免过度自信，从失败经历中努力吸取经验教训，创业者的后续创业动力和意愿会得到加强（Ucbasaran，et al.，2010）。

然而，另一种观点并不认为失败经历会给创业者带来积极正面的影响，认为创业者的失败经历会打消创业者再次选择创业的动机和意愿。失败经历会给创业者带来严重的损失，导致创业者怀疑自己能力，动摇他们对未来创业成功的信念，进而打消创业者的再创业动机和意愿（Bandura，1994）。创业者失败经历的增加，会使创业者失去信心，打击创业者的主观能动性，不愿再继续开展创业活动。有学者则对创业者的失败经历进行了进一步的实证分析，研究进一步发现创业失败者会把之前的创业失败经历归因于外部不可控因素的影响，进而导致创业者可能会选择另外一种行业展开创业活动，这使得先前的失败经历无效，不利于后续创业行为（Eggers & Lin，2015）。谢普德（2003）研究发现：企业失败倒闭是一种令创业者毕生难忘的痛苦经历，企业失败会给创业者带来巨大的损失和成本，因此失败经历会对创业者失败学习、再创业意愿等产生负面影响。之前的学者研究了失败归因、失败学习和后续创业绩效之间的关系，不过失败经历对于激励与后续创业行为的调节作用没有得到验证（Yamakawa，et al.，2010）。随着失败经历对创业者带来巨大的成本和损失，使创业者怀疑自己的能力，打消创业者再次创业的动力和意愿，最终导致创业者放弃创业重新选择就业（Cope，2011）。

　　基于以上研究结论，本书认为创业失败经历会给创业者带来巨大的影响，一方面失败经历会给创业者带来巨大的损失（如背负债务、精神压力、社会地位下降等），打击创业者再创业动力和意愿；另一方面失败经历又可以为创业者提供学习创建和管理企业的宝贵机会，提高创业者的创业热情，如何应对失败带来的影响，关键在于创业者对失败保持什么态度。如果创业者能够意识到，失败经历从长远来看可能会是一种正向产出，那么创业者就会将失败看成一种临时性问题，并以更加积极的态度去处理失败带来的影响，努力从失败中吸取经验教训，在后续创业活动中表现得更好。学者们在探索研究创业者经历创业失败后，其对后续创业行为是积极的还是消极的这个问题时，应该把后续的研究重点放在如何转变创业者对于失败态度的研究上，这样我们的研究才更有意义。

三、失败对于后续创业行业和时机选择的影响

　　创业者选择在失败之后选择再次进行创业已经是一个很常见的情况（Wright，Robbie，Ennew，1997），而研究表明，连续创业者与新手创业者在一些重要事情的处理上存在不同（Westhead，Ucbasaran，Wright，2005），最重要的是他们企业绩效的表现也存在不同。之前的研究突出表明（Hsu，2007；Zhang，2011），连续创业者有能力从他们以前的失败经历中学习到有用的经验（Gruber，MacMillan，Thompson，2008；Lazear，2005），使他们的新创企业获得更高的绩效（Eesley & Roberts，2012；Paik，2013；Parker，2013）。因此，连续创业者被认为能够通过从以前的失败经历中获得知识和能力来学习，从而帮助他们的后续新创企业更加成功。

　　但是，所有的连续创业者是否都能从以前的创业经验中学习和获

益？或者是否存在影响失败学习的重要因素？创业经验与随后的风险表现之间的联系非常复杂，目前的研究尚无定论（Toft – Kehler，Wennberg & Kim，2014）。最近的研究表明，失败经验与后续创业风险表现之间存在重要的调节因素，如行业背景（Eesley & Roberts，2012），创办的企业数量（Toft – Kehler，et al.，2014）或再创业的时间间隔（Parker，2013）等。

创业者在经历创业失败后再次创业时是否会改变之前的行业，这个领域也吸引着一部分学者进行研究。有研究指出创业者在面对创业成功和失败的情况下，可能会有不同的行为反应，会做出不同的行动和决定。企业家只能从成功的经验中获益，而从失败的经历中获得的经验很可能导致产生错误的行为（Gompers，et al.，2010）。归因理论认为，新创企业的失败很可能会导致创业者将失败的原因归咎于自身无法控制的外部因素，失败可能是由于客户、供应商和竞争对手的行为而不是创业者的能力或选择。这导致他们有可能从以前的行业转变为其他的行业，而不是改变企业的其他方面（即他们的策略或管理风格）。而且因为失败的经历，创业者将寻求改变导致他们失败的任何原因，而改变行业显然比改变其他的方面，如战略、管理风格和规划等更容易一些。先前的研究也表明，企业家可能对自己的能力和他们的想法的优势过于自信（Bernardo & Welch，2001；Busenitz & Barney，1997），这可能会增加他们倾向于责怪他们无法控制的因素，如企业所在的行业。其结果就是创业者将失败归因于外部原因，一个先前创业失败的连续创业者将更有可能在后续创业活动开展之前改变外部因素，所以创业者再次创业时有可能会从原来的行业转换到其他行业。但是，由于行业经验已被证明是企业成功的关键因素（Agarwal，Echambadi，Franco & Sarkar，2004；Chatterji，2009）。从学习的角度来看，新创业者的行业经验是创业成功的重要预测因素（Agarwal，et al.，2004）。也有学者研究了医疗设备行业经验与创业成功之间的关系（Chatterji，2009）。虽然这些研究都关注通过创业者以前的创业活动（或工作）中获得的先前的行业经验对于后续创业活动影响，但对于跨越不同行业的连续创业者而言，有可能会对后续新创企业的绩效有一定的影响。以前的失败经历为连续创业者提供了特定行业的学习经验，如果他们都在同一行业中，可以将其转化为随后的创业投资。所以创业者的这一行业转变有可能会对后续企业的绩效造成一定的负面影响，因此行业的变革有可能会使之前的行业经验以及失败经验无法适用。所以，虽然以前创业者的成功或失败可能会使连续创业者学习到一些事情（Gompers，Kovner，Lerner & Scharfstein，2010），但之前的失败经历也可能对连续创业者的行为和选择造成影响（如转换行业），而这些行为和选择的变化可能影响连续创业者从失败经验中学习的能力并有可能导致后续企业绩效的降低。

林嵩等（2014）利用扩大的跨行业调查考察了行为异质性理论和连续创业者的失败学习，结果表明，以前的失败经历有可能导致创始人后续创业转换行业，而转换行业不利于新创企业绩效的提高。此外，行业的改变有可能使创业者不会改变战略、规划或管理决策以及对于风险的态度。创业者改变后续创业行业的行为并不取决于先前的创业失败，导致这种行为发生主要是由于创业者对于之前失败经历的归因，这个过程导致创业者有可能在后续创业活动中做出次优决策。这项研究提供了连续创业者的学习行为理论，解决失败结果如何推动创业者的行为变化，以及这些行为变化如何影响学习和表现。从企业行为理论构建（Cyert & March，1963；Greve，2003），并整合失败学习（Baumard & Starbuck，2005；Eggers，2012）和归因心理研究（Jones & Harris，1967），认为企业之间的战略和组织变革可能会对后来的企业绩效产生巨大影响。就连续创业而言，认为从创业经验中学习不是一个简单的或线性的过程（Eesley & Roberts，2012；Parker，2013；Toft - Kehler，et al.，2014），并有助于澄清关于连续创业者可能会或可能不会从先前经验中学习的条件的不同意见（Gompers，et al.，2010；Hsu，2007）。考虑到行业特定经验对于创业成功的重要性（Chatterji，2009），这项研究提供了一个理论和证据，说明什么原因（失败归因）可能会影响创业者根据他们以前创业的成败来牺牲这种宝贵的学习经验。同时这项研究结果也表明，从以前到后续的创业活动中创业者留在同一行业对于后来的企业绩效而言比以前的企业绩效更重要，这表明行业特有经验的积累可能是连续创业企业家取得再创业成功的关键解释。

创业者在经历了创业失败后，他们其中有部分创业者会选择再次进行创业，但是什么时间开始再一次创业非常重要。一般来说，最先进入市场的企业会有一些优势，比如提高市场占有率、抢先开发市场和抢占相关的人力、自然资源等。当然，这些优势会帮助企业快速进入市场，但是当这些优势随着时间的推移变得越来越弱时，企业就要谨慎的延迟进入市场的时间。如果进入再次创业的时间不当，可能会因为不能客观地认清市场等一系列原因而导致创业者们再次进行创业时的成功率不高，所以研究从创业失败到再次创业之间的时间间隔就非常必要。

在市场这个大环境下，有一些因素会提高人们的学习效率，而另一些因素则会降低人们的学习能力（Cohen & Levinthal，1990）。谢普德研究发现创业者在创业失败后会产生一定的悲伤情结，这在一定程度上会对他们的学习效果产生消极的影响，因为创业者要经历漫长的伤痛恢复，不同的创业者处理这种伤痛的时间有长有短。谢普德的研究还指出，创业者再一次进入创业时间的影响因素有：学习速度的快慢、学习内容的多少、其所提供的信息是不是比自己所掌握的知识对再一次创业而言更具有价值。加之从之前的失败经历中学习是人的一种主观的感觉，创业者的自我认知会对失败学习的效果和效率产生直接影响，所以创业者的自我认知也必将会影响其再一次进行创业的进入时间。

第六章

失败经历、失败归因与失败学习

第一节 研究目的

人们常说"失败是成功之母",但很少有人真正理解以前的失败对以后的成功所起到的作用。失败是如何转化为成功的?失败以后创业者会有什么失败反应?对于这些问题,我们几乎一无所知。虽然创业者都希望能取得创业成功,但不幸的是,绝大多数人都以创业失败告终(Peng, et al., 2010)。创业失败是一种普遍现象,更有趣的是,许多创业者在经历初次创业失败以后还会进行再次创业。因此,学者除了关注创业成功之外,更需要关注创业失败。特别是在连续创业视角下,创业失败不再是一个简单的负面结果,而且有可能成为有利于后续创业的一个积极因素,这赋予了学术界研究创业失败新的意义。然而,迄今为止关于创业失败对后续创业的积极影响的研究成果非常少见。"从失败中学习"成为学术界讨论相对较多的主题(Cope, 2011)。"从失败中学习"是指创业者从先前创业失败经历中获取创业相关的经验、知识和能力。失败被认为是一种重要的学习情景,在带给个体、组织和社会很多负面影响的同时，也为经历者和旁观者提供了一个正面的学习机会。创业者在经历失败以后，可以通过自我反省，不断吸取经验教训，获得自身所需技能和知识（Minniti & Bygrave，2001），提高创业能力（McGrath，1999）。然而，从失败中学习不是自发的，创业者的失败学习能力也存在差异（Shepherd，2003）。遗憾的是，迄今为止，很少有实证研究论及创业失败的学习机制。从最新的研究看，学者们热衷于站在连续创业视角，考察先前的创业失败对创业者认知因素（归因、动机）和随后的学习行为（行业变化、时间间隔）的影响，这些研究揭示出失败经历与认知因素、学习行为存在必然联系，但没有进一步阐述它们之间的内在机理。为了弥补这个缺口，本书聚焦于创业者过去的失败经历以及失败后的反应，考察它们在失败学习中扮演的作用。鉴于归因是创业者失败后众多反应中最重要的反应之一，并且会对创业者的学习行为产生深刻影响，本书引入失败归因作为衡量创业者失败反应的关键变量，试图揭示创业者不同的失败经历如何影响他们的失败归因，以及不同的失败归因又如何影响随后的失败学习等关键问题。从归因视角考察创业者的失败经历和失败学习是本书的一大创新之处，本书的研究不仅有助于拓展创业失败学习视角，而且有助于丰富失败归因理论。

第二节　理论假设与模型

一、失败经历与失败学习

创业失败对创业者来说是一种令人痛苦的经历，并且会给创业者带来巨大的损失（Shane，2001）。小微企业的失败会对创业者带来明显的负面影响，其社会地位与人际关系会受到打击（Weisenfeld, et al., 2008）。具体可以把创业失败给创业者带来的负面影响归纳为以下几个方面：经济成本（财政压力、偿还债务），社会成本（社会地位下降，朋友关系疏远等），心理成本（产生悲痛、沮丧、焦虑、自卑等负面情绪），生理成本（失眠、健康恶化等）。与此同时，学者也发现了创业失败的积极意义，认为创业失败对于取得日后成功至关重要。创业者在经历小微企业失败以后并不会丧失自我效能感，并且也不会放弃新的创业机会或项目。相反，相比于拥有成功经历的创业者而言，经历过企业失败的创业者对创业拥有更多的自信和创业热情，因为他们将失败看成学习的重要情景（Cardon, et al., 2011）。也有学者研究显示个体和组织能够从失败中学习，进而提升成功的机会。我们应该把小微企业的失败看作一种宝贵的知识来源，从失败中吸取经验教训对创业者有重要意义（Politis, 2005）。也有学者认为正是由于创业者断断续续的创业经历（discontinuous experiences），引发了他们独一无二并且高水平的学习模式（Cope, 2011）。由此可见，创业失败提供了关键的学习机会。但是，是不是失败都能促发创业者进行学习呢？关于这个问题，学术界存在不同观点。一方面，学者的研究表明，创业失败和失败学习之间存在一种正相关关系，即创业者经历的失败程度越严重，次数越多，越能促进从失败中学习。如谢普德等（2009）强调从灾难性失败经验中学习的效果，认为"令人痛苦"的失败是促进学习的最有效因素；反之，如果创业失败的程度很低，创业者就不会积极地从失败经历中吸取经验教训。小微企业失败的经历将可以为创业者提供更多的自我反省和自我检查的机会，而失败的程度越大越能刺激创业者从失败中学习（Stokes & Blackburn, 2002）。创业者经历的失败程度越大，越能够显著加强创业者、失败学习、自我认知以及在后续的创业活动中有处理危机和失败的能力（Cope, et al., 2008）。另一方面，学者的研究也发现截然不同的结论，即创业失败经历和失败学习之间存在一种负相关关系，即创业者经历的失败程度越轻，次数越少，越能促进失败学习。失败程度较小的经历可以增强创业者的信心，并且有利于创业者进行失败学习；而失败程度较大的经历会给创业者带来巨大的损失以及负面情绪，会阻碍创业者的认知过程，降低创业者的自我效能感，进而降低他们的从失败中学习的能力（Baumard & Starbuck，2005）。小微企业的失败会给创业者发出一种信号，给创业者提供一个客观分析其自身能力和行为以及对于创业态度的机会，避免其在后续创业活动中过度自信（Sitkin，1992）。鉴于小微企业的失败有多种情形，不同情形的小微企业失败对创业者带来的影响的严重程度也存在差异性（如创业者转变业务和破产倒闭等）；并且提出了"智能失败"（Intelligent failure）概念，即那些失败给创业者造成的损失相对较低的、负面情绪较少的经历，并认为"智能失败"会给创业者带来正面的影响，特别在促进创业失败学习方面是很有效的。最近，一些学者提出"适度失败"论，认为失败次数偏多或者偏少都是有害的，失败程度和次数适中，创业者才会进行有效学习。有学者考察了创业者经历的失败次数与新创企业绩效之间的关系，研究认为失败次数适中对新创企业绩效最有利（Yamakawa，et al.，2010）。初次创业者在经历创业失败以后，很少能够通过学习从失败中吸取经验，而那些有过一定失败经历的创业者的失败学习能力则相对较强；但是，随着失败次数的增多，失败所带来的成本越来越大，创业者就会失去自信，怀疑自己的能力，创业者不愿从失败中学习，失败带来的积极影响越来越小（Mitchell，et al.，2002）。也就是说，对于一些自我效能感较强的创业者，他们的失败学习能力会随着心理成本的增加而得到提高，但在达到一个阈值以后又会随着心理成本的增加而下降；而对于那些自我效能感较弱的创业者，失败学习能力则会单一地随着心理成本的增加而下降。基于以上分析，本书提出假设：

H1a：创业失败次数与创业者失败学习能力呈倒"U"型关系，即随着创业者经历的失败次数增加，失败学习水平也会随之提高，但是当失败次数超出某一阈值点以后，失败学习水平又会随之降低；

H1b：创业失败程度与失败学习呈倒"U"型关系，即随着创业者失败程度的增加，失败学习水平也会随之提高，但是当失败程度超出某一阈值点以后，失败学习水平又会随之降低。

二、失败经历与失败归因

"幸福的人都是相似的，不幸的人各有各的不幸"。对于创业失败者而言，各自经历的失败过程都不相似，失败造成的严重程度也不尽相同。正如前文所述，有的创业者经历的是"小失败"，有的则是"大失败"；有的经历过很多次失败，有的仅有一次失败。不同的失败经历会引起不同的失败反应，其中之一就是失败归因。归因是个体主观解释自己和他人行为、事件的一种机制，或者说是个体推论事件原因与性质的过程。海德（1958）研究指出个体在解释各种事件以及相关行为的产生原因时有两种类型：（1）内在原因：把原因归因于受个人内部可以控制的影响因素，例如个人能力等；（2）外在原因：指把原因归因于外在环境因素的影响，如外部环境等。韦纳（1985）在前人研究的基础上进一步将归因分为两个维度：一是稳定性，包括稳定因素（个人能力以及能力程度）和不稳定因素（工作的难度与运气）；二是因果根源，分为内部因果根源（个人努力与能力）和外部因果根源（工作难度与运气）。小微企业失败是一个毫无征兆突然发生的事情，并且这种失败经历常常会让创业者感觉到羞耻和不愿提及。导致现有对创业者对小微企业失败的归因是如何形成的相关研究仍然较少，多是定性分析，目前也没有得出一致的结论。通过与 8 个具有失败经历的创业者和 2 家风险投资公司的相关工作人员的访谈之后发现，创业者认为导致自己事业失败的主要原因是内部因素，例如管理不善和缺乏资本（Zacbarakis，et al.，1999）。事实上，创业者最常见的内部因素是管理策略不佳。而与此相反的是风险投资公司认为小微企业的失败主要原因是受到外部环境中无法控制的因素（财政政策、宏观经济环境和产业的竞争程度等）引起的，这一研究结果与社会心理学的归因偏差结果相悖。但是他们又发现，无论是创业者还是风险投资者都倾向于将其他人的创业失败归因于是内部因素造成的。这一研究结果与社会心理学基本归因偏差的结果相符。之所以风险投资者和创业者在小微企业失败原因的解释上出现相反的结论，主要是由于个体对事件和相关行为的主观解释受到个人特质、所在角度以及环境等多种因素的影响。据韦纳的归因理论，个体在对事件和相关行为的主观解释上存在"自我服务偏见"，就是把对自身利益有利的（成功）归结于是内部因果根源，如"个人的能力与努力程度"；而对自身利益不利的（失败）归结于是内部因果根源，如"工作难度与运气"。创业失败所带来的成本越高，创业者越倾向于将失败归因于外部不受控制因素的影响，而创业失败所带来的损失越低，创业者越倾向于把失败归于内部原因（Cardon, et al., 2011）。但与此相反的是，创业者经历的失败次数越少，创业者越倾向于将失败归因于外部原因。但随着创业者经历的失败次数增加，创业者越倾向于把失败归于内部原因（Ucbasaran, et al., 2009）。由此，本书提出假设：

H2a：创业失败次数与内部失败归因正相关，即随着失败次数的增加，创业者越倾向于把失败归咎于内因；

H2b：创业失败程度与内部失败归因负相关，即随着失败程度的增加，创业者越倾向于把失败归咎于外因。

三、失败归因与失败学习

失败经历会给创业者带来巨大的损失和影响，必然会引起创业者对"企业为什么会失败"等问题的思考。有一些创业者在经历创业失败后会认为是由于内部的原因导致企业失败，因此更加注重对"自身问题"的思考，而另一些创业者则认为是外部环境导致企业失败，因此更加关注外部环境的影响（Cardon, et al., 2011）。据社会心理学理论，不同的事件归因会影响个体未来的行为（Russell, 1982）。归纳了两种创业失败归因："无助型"和"专家型"。"无助型"将失败归因为缺乏能力天赋，会产生焦虑、沮丧情绪；"专家型"将失败归因为缺乏帮助，因而会更加努力，把失败看作学习机会（Cardon, 1999）。由此可见，创业者的失败归因会影响他们的认知、情感和行为，研究失败归因有助于理解失败反应对于后续创业活动的影响，尤其是对失败学习的影响。已有的研究发现，失败归因与失败学习之间存在显著相关关系，内部归因更可能促进创业者从失败中学习。如果创业者将创业失败归为内部原因，会促使创业者进行"反事实思考"（Counterfactual thinking，假想与实际情况不同的结果），对自身的行为进行反思，提高创业者的从失败中学习能力，使他们在后续的创业活动中处理挫折与危机时表现得更好（Yamakawa，et al.，2015）。当创业者将创业失败归因是内部因素时，无论是对自身能力（稳定因素），还是努力程度（变化因素），创业者都会去思考自己在企业失败的过程中所做的决策和行为，从而提高创业者失败学习的效率和效果（Jenkins，2011）。但与此相反，如果创业者将创业失败归因于外部因素时，可能会让失败的创业者减少他们的羞耻感和内疚感，从而重新再次选择创业。然而，这并不一定意味着他们在之前的失败经历中学到更多或在下一轮的创业过程中表现更好。相反，由于之前小微企业失败的原因不被认为是创业者造成的错误，他们就不会去反思自己的决策和行为，这可能导致创业者无法从之前的失败经历中学习到相关的知识和教训。外部归因会导致创业者放弃自身熟悉领域选择其他行业进行创业的负面结果（Ford，1985）。这时许多创业者从失败中学到的具体经验教训可能不再适用，因为一个新的行业领域（而不是他们自己的行为）才是一个问题。由此，本书提出假设如下：

H3：创业者的内部归因与失败学习正相关，即创业者内部归因程度越高，越能促进失败学习；创业者外部归因程度越高，越不能促进失败学习。

虽然创业者的内部归因可以促进有效的失败学习，但这绝不是无条件的。自尊心的维护就是一个十分重要的条件，因为研究发现创业失败存在恶性循环，即低自尊的人（陷入深深失败自责的人）会不断地经历失败（Brockner & Guare，1983）。太多的失败和内部归因会降低创业者的自我效能感（Self-efficacy）。自我效能感是指个体顺利完成各项任务的自信程度（Scherer, et al., 1989），它会影响个体的行为动机、努力程度和毅力。创业者对过去失败经历的归因会影响自我效能感（Bandura, 1997）。克服失败会使得创业者的自我效能感回升，但是过多内部归因的失败则不利于提振自我效能感。除了侵蚀自我效能感之外，过多的失败还会使得创业者陷入深深的自责，并产生各种消极情绪反应，从而阻碍学习过程。研究发现，失败造成对个体发展的阻碍越明显，产生的负面情绪反应也更强烈（Shepherd, 2003）；随着失败次数的不断积累，创业者的抑郁和自责程度也会进一步加深（Martinko, et al., 2006）。因此，本书建议内部归因与有效的失败学习有关，同时预测，某一阈值后，过多内部归因的失败会通过降低创业者的自我效能感和引起负面情绪反应抑制学习的有效性。由此，本书假设创业者经历的失败程度和失败次数会调节失败归因和失败学习之间的关系。具体表述如下：

H4a：创业失败程度调节内部归因与失败学习之间的关系。对于那些经历较低失败程度的创业者而言，内部归因程度越高，越能促进失败学习；而对于那些经历较高失败程度的创业者而言，内部归因程度越高，越不能促进失败学习。

H4b：创业失败次数调节内部归因与失败学习之间的关系。对于那些经历较少失败次数的创业者而言，内部归因程度越高，越能促进失败学习；而对于那些经历较多失败次数的创业者而言，内部归因程度越高，越不能促进失败学习。

四、理论模型与说明

根据上述讨论的关于失败经历、失败反应与失败学习之间的关系假设，构建出如图 6 - 1 所示的概念模型。

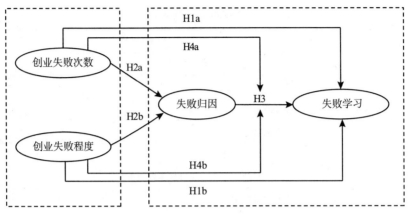

图6-1 理论模型

第三节 变量的选择与测度

一、变量与测量

失败归因。从本质上讲，创业失败的真正原因是很难评估（Cardon，et al.，2010），创业者有可能把失败同时归咎于内因和外因。为了相对合理地测量创业者的失败归因，本书参考国外学者的做法，创建了一个名为"内部归因"的新变量，使用百分比来探测失败归因的大致趋势（Yamakawa，et al.，2015）。受访者被要求从问项中选择三个他们认为的失败原因（如表6-1所示），并指出其中最主要的原因。如果三个选项都属于内部归因（3/3），那么这个变量就等于1；如果三个选项中有两个属于内部归因（2/3），那么这个变量就等于0.66；如果三个选项中只有一个属于内部归因（1/3），那么这个变量就等于0.33，如果三个选项中都不属于内部归因（0/3），那么这个变量就等于0。

表 6 – 1   失败归因的编码

种类	问项
内部归因	①缺乏产品开发/营销技能
	②缺乏战略眼光
	③缺乏财务计划
	④缺乏管理知识
	⑤缺乏创业技能
外部归因	①由于激烈的竞争造成市场规模减少
	②消费者需求发生变化
	③商业习惯的转变
	④缺乏人力资源
	⑤环境的不确定性
其他	①个人的健康状况
	②家庭状况
	③其他

失败学习。关于失败学习的相关研究已经从理论框架构建延伸到学习内容多样性阐释，但仍存在很多空白。本书借鉴众多学者的观点和研究角度，失败还会给创业者发出一种信号，鼓励其重新审视其态度和行为（Sitkin，1992）。将失败学习扩展为创业者从失败中：认知自我、发现自我、提高自我，对行业、市场、关系处理等方面有了更高的认识和处理能力。将失败学习分为：自我学习、商业学习、环境和创业网络学习与小企业管理学习的理论（Cope，2011），把创业者从失败经历中学习的内容分为两个部分：经历过创业失败的创业者由于有过创建、管理或关闭企业的经历，因此创业者积累学习了企业内部管理的知识和经验以及外部处理危机和识别机会的能力（Schutjens & Stam，2007）。同时针对不同学者的理论缺陷，例如，简单把创业者失败学习内容划分为企业内部管理知识学习和外部处理危机、识别机会能力的学习，缺乏创业者自我认知的学习（Schutjens & Stam，2007）；而其他学者研究的分类

则缺乏创业者外部识别机会能力的学习（Cope，2011）。本书在前文文献的基础上，整理出较为系统、全面的失败学习模式。本书将失败学习内容框架分为"内部学习"和"外部学习"两大部分，其中内部学习包括：自我学习、商业学习两个子部分；外部学习主要为环境学习部分。根据这两种方向的失败学习，我们可以得到三种创业失败经历（次数、程度）——失败学习模型。即创业失败对自我学习的影响，创业失败对商业学习的影响，创业失败对环境学习的影响。本书拟采用这三种形式的创业—失败学习，分别考察它们与新创企业绩效的关系。

同时，将失败学习的三种学习模式：自我学习、商业学习与环境学习作为失败经历（次数、程度）——新创企业绩效关系的中介变量。失败学习的测量条款如表6-2所示。

表6-2　　　　　　　　　　**失败学习的初始测量条款**

变量	条款	来源
失败学习（LF）	LF1：失败使我对自己的能力有更加准确地认识	Sitkin；Cope
	LF2：失败使我对自己性格上的优缺点有更客观地了解	
	LF3：失败使我在后续的创业中变得更加小心谨慎	
	LF4：失败使我重新审视对各种事物的看法	Sitkin；Cope；Schutjens & Stam
	LF5：我从失败中积累了许多宝贵的经验	
	LF6：我从失败中掌握了更多企业成长方面的知识	
	LF7：我从失败中掌握了更多市场需求信息	Sitkin；Schutjens & Stam
	LF8：我从失败中学会了如何处理各种关系（客户、供应商、竞争对手、政府、金融机构和媒体）	

二、信度与效度

首先，确保不存在同源性误差问题。其次，运用SPSS21.0对数据进行了信度检验。信度检验主要是为了检验结果的一致性、稳定性和可靠性。本书采用 Likert 七点量表打分，采用 Cronbach α 系数作为检验量表一致性的标准。在 147 份有效问卷中，各变量维度的信度系数均在 0.7 以上，说明变量的测度情况是比较让人满意的。最后，进行量表的效度检测。量表的内容效度是通过小样本问卷测试，根据反馈意见对测量条款进行了用词和用字方面的修改，确保被试者能准确理解条款内容。结构效度分析主要是对量表进行 KMO 和 Bartlett 球形检验，结果显示样本适合采用因子分析。为进一步评定量表的聚合效度和判别效度，本书进行了验证性因子分析。验证性因子分析结果比较理想（CFI = 0.972；TLI = 0.958；CD = 0.975，RMSEA = 0.093），所有变量的 AVE 值大于 0.50，AVE 平方根都大于潜变量之间的相关系数，因此，量表具有较好的聚合效度和判别效度。主要变量的因子分析和信度检验结果如表 6-3 所示。

表 6-3   创业失败学习探索性因子分析结果

失败学习（LF）	条款	因子载荷		首因子方差贡献率（%）	累计方差贡献率（%）
		因子 1	因子 2		
内部学习（IL）	IL1	0.796		66.051	43.813
	IL2	0.771			
	IL3	0.828			
	IL4	0.799			
	IL5	0.725			
外部学习（EL）	EL6		0.816	77.187	77.187
	EL7		0.865		
	EL8		0.728		

注：公共因子提取办法为主成分方法，KMO 样本分性检验值分别为 0.913，Bartlett 的球形检验卡方值分别为 862.707。

首先，内容效度检验。本书所采用的量表主要借鉴现有的较为成熟的量表编制而成，原始的量表已经经过了实证研究的检验，已为众多相关领域专家学者所认可。除此之外，笔者在原始量表的基础上，通过对专家以及企业家的访谈，结合已有学者的研究结论对原始量表的一些条款进行了修改，并增加了一些符合企业家特征的重要条款。如表 6 - 3 所示，KMO = 0.913，巴特里特检验的近似卡方值为 862.707，对应的概率值 P = 0.000 < 0.05，因此变量创业失败学习的条款效度较好，本书所采用的量表具有较好的内容效度，因此可以放心地对从失败中学习维度使用因子分析。

其次，验证性因子分析。验证性因子分析主要通过构建结构方程分析，也称为"结构方程建模"基于变量的协方差矩阵来分析变量之间的关系。主要通过结构方程分析出的标准化因子负载，t 检验和 LR 检验的数据，分析测量条款的拟合优度以及整体模型的有效性。对于因子负载而言，必须超过一定的标准，且达到统计显著性水平，才能表示测量的有效性（徐碧祥，2007），推荐的标准化因子负载的最低水平为 0.7（Ford，McCallum，Tait，1996；转引自王庆喜，2004）。

下面，本书将参照适配度指标的理想取值范围标准、标准化因子负载、t 检验和 LR 检验，对各潜变量进行验证性因子分析以检验其各自的拟合效度和有效性。

从失败中学习的验证性因子分析模型如图 6 - 2 所示，IL 代表内部学习（Internal learning），EL 代表外部学习（External learning）。基于从失败中学习的"内部学习"是一个一阶因子，基于从失败中学习的"外部学习"是一个一阶因子，前面一阶因子包含 5 个测量条款，后面一个因子包含 3 个测量条款。从失败中学习的验证性因子分析检验结果如表 6 - 4 所示，就拟合优度指标而言，其中 $Chi2\_ms$（19）= 43.338，p > chi = 0.001；$Chi2\_bs$（28）= 889.950，p > chi = 0.000；CD = 0.975，TLI = 0.958，CFI = 0.972，均大于 0.9 接近 1；RMSEA = 0.093，小于 0.10，表明拟合优度效果非常理想。所有条款的标准化因子负载均大于 0.7。模型内每个估计参数都达到显著水平，表明模型的内在质量理想。t 检验，每个参数对应的 P 值均大于显著性水准，所有的条款参数具有显著性。就拟合优度指标而言，LR 检验 chi2（19）= 43.34，Prob > chi2 = 0.0012 < 0.05，该模型全体的拟合度良好。从失败中学习的验证性因子分析检验结果如表 6 - 4 所示。

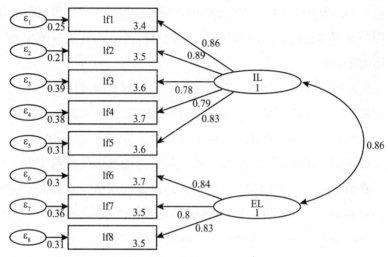

图 6 - 2   从失败中学习的验证性因子分析模型

表 6 - 4   从失败中学习的验证性因子分析结果

失败学习（LF）	Measurement	标准化因子负载	Coef	OIM Std. Err	Z（t）	P > ∣z∣
内部学习（IL）	IL1	0.86	0.57	0.09	41.47	0.000
	IL2	0.89	0.45	0.08	43.00	0.000
	IL3	0.78	0.86	0.11	43.31	0.000
	IL4	0.79	0.76	0.10	44.71	0.000
	IL5	0.83	0.69	0.10	43.89	0.000
外部学习（EL）	EL7	0.84	0.61	0.10	44.62	0.000
	EL8	0.80	0.83	0.12	42.11	0.000
	EL9	0.83	0.69	0.11	42.98	0.000

注：LR test of model vs. saturated：chi2（19）= 43.34，Prob > chi2 = 0.0012 < 0.05。

第四节 研 究 结 果

一、均值、标准差及变量间相关系数

主要变量之间的 Pearson 相关系数如表 6-5 所示，内部归因与失败学习显著正相关（$r=0.343$，$p<0.01$），失败次数与内部归因显著正相关（$r=0.082$，$p<0.01$），而失败程度与内部归因显著负相关（$r=-0.395$，$p<0.01$）。失败次数（$r=-0.144$，$p>0.05$）、失败程度（$r=0.106$，$p>0.05$）与失败学习没有显著相关，说明失败次数、失败程度与失败学习之间不存在显著线性相关，但有可能存在非线性关系。此外，为了检测多重共线性问题，我们专门计算了方差膨胀因子（VIFs），发现 VIF 最大值为 1.55，平均值为 1.16，表明变量之间不存在明显多重共线性。

表 6-5　　　主要变量的均值、标准差和变量之间相关系数

变量	1	2	3	4	5	6	7	8
性别	1							
年龄	-0.186	1						
学历	0.110	-0.233	1					
行业	0.092	-0.293	0.106	1				
失败次数	-0.107	0.313	-0.110	-0.167*	1			
失败程度	-0.032	0.077	-0.060	-0.111	0.254	1		
内部归因	-0.120*	-0.020	-0.113	-0.170	0.082**	-0.395**	1	
失败学习	-0.097	-0.144	0.112*	0.049	0.144	0.106	0.343**	1
均值	1.32	2.41	2.48	3.53	1.79	3.57	4.345	5.270
标准差	0.468	0.985	0.968	1.289	0.974	1.283	1.069	1.222

注：*表示 $p<0.05$；**表示 $p<0.01$。

二、假设验证检验

失败次数、失败程度与内部归因的回归分析结果如表 6－6 所示,模型 1 是控制变量对内部归因的回归结果,模型 2、模型 3 和模型 4 是加入解释变量后的回归结果。数据显示,模型均具有统计显著性。在控制变量中,只有性别变量在所有模型中均显著为负,说明在创业失败面前,与男性相比,女性创业者具有更高程度的内部归因。在模型 2 和模型 4 中,回归结果显示,失败次数对内部归因的回归系数均显著为正(r = 0.171、0.073, p = <0.01),说明失败次数对内部归因有显著正影响,创业者经历的失败次数越多,越倾向把失败归咎于内部原因,由此假设 H2a 得到验证。在模型 3 和模型 4 中,回归结果显示,失败程度对内部归因的回归系数显著均为负(r = －0.675、－0.381, p = <0.05),说明失败程度对内部归因有显著负影响,创业者经历的失败程度越高,越倾向把失败归咎于外部原因,由此假设 H2b 也得到验证。

表 6 –6　　　　　　失败次数、失败程度与失败内部归因的回归分析

变量	因变量：内部归因			
	模型 1	模型 2	模型 3	模型 4
性别	－ 0.063 *	－ 0.103 *	－ 0.093 *	－ 0.104 *
年龄	0.098	－ 0.156	－ 0.149	－ 0.140
学历	－ 0.082	－ 0.104	－ 0.081	－ 0.109
行业	0.010	－ 0.072	－ 0.151	－ 0.148
失败次数		0.171 **		0.073 **
失败程度			－ 0.675 *	－ 0.381 *
R^2	0.032	0.082	0.217	0.216
调整 R^2	0.005	0.036	0.171	0.170
F 值	1.175	1.769	4.775	4.751

注：列示的数据是标准化回归系数：* 表示 $p < 0.05$；** 表示 $p < 0.01$。

失败次数、失败程度、内部归因与失败学习的回归分析结果如表6-7所示，模型1是控制变量对失败学习的回归结果，模型2和模型3是加入解释变量后的回归结果，模型4～模型7是加入调节变量、交互效应后的回归模型。数据显示，模型均具有统计显著性。在控制变量中，年龄变量在模型1中显著为负，学历变量在模型6中显著为正，说明创业者年龄越小、学历越高，失败学习程度也越高。在模型2到模型6中，回归结果显示，内部归因与失败学习的回归系数均显著为正（p < 0.01），因此，假设H3得到验证。在模型3中，加入解释变量失败次数、失败程度以及它们各自的平方项，回归结果显示，失败次数、失败程度与失败学习之间的关系均不显著；但它们的平方项与失败学习之间的关系均显著为负（r = -0.279，p < 0.01；r = -0.177，p < 0.05），这说明失败次数、失败程度与失败学习之间呈现倒"U"非线性影响关系，因此，假设H1a和H1b同时得到验证。

表6-7　　　失败次数、失败程度、内部归因与失败学习回归分析

变量		因变量：失败学习						
		模型1	模型2	模型3	模型4	模型5	模型6	模型7
控制变量	性别	-0.067	-0.028	-0.024	-0.024	-0.014	-0.060	0.017
	年龄	-0.112*	-0.154	-0.180	-0.220	-0.159	-0.199	0.226
	学历	0.078	0.040	0.092	0.108	0.042	0.120*	0.088*
	行业	0.002	0.062	0.062	0.045	0.057	0.290	0.040
解释变量	内部归因		0.349**	0.356**	0.327**	0.233**	0.326**	0.289**
	失败次数			0.328	0.281		0.366	0.274
	失败程度			0.551		0.430	0.422	0.495
	失败次数平方			-0.279**				-0.238**
	失败程度平方			-0.177*				-0.108*

续表

变量		因变量：失败学习						
		模型1	模型2	模型3	模型4	模型5	模型6	模型7
调节效应	内部归因×失败次数				−0.150**		−0.030**	
	内部归因×失败程度					−0.558	−0.256	
	内部归因×失败次数平方							−0.012*
	内部归因×失败程度平方							−0.150
	R^2	0.031	0.146	0.115	0.231	0.165	0.153	0.237
	调整R^2	0.004	0.116	0.077	0.192	0.123	0.104	0.175
	F值	1.154	4.832	3.022	5.952	3.916	3.117	3.810

注：列示数据是标准化回归系数；∗ 表示 $p < 0.05$；∗∗ 表示 $p < 0.01$。

假设 H4a 和 H4b 探讨了失败次数、失败程度与内部归因之间的调节效应。在模型 6 中，回归结果显示，失败次数与内部归因的交互项系数显著为负（$r = -0.030$，$p < 0.01$），失败程度与内部归因的交互项系数不显著（$r = -0.256$，$p > 0.05$）。因此，假设 H4b 得到支持，而 H4a 没有得到支持。这说明内部归因影响失败学习的主效应被内部归因与失败次数的调节效应所取代，而且调节效应的影响是负向的。具体而言，当创业者经历的失败次数较少时，他们的内部归因程度越高，越能促进失败学习；但是随着失败次数增多，这种关系将会发生反转，即内部归因程度越高，越不能促进失败学习。调节效应如图 6 – 3 所示。

此外，在模型 7 中，回归结果显示，内部归因与失败次数的平方项之间的交互项系数显著为负（$r = -0.012$，$p < 0.05$），进一步证实了交互效应的存在。然而，回归结果也表明交互效应是一种非线性关系。为了说明这种关系，本书进行了分段分析，结果显示，内部归因、失败次数和失败学习之间形成一种倒 "U" 型曲线关系，假设 H4b 也因此得到进一步支持。分段分析的结果如图 6 – 4 所示。

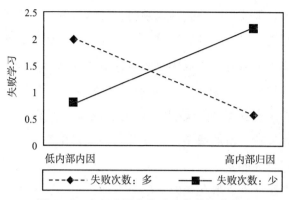

图6-3 内部归因和失败次数的调节效应

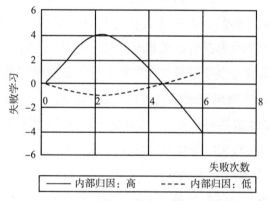

图6-4 内部归因和失败次数的分段分析

第五节 结论与讨论

本书对创业者的失败经历与失败反应对失败学习的影响进行分析和检验，重点探索了失败经历与失败反应的交互效应。实证结果表明，失败次数或者失败程度与失败学习之间呈现的是一种倒"U"型曲线关系，失败次数的增多或者失败程度的增加会促进创业者从失败中学习，但超过某一阈值以后，却会抑制这种学习；创业者的失败次数越多越倾向于内部归因，失败程度越高则越倾向于外部归因；与失败外部归因相比，内部归因更有助于促进失败学习。交互效应的检验结果表明，失败程度的调节作用不显著；失败次数能够调节内部归因与失败学习之间的关系，而且这种调节关系是一种非线性关系（倒"U"型曲线关系）。具体而言，在失败次数处于较少数量时，内部归因有助于促进失败学习；但是随着失败次数的增多，这种关系将会发生反转，即内部归因反而会阻碍学习行为的发生。

本书的主要理论贡献在于以下两个方面：第一，本书从学习角度来研究创业失败，考察失败经历、失败反应和失败学习三者之间的关系，有助于丰富创业失败理论。创业研究一直存在"反失败"（anti-failure）偏见（McGrath，1999），即创业成功总是容易引起研究者的关注和兴趣，而创业失败则常常被有意无意地忽视。然而，失败毕竟是一种更加普遍的现象，许多企业家都是经历失败之后才最后取得成功。因此，从某种意义上讲，失败研究更具有价值（Lee et al.，2007）。本书正是基于为数不多的创业失败研究文献，考察创业者如何利用这种痛苦但又有价值的失败经历。与过去的研究简单地认为"失败总是有利的"（Aldrich，1999）或者"失败总是不利的"（Whyley，1998）不同。本研究发现，失败对后续创业活动的影响是双重的，不是每个创业者都能从失败的经历中获益，只有那些善于从失败中学习的创业者才可能取得成功，而失败学习则受到失败次数、失败程度以及创业者失败归因等诸多因素的影响。第二，本书强调了认知因素的重要性，特别是归因因素，有助于拓展归因理论。创业者的认知因素，特别是归因因素非常适合解释创业问题（Baron，2007）。创业失败是促发个体进行反省的最重要的情景之一（Cope，2011），失败归因研究也因此构成了归因理论必不可少的内容。本书通过考察创业者的失败归因及其对失败学习的影响等关键议题，对归因理论做出重要的贡献。本书研究发现，创业者的失败经历会对他们的失败归因产生重要影响，不同的失败经历会有不同的影响；失败归因会影响学习过程的有效性，有趣的是，内部归因既能促进失败学习，也能阻碍失败学习，而这种影响完全受到失败次数的调节。

　　本书对创业实践的启示在于：首先，创业者需要尽量避免次数过多或者程度较重的失败。过多的或者过重的失败，对创业者是有害的。随着失败次数的增多或者失败程度的增加，创业者的自我效能感会降低，并产生强烈的负面情绪，从而不利于从失败中学习。其次，在失败面前创业者应该客观地看待自身的不足，而不是经常把失败原因归咎为外部环境或者运气。因为，在一定条件下，内部归因比外部归因更能够促进失败学习。最后，善于从失败中学习才是成功之母。创业者通过失败学习可以更快地从失败的负面情绪中恢复，更好地掌握创业的经验和知识，更加顺利地走向创业成功，实现东山再起。

　　本书的研究局限主要表现在：创业者经历失败以后会有多种认知反应，本书仅仅考察了失败归因，其他反应诸如动机、情绪反应、自我效能感、反事实思考等，都会对失败学习产生影响，本书虽然有所提及，但没有作进一步研究。本书简单地把创业失败归因分为内部归因或外部归因，没有区分内、外部归因要素的稳定性，归因要素是否稳定对创业失败学习同样重要，未来研究可在此方面进一步探索。鉴于样本的可获得性较差，本书研究抽样区域和样本数量都受到一定的限制，某种程度上会影响研究结论的普适性。

下篇：如何避免失败

第七章

小微企业失败学习研究

连续创业者（series entrepreneur）指的是那些有创业失败经验的创业者（MacMillan，1986；Westhead & Wright，1998）。一项针对欧洲企业家的研究估计约15%的企业家有过创业经历（Hyytinen & Ilmakunnas，2007）。对连续创业者的一系列研究侧重于不同类型企业家之间的差异，表明创业新手和连续创业者在许多方面类似，但在工作经验，年龄和创业动机方面存在差异（Westhead & Wright，1998；Wiklund & Shepherd，2008）。与当前研究更相关的是关于连续创业的影响研究，特别是关于以往创业经验的"边做边学"方面的研究（Parker，2013）。连续创业者比新手创业者更具技巧性和社交性，特别是在筹集资金方面（Amaral，Baptista & Lima，2011；Rupup，2005），这种经验会增加获得风险投资资金的可能性（Hsu，2007）。因此，许多先前的研究表明，连续创业者可以从他们之前的失败经历中吸取经验教训，特别是在创业失败学习方面，并对后续新创企业绩效有积极影响。

第一节　失败学习的研究进展

近年来的研究慢慢发现了失败的价值，它可能是开发自己潜力的重要途径，为创业者营造提高自己水平的一种环境。现在越来越多的学者研究发现，小微企业的失败给创业者带来的影响并不全都是负面的，也有积极的影响。创业失败研究领域的重点慢慢从"企业为什么会失败""失败会给创业者带来什么影响"转变为"创业者如何从失败中学习"以及"创业者失败学习哪些内容"。麦克格雷斯（1999）的研究正式拉开了创业失败研究的序幕，在麦克格雷斯（1999）之前学术界侧重于对企业失败原因的研究，即探索"企业为什么会失败"的问题。麦克格雷斯（1999）研究指出，创业失败领域应该关注创业者带来的影响以及如何从失败中学习。之后，学术界慢慢从探索导致企业失败原因的视角转向了如何从失败中学习、创业者失败学习的障碍以及失败经历对创业者后续创业活动的影响，即探索研究创业失败给创业者带来的正面影响（赵文红，孙万清，王文琼，李秀梅，2014）。

创业者在经历小微企业失败以后并不会丧失自我效能感，并且也不会放弃新的创业机会或项目（Cardon, et al., 2011）。相反，相比于拥有成功经历的创业者而言，经历过企业失败的创业者对创业拥有更多的自信和创业热情，因为他们将失败看成学习的重要情景。有学者研究显示，个体和组织能够从失败中学习，进而提升成功的机会。我们应该把小微企业的失败看作一种珍贵的知识来源，从失败中吸取经验教训对创业者有重要意义（Politis, 2005）。小微企业的失败经历可以增强创业者在后续创业活动中识别出一系列的不确定因素及风险的能力，以及应对危机和失败的能力，使得创业者在开展再创业活动时能做得更好，避免再次失败的发生（Bates, 2005）。没有经历过企业失败的"创业老手"（habitual entrepreneurs，指有创业经历的创业者）认为自己所做的行为和决策不会导致企业失败，因此这些"创业老手"更不会去反思自己的行为和决策（Ucbasaran, et al., 2010）。谢普德等学者研究指出，失败学习是创业者自我认知路径重新构建的过程。小微企业的失败能刺激创业者从中进行学习，也督促创业者们对之前的行为和决策进行反思。促进失败学习主要是创业者的经济方面，而不是社交、生理和心理等方面

（Singh，et al.，1990）。

　　基于"失败经历可以作为创业者创业知识与技能学习的重要渠道来源"的研究结论，目前许多学者开始对创业者之前的失败经历与创业者失败学习之间的关系展开研究，就创业者失败学习的具体内容以及失败学习对后续创业活动的作用进行更为聚焦和深入的研究。例如，失败经历比成功经历对创业者更有学习价值，是创业者获得自身所需技能和知识的重要情景（Minniti & Bygrave，2001）。在创业者失败学习研究的过程中，学者们发现并不是所有的失败经历都能使创业者进行有效的失败学习，创业失败所带来损失成本的高低对创业者失败学习有重要的影响。小微企业的失败会给创业者发出一种信号，给创业者提供一个客观分析其自身能力和行为以及创业态度的机会，避免其在后续创业活动中过度自信。鉴于小微企业的失败有多种情形，不同情形的小微企业失败对创业者带来的影响的严重程度也存在差异性（如创业者转变业务和破产倒闭等）。学者提出了"智能失败"（Intelligent failure）概念，即那些失败给创业者造成的损失相对较低的、负面情绪较少的经历，并认为"智能失败"会给创业者带来正面的影响，特别在促进创业失败学习方面是很有效的（Sitkin，1992）。最近，也有一些学者提出"适度失败"论，认为失败次数偏多或者偏少都是有害的，失败程度和次数适中，创业者才会进行有效学习。综合以上学者所提出的概念，学者认为失败的程度越大，给创业者带来的积极影响也就越大。小微企业失败的经历将可以为创业者提供更多的自我反省和自我检查的机会，而失败的程度越大越能刺激创业者从失败中学习（Stokes & Blackburn，2002）。创业者经历的失败程度越大，越能够显著加强创业者在后续的创业活动中有处理危机和失败的能力（Cope，et al.，2008）。目前学术界关于小微企业失败经历对于创业者失败学习影响的主要有以下三种观点。第一种观点是"大失败论"，认为创业者经历的失败程度越严重，次数越多，越能从中学习到有价值的内容，认为小微企业失败经历会给创业者带来积极影响。强调从灾难性失败经验中学习的效果，认为"令人痛苦"的失败是促进学习的最有效因素。反之，如果创业失败的程度很低，创业者就不会从创业失败中学习。谢普德等学者（2009）通过研究指出，如果创业者之前失败的程度很低，创业者就不会去反思自己所做的决策和相关的行为，创业者就不会积极的从失败经历中吸取经验教训。第二种观点则是"小失败论"，认为小微企业失败经历会给创业者的失败学习造成负面影响，认为创业者经历的失败程度越轻，次数越少，越能从中学习到有价值的内容。戈尔曼（1996）通过实验发现之前失败经历会给创业者带来负面情绪，而这种负面情绪越大越会抑制创业者失败学习的能力。失败的程度越小越有利于增强创业者的信心并促进渐进式学习，而失败程度越大越会带来巨大的心理成本，会阻碍创业者的认知过程，影响他们正常发挥自己的决策能力，进而降低他们的学习能力（Baumard & Starbuck，2005）。之前失败的经历会给创业者带来心理成本，而心理成本的高低会对创业者失败学习能力造成直接的影响（Anca，2007）。第三种观点则是"中失败"，主要观点是失败次数偏多或者偏少都是有害的，失败程度和次数适中，创业者才会进行有效学习。谢普德等几位学者（2009）在进行了相关的研究分析后发现，失败经历给创业者造成的失败成本与创业者失败学习能力之间的关系会受到创业者自我效能感的影响，而且这种关系呈现倒"U"型。初次创业者在经历创业失败以后，很少能够通过学习从失败中吸取经验，而那些有过一定失败经历的创业者的失败学习能力则相对较强；但是，随着失败次数的增多，失败所带来的成本越来越大，创业者就会失去自信，怀疑自己的能力，创业者不愿从失败中学习，失败带来的积极影响越来越小（Mitchell，et al.，2005）。也就是说，对于一些自我效能感较强的创业者，他们的失败学习能力会随着心理成本的增加而得到提高，但在达到一个阈值以后又会随着心理成本的增加而下降；而对于那些自我效能感较弱的创业者，失败学习能力则会单一地随着心理成本的增加而下降。但是上述几个学者的研究，除了戈尔曼（1996）的研究以外，其他学者的研究都是质化研究，没有实质数据的支撑。所以，小微企业失败成本及其相互之间的构成维度对创业者失败学习的影响仍有待定量研究加以检验（McGrath，1999）。

　　另外，创业者能从失败学习中得到什么，换句话就是失败学习主要包括什么，这是研究失败学习理论很重要的一面。关于失败学习主要包括什么，笔者总结出三种。第一种观点认为创业失败学习的主要内容与失败具体的情况相关，从失败中学习的效果因所处行业不同而异（Kim & Miner，2007）。第二种观点包含机会识别和分析处理问题两个方面的知识。失败学习的主要内容就是如何对新机会的识别和把握，失败学习是对之前经历的一种探究（Mueller & Shepherd，2014）。另外，创业老手由于拥有创建和管理企业的经验，因此相对于初次创业的人来说积累了更多的新创企业创立的知识和技能，这属于创业者企业内部管理知识和技能的学习，而创业者的外部知识学习则表现为相比于初次创业者，创业老手对于创业机会的识别能力更强而且应对挫折和失败的能力也更高（Schutjens & Stam，2007）。创业老手能够从外部学习到如何识别机会以及应对挫折，特别是当他们在以往的创业经历中遇见过外部新的创业机会和挫折（Ucbasaran, et al.，2003）。第三种观点认为创业者失败学习内容包括自我学习、新企业管理等，有学者将创业者失败学习的内容划分为创业者自我学习、商业学习和小企业管理学习等，认为失败学习能带来对自己、商业环境和企业管理的重新认识（Cope，2011）。创业者在经历企业失败之后可以通过失败修复来释放对信息的处理能力，提高创业者失败学习的效果（Bower，1992）。失败学习对于提高创业者后续创业意愿有重要影响（Cope，2011）。而且小微企业失败成本的构成维度、各维度之间的相互作用关系对于创业者失败修复能力也有影响。具体情况如表7-1所示。

表 7 - 1   **"从失败中学"研究进展**

作者（年份）	研究类型	主要贡献
Sitkin（1992）	概念	认为成功会导致自鸣得意、缺乏深谋远虑，强调"令人痛苦"（painful）的失败是促进学习的最有效因素；"令人痛苦"的失败大多是深思熟虑的行为之结果，因而影响相对较小
Cardon & McGrath（1999）	量化	分析归因对"从失败中学"的影响，认为"无助反应"（helpless reaction）把失败归因于缺乏能力，因此会产生焦虑、沮丧的情绪，而"精通反应"（mastery reaction）则把失败归因于缺乏帮助，因而会更加努力，把失败作为学习的机会
McGrath（1999）	概念	认为创业的关键问题不是避免失败，而是管理失败的成本；厌恶失败会导致认知偏见和不择手段；"反失败偏见"会限制创业者"从失败中学"的能力
Cannon & Edmondson（2001）	概念	分析妨碍"从失败中学"的障碍，包括自我效能感和自尊受损（个体层面）、蒙羞风险（risk of stigmatization）与公信力磨损（erosion of credibility）（关系层面）
Cave 等（2001）	量化	分析英国和美国创业者对失败的态度，发现创业失败在美国被视为学习经历，而在英国则被视为耻辱。不过，两国创业者都认为"从失败中学"能提高后续创业取得成功的概率
Stokes & Blackburn（2002）	量化	发现创业者会受到失败经历的激励而继续创业，并把创业失败视为正面的学习经历。"从失败中学"与个人管理（挫折处置、自我管理）有关，有关信任和关系的学习会显著影响后续创业意向的形成
Shepherd（2003）	概念	认为创业失败会导致财务和情绪成本；创业者循环采取"损失导向"（loss orentation，指积极面对负面情绪，理解失败）与"恢复导向"（restoration orienttion，指回避与抑制负面情绪），可加快创业失败修复的速度
Baumard & Starbuck（2005）	质化	认为"小"失败有利于增强信心并促进渐进式学习，而"大"失败常被归咎于外部原因，因而难以促进学习
Anca（2007）	质化	发现连续创业者（serial entrepreneurs）创业失败的情绪成本比组合创业者（portfolio entrepreneurs）要大，且受失败大小、投入程度、经历时间与恢复方式的影响；负面情绪显著影响"从失败中学"

续表

作者（年份）	研究类型	主要贡献
Singh（2007）	质化	认为创业失败会给创业者造成经济、社会、心理和生理方面的影响；比较分析了问题聚焦型策略（关注问题本身的策略）和情绪聚焦型策略（关注对问题的态度）这两种不同的创业失败应对策略
Politis（2008）	量化	发现与初次创业者相比，"创业老手"（habitual entrepreneurs）对待失败的态度更加积极，并会把"从失败中学"视为重要的经验来源
Holcomb 等（2009）	质化	强调启发式学习对经验学习与间接学习的影响可能有益于知识积累，也可能造成"偏见学习"（bias learning）；构建了一个基于启发式、知识与行动的创业学习模型
Politis & Gabrielsson（2009）	量化	借鉴经验学习理论区分了两种积极对待失败的关键职业经历：创业经历和失败经历，发现这两种经历有利于形成"创业心智"（entrepreneurial mind），即把失败作为学习机会
Cope（2011）	质化	认为创业失败修复是不同学习模式的函数，"从失败中学"包括自我反省、构建关系网络与关系学习，并且指出"从失败中学"是未来导向型的，有利于提高为后续创业做好准备的程度

资料来源：于晓宇：《创业失败研究评介与未来展望》，载《外国经济与管理》2011 年第 9 期。

第二节　失败学习的模式

创业者失败学习模式是指创业者从之前的失败经历中学习的具体过程（于晓宇，2011）。近期关注创业者失败学习模式的学者，主要从两个方面对学习模式展开研究。

一是创业失败对学习模式选择的影响。创业失败会影响创业者采取偏好冒险型的"探索式学习"模式还是规避冒险型的"利用式学习"模式，研究表明失败经历将促使创业者更加倾向于使用偏好冒险"探索式学习"模式（Politis，2005）。我国学者倪宁（2009）通过实证分析验证失败经历导致创业者更多采用"探索式学习"学习。探索式学习与利用式学习的区别如表 7 - 2 所示。

表 7 - 2　　　　　　　探索式学习与利用式学习的区别

特点	探索式学习	利用式学习
基本特点	搜索、试验、创新	筛选、精练、执行
信息需求	广泛、异质性的信息	准确、可靠的信息
作用方式	创新、试验、探索新的知识	精练、挖掘、拓展现有知识
风险倾向	偏好冒险	规避冒险
实施成本	较高的实施成本	较低的实施成本

　　二是创业者失败学习模式选择与失败学习的具体知识之间关系的研究。有研究认为不同的学习内容会受不同的学习模式驱动（Cope，2011）：针对创业者自我学习（包括对于创业的态度、思考方式以及相关的行为模式），会受变革式学习模式（transformative learning）驱动，变革式模式学习是指创业者为实现自身情况的转变（包括态度变化、思维方式和行为决策变化）而进行的学习（Clark，1991）。令人迷惘的困境会导致创业者进行变革式学习（Mezirow，1995）。面对创业失败造成的巨大危机，创业者往往通过变革式学习来实现自身的世界观改造、能力提升和意识扩展（Elias，1997）。而针对企业管理知识的学习内容，则受双环学习模式的驱动（double-loop learning），双环式学习强调对造成现状的原因的反思，基于"知其然"推导出"所以然"。在创业失败的情境下，双环式学习主要指创业者改变组织成功的心智模式和框架，重新定义创业的行动纲领，双环式学习模型如图 7 - 1 所示。针对如何构建社会网络的学习，则同时受到变革式学习模式和双环学习模式的驱动影响。

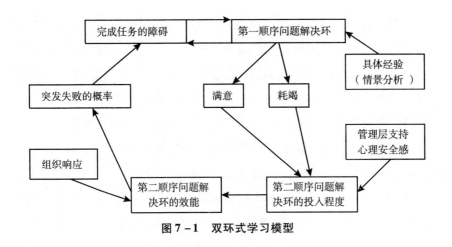

图 7 – 1　双环式学习模型

第三节　失败学习的内容

关于创业者失败学习主要包括什么，学者们主要从以下几个方面进行研究。一方面，创业者在经历失败以后应该加强自我学习，如增强对创业机会的识别能力以及创业警觉性等（Schutjen，2006）；另一方面，有学者则认为创业者应该重点学习与企业创办、管理的相关知识和技能，如合理分配资源以及建立良好的社会网络等（Cope，2005）；最后，张玉利（2011）则认为应该加强创业团队建设，科学地作出决策，避免发生团队冲突。根据现有的研究文献，总结归纳出三种观点。第一种观点认为创业失败学习的主要内容与失败具体的情况相关，从失败中学习的效果因所处行业不同而异（Kim & Miner，2007）。第二种观点包含机会识别和分析处理问题两个方面的知识。失败学习的主要内容就是如何对新机会的识别和把握，失败学习是对之前经历的一种探究（Mueller & Shepherd，2014）。另外，创业老手由于拥有创建和管理企业的经验，因此相对于初次创业的人来说积累了更多的新创企业创立的知识和技能，这属于创业者企业内部管理知识和技能的学习，而创业者的外部知识学习则表现为相比于初次创业者，创业老手对于创业机会的识别能力更强而且应对挫折和失败的能力也更高（Schutjens & Stam，2007）。创业老手能够从外部学习到如何识别机会以及应对挫折，特别是当他们在以往的创业经历中遇见过外部新的创业机会和挫折。第三种观点认为创业者失败学习内容包括自我学习、新企业管理等。有学者将创业者失败学习的内容划分为创业者自我学习、商业学习和小企业管理学习等，认为失败学习能带来对自己、商业环境和企业管理的重新认识（Cope，2011）。创业者在经历企业失败之后可以通过失败修复来释放对信息的处理能力，提高创业者失败学习的效果（Bower，1992）。虽然目前学术界从关注失败经历对创业者造成的负面影响转变到创业者如何从失败学习的研究上来，但是目前失败学习的相关研究仍然存在较大的空白。比如，学者们对创业者失败学习哪些方面内容和知识更加重要仍然没有达成统一意见，有的学者的强调在创业者失败学习的过程中加强创业者自我学习的能力，而有的学者则认为应该在失败学习的过程中加强创业者抗挫折以及识别机会的能力。有学者对创业者失败学习内容进行整理，如表 7 - 3 所示。

表 7 - 3　　　　　　　　　"从失败中学"学习内容

作者	学习内容	备注
Sexton 等（1997）	认为创业者优先学习的内容因所处行业而异	行业相关
Wright 等	丰富创业者在运营公司方面的专家能力	团队相关
Davidsson，Honing	准确理解机会价值的知识或能力 加快公司创立进程以及提升绩效的知识	机会相关 团队相关
Stokes，Blackburn	从失败中学习与个人管理有关内容（应对挫折能力、自我管理能力、适应变化能力等） 信任和关系学习，会显著影响后续创业意向的形成	关注对待失败的态度与学习的关系
Schutjens，Stam	内部学习：创建、管理和关闭企业的知识 外部学习：机会识别和保持创业警觉性	外部学习对创业者的影响更深刻
Politis，Gabrielsson	提高公司绩效相关的知识	

作者	学习内容	备注
Cope	自我学习：对自身优劣势的客观把握；小企业管理学习：有效运营和控制企业的知识；环境与创业网络学习：管理利益相关者关系的知识；商业学习：与市场需求、新企业成长、行业发展等相关的知识；关系性质与管理学习：包括内外部关系的学习	
Cope	自我学习；商业学习；网络与关系学习；新企业管理学习 发现自我学习是创业失败学习的核心	创业失败背景下的实证研究

资料来源：赵文红、孙万清、王文琼、李秀梅：《创业失败学习研究综述》，载《研究与发展管理》2014 年第 10 期。

第四节 失败学习的前因

有很多因素影响创业者失败学习的能力和效果，因此梳理出失败学习的影响因素，对指导如何从失败中提高，从而提升企业的绩效具有重要意义。综合国内外现有的研究成果，本书从创业者个人、创业团队以及企业三个方面对创业者失败学习的影响因素进行整理。

一、创业者个人方面的影响研究

在创业者个人层面上，失败学习的影响因素主要涉及创业者的一些情绪问题。谢普德等学者通过实证的研究发现时间可以治愈失败带来的伤痛，从而对创业者从失败中学习产生积极影响；另外，个体层面上的心理安全感对从失败中学习有重要的影响作用（Carmeli & Gittell，2009）；亲身经历的失败会影响到自尊，降低社会成员的自我效能感，从而影响从失败中进行学习（Cannon & Edmondson，2005）。我国学者于晓宇、李厚锐和杨隽萍认为创业者对失败的不同归因倾向，会产生不同的失败学习侧重，国外学者的研究也同样得到了一致的结论。已有的研究表明创业者之前的失败经验会影响到下一次的失败学习行为，经历失败的次数与失败学习之间是倒"U"型的关系（Muehlfl, Rao, Van, 2012）。

二、团队方面的影响研究

创业失败学习不单单存在于个人层面，也是组织成员相互影响的一个过程，因此团队和人际关系层面上的影响因素对从失败中学习起着重要的作用。领导包容性越高，越能在团队中营造适宜的失败学习氛围（Hirak, et al., 2012）。如果领导是学习型的，则其对下属从失败中学习有积极影响，进而影响员工对环境的适应性（Garmeli & Sheaffer, 2008）。也有学者深入调查了几十家公司，得出越是高层的管理者越倾向于自身的完美主义者形象，比如首席执行官（Finkelstein, 2003）。有研究通过两次实证研究发现高质量关系对从失败中学习有积极的影响，在这个过程中，心理安全感起到了中介作用（Garmeli & Sheaffer, 2008）。我国学者王重鸣和胡洪浩也研究了人际氛围和关系障碍对失败学习的影响。也有学者从反面研究得出团队中的不良人际关系会在一定程度上阻碍团队成员从失败中进行学习（Cannon & Edmondson, 2005）。

三、组织方面的影响研究

有研究证明，创业者学习领导力与失败学习存在正相关关系（Garmeli & Sheaffer, 2008），并且组织中的高质量关系有利于创业者从失败中学习的展开。谢普德等学者从认知的角度研究发现，组织成员感知到失败正常化程度越高，从失败中学习的越多。也有学者通过研究表明，经营业务相似的公司会遇到相似的情况，有效的知识分享会积极影响其员工从失败中学习（Gressgard & Hansen, 2015）。

第五节　失败学习的结果

失败学习是否一定能给创业者带来正面效应呢？任何事物都是有两面性的，所以，失败学习可以带来积极影响也可能带来消极影响。

一、积极影响

有研究指出失败学习能提高危机防备效率，从而提高绩效（Carmeli & Schaubroeck，2008）；其他学者也认为创业者通过失败学习会对企业的后续成长产生积极影响（Yamakawa，et al.，2015）；我国的学者于晓宇等认为失败学习能提高企业的创新和创业绩效，提升创业者的适应水平和应对挫折和危机的能力。组织方面对失败经历进行积极有效的学习以后，在面对相似危机时能快速做出决策，这样可以让组织在外界复杂变幻的环境中更好地生存，避免发生相似的失败（Garmeli & Sheaffer，2008）。对同种失败情形进行有效的失败学习，可以提高创业者处理相应情况的能力，避免再次失败（Hora & Klassen，2013）；对之前失败的事件进行学习，会提高后期的企业绩效（Meschi & Metais，2015）；从一个团队来看，从失败中学习能积极提高个人以后的绩效（Hirak，2012）。

我国学者张玉利等认为，创业者的能力、心态、经历都会影响到失败学习的效果，这方面是值得研究和探讨的。成功之前总会经历失败，从失败中学习是现代社会创造新知识的重要方式，在进行这一过程时，要有良好的心态和决心（Tahirsylaj，2012）。也有学者研究得出技术创新过程是一个重要的阶段，而这一过程可以通过从失败中学习来实现，创新是新创企业绩效的重要评估标准。我国学者丁岳枫（2006）认为不同的学习类型对创业绩效的影响不同，可以通过创新绩效和成长绩效对创业绩效进行测量。也有学者研究发现在新产品研发时组织间和组织内部都存在相互可转换的学习模式，并且这两者的动态转换可以有效提高企业的绩效（Holmqvist，2009）。从失败中学习，可以使企业遇到较少的危机，即使万一遭遇了危机也能较快的恢复，相比于那些缺乏失败学习的企业，可以获得更多盈利（Mitroff & Alpaslan，2003）。创业者对失败持正面态度，认为失败对后续创业活动有积极的帮助，对失败进行积极有效地学习可以帮助创业者提高创业机会识别以及应对危机的能力，同时创业者对危机预防得越高、处理得越及时，那么带来的新创企业绩效也就越好（Garmeli & Sheaffer，2008）。

二、消极影响

失败是艰苦和痛苦的，创业失败者要承载来自很多方面的压力，因此也有学者认为创业者只能从成功的经验中获益，而从失败的经历中获得的经验很可能导致错误的行为。现有的文献中，失败学习带来的消极影响主要体现在创业者和组织两个方面。由于失败信息的不完整性，盲目的从失败中学习，很可能会学到错误的知识（Kim & Miner，2007）；没有先前的失败经验也会造成创业者盲目的学习（Madsen & Desai，2010）；倘若失败后没有及时地处理好悲伤的心情，那么从失败中进行学习就不会那么顺利，就不可能较好地改善工作绩效（Cusin，2012）；创业失败会严重打击创业者的自我效能感，也会对其产生很多负面的心理暗示，严重削弱了创业者的信心，从而没有动力再次学习（Yamakawa，et al.，2015）；库珀也认为创业失败信息的模糊性，导致创业者不能深刻的理解失败所带来的教训，这会容易让创业者犯同样的错误，从而得不到进步。

其他研究也表明，创业者可能只能从成功的先前经验中受益（Gompers et al.，2010）。坚持这种观点的学者认为创业者从成功经历中学习与从失败经历中学习的结果会存在不同，这与从企业传统行为理论失败中学习的大量研究一致（Cyert & March，1963）。并且有学者强调了组织很容易地会从失败中得出不当推论的事实，特别是因为失败经历的稀少和伴随失败经验的嘈杂线索（Rerup，2009）。另外，从失败中学习是困难的，因为它需要对失败的原因达成一致并承认（Cannon & Edmondson，2001）。因此，成功与失败不仅会导致不同的学习成果（Madsen & Desai，2010），还会导致不同的行为结果（Eggers & Suh，2012；Guler，2007）。由于这些原因，创业者可能很难从失败中获得与从成功相同的学习收益（Baumard & Starbuck，2005），失败经历可能导致特定行为不理想。在连续创业的情况下，创业者必须在前一次失败之后退后一步，并考虑失败的根源，以便理解过程并促进学习。因此创业失败的经历具有独特的学习价值，为创业者学习创业相关知识提供了难得的机会（Cope，2011；Politis & Gabrielsson，2009），但合理利用这次学习的机会需要创业者能够有效地理解失败过程以及准确归因（Shepherd，2003；Yamakawa，Peng & Deeds，2010）。但是根据韦纳的归因理论，个体在对事件和相关行为的主观解释上存在"自我服务偏见"，就是把对自身利益有利的（成功）归结于内部因果根源，如"个人的能力与努力程度"；而对自身利益不利的（失败）归结于外部因果根源，如"工作难度与运气"。因此当创业者回顾小微企业失败经历时，在解释小微企业失败的原因上可能会存在主观偏差，影响创业者进行失败学习。

第八章

失败学习与新创企业绩效

第一节 研究目的

创业失败现象一直是许多学者的研究兴趣，早期研究主要围绕企业为什么会失败以及失败会对创业者、团队和组织造成什么影响等问题展开（McGrath，1999；Cardon，1999；Shane，2001）。大多数学者对创业失败持消极态度，认为创业失败必然会对个人、组织甚至社会带来巨大的负面影响，直观的如造成创业者经济收入下降、偿还债务以及会给创业者带来生理和心理上的伤害等（Whyley，1998）。随着研究的深入，创业失败研究的内容、层面和视角都有很大的扩展，学者们对创业失败的态度也从消极转为了积极，开始关注创业失败的积极影响——失败学习。如麦克格雷斯等学者（1999）研究认为，创业者在经历小微企业失败以后并不会丧失自我效能感，也不会放弃新的创业机会或项目。相反，相比于拥有成功经历的创业者而言，经历过企业失败的创业者对创业拥有更多的自信和创业热情，因为他们将失败看成学习的重要情景。其中，麦克格雷斯（1999）的开创性工作，拉开了失败学习研究的序幕。随后的研究就把重点转向了创业失败学习以及创业失败对再次创业的影响，旨在探究"怎样管理失败"和"怎样从失败中学习"的问题。

从已有的研究文献看，虽然创业失败研究取得了很大的进步，但还是存在一些不足之处：已有研究缺乏动态考察创业失败对后续创业活动的影响。长期以来，学者们偏重于静态分析创业失败如何促进创业学习，如何降低创业失败成本等，但却忽略创业者会不会选择进行"连续创业"（serial entrepreneurship）问题，即创业者在经历失败后再创业活动的问题。事实上，创业者很少在创业成功之前没有经历过失败的（Flores & Blackburn，2006）。创业失败经历对创业者日后取得创业成功是否至关重要，理论上至今也没有清晰的答案（Shepherd et al，2009）。创业失败经历是否会对创业者后续创业决策、学习和新创企业绩效产生影响等主题有待系统地理论和实证研究加以阐述；已有的研究很少探究失败学习发生的具体过程和路径机制。相关研究大多关注失败学习的障碍、内容和模式等（Shepherd，2003；Cope，2010），很少论及创业失败经历如何通过失败学习影响后续创业绩效的作用机理等问题。小微企业的失败经历可以增强创业者在后续创业活动中识别出一系列的不确定因素和风险的能力，以及应对危机和失败的能力，使得创业者在开展再创业活动时能做得更好，避免再次失败的发生（Bates，2005）。大多是质化的研究，而不是量化研究（Sardana & Scott‐Kemmis，2010），主要采用质化方法来探讨创业者的失败经历如何对创业者失败学习以及新创企业绩效产生影响，一些观点和结论缺乏量化研究的支持。

因此，本书的创新之处在于站在连续创业视角，实证考察先前创业失败经历对后续创业活动的影响，通过引入创业者失败学习这一关键变量，构建创业者的失败经历、失败学习与新创企业绩效之间的理论框架。首先是创业失败经历与新创企业绩效，着重考察先前创业失败经历是否有助于日后创业成功这一核心命题。其次是创业失败经历与失败学习，着重考察失败经历是否必然会导致学习，以及不同失败经历（失败程度和失败次数）对失败学习有什么不同影响等问题。最后是失败学习与新创企业绩效，着重考察创业者从失败中学习到的知识能否真正用来提升他们的企业绩效，从而帮助创业者避免企业的再次失败，以及创业者对之前失败经历的学习是否在失败经历与新创企业绩效之间扮演中介作用等。这方面的研究成果对于创业失败学习理论的构建和完善具有极大的意义。

本书从创业者失败学习视角，探讨创业者的之前的失败经历会对创业者的后续创业绩效产生什么影响。本章首先就创业失败经历、从失败中学习与新创企业绩效之间的关系进行深入探讨。创业失败经历与从失败学习又分为两部分：创业失败次数与从失败中学习和创业失败程度与从失败中学习。从失败中学习包含自我学习、商业学习、环境和关系网络学习。本章的研究是在结合已有的创业失败学习研究成果的基础上，通过对创业者的深度访谈，吸收创业者新的失败学习方式，构建创业者的创业失败经历（次数、程度）、从失败中学习与新创企业绩效关系模型，提出相应假设，并进行验证，为后面的研究打下基础。

第二节　理论模型与研究假设

一、理论模型与说明

创业者对不同的创业失败经历（次数、程度）会产生不同的化学反应——积极有利的影响和消极不利的影响，同时也影响创业者对先前失败经历的学习效应——正面有效的学习和负面无效的学习。在对创业失败的反思学习、知识的获取和经验总结的过程中，创业者依据自身所属的失败归因和不同的经历带来的对企业和外部环境的认知，从中所汲取的创业知识、技能和能力，对其未来再创业企业的绩效产生不同的影响。本书探索回答"在拥有创业失败经历后，创业者在后续的创业过程中是会表现得更为有效，是获得成功还是重蹈覆辙？"这一问题。本书针对不同的创业失败（次数、程度）会对创业者新创企业绩效产生什么影响进行研究，并引入创业者的失败学习，探索三者之间的关系。

在已有的文献中，关于创业失败次数和创业失败程度的研究并不多见，以往的文献大都关注创业失败的内外因素，很少对创业失败质与量进行考察。为数不多的学者针对创业者所属行业、负债情况、失败次数等与创业绩效的关系做了初步研究。不同行业的失败，不同创业者自身的特质对失败学习和创业绩效是否有关联？通过对比高知识型行业与传统型行业失败学习内容的差异，学者认为创业者失败学习的主要内容与失败具体的情况相关，从失败中学习的效果因所处行业不同而异（Sexton, et al., 1997）。

失败学习对创业者后续创业活动的影响是正向相关还是负相关，学术界也没有得出统一的研究结论。有学者研究指出失败经历比成功经历对创业者更有学习价值，是创业者获得自身所需技能和知识的重要情景（Minniti & Bygrave, 2001）。小微企业的失败会给创业者发出一种信号，给创业者提供一个客观分析其自身能力和行为以及对于创业态度的机会，避免其在后续创业活动中过度自信（Sitkin, 1992）。从以往创业经历中学到的知识和技能并不能确定创业者就因此具备了高层管理者的所需的胜任力（Rerup, 2009）。以往学习到的知识和技能可能有利于，也可能不利于创业者发现并开发新的创业机会。在创业者失败学习研究的过程中，学者们发现并不是所有的失败经历都能使创业者进行有效的失败学习，创业失败所带来损失成本的高低对创业者失败学习有重要的影响。小微企业失败的经历将可以为创业者提供更多的自我反省和自我检查的机会，而失败的程度越大越能刺激创业者从失败中学习（Stokes & Blackburn, 2002）。戈尔曼（1996）通过实验发现之前失败经历会给创业者带来负面情绪，而这种负面情绪越大越会抑制创业者失败学习的能力。还有学者认为失败经历并不能让创业者学习到知识和经验，例如，有学者认为创业者只能从成功的经验中获益，而从失败的经历中获得的经验很可能导致错误的行为（Gompers et al., 2010）。先前创业失败次数和失败程度所产生的创业经验与新创企业绩效之间有密切联系，但这种先前经验以什么途径对当前创业企业绩效产生影响仍然需要我们进行研究和论证。

创业失败次数的多少对创业者产生什么样的影响，次数多有益于学习和产生更大的效益，还是少更好？创业失败程度是严重，让创业者刻骨铭心学到的更多、更深还是失败程度轻对创业者打击小，在随后的创业中能较快地树立信心和更好的应对困难。不同的创业失败经历又如何影响创业者对创业失败的学习，影响创业者随后的创业意向和创业绩效。结合上述文献分析，创业者创业失败的归因，将失败原因归结于内部或外部，会产生不同的学习心理。企业失败程度越小，创业者越容易从自身寻找原因，将问题归结于企业内部问题和创业者自身努力程度。企业失败程度越大，创业者越容易归结于企业外部因素：如不可抗力的自然灾害、社会问题、政策环境等。同理，企业失败次数的多少，也会影响创业者将失败原因归结于不同的因素（内部或外部）。因此，创业失败次数和失败程度与失败学习的关系是非线性相关的。

针对研究思路和假设，本书建立以下研究框架，研究框架如图8－1所示。

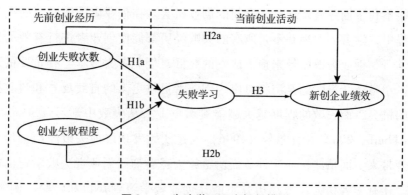

图8－1　失败学习研究框架模型

二、失败经历与失败学习的关系

失败学习是指创业者从先前创业失败经历中获取创业相关的经验、知识和能力。失败学习是一种特定情景下的创业学习。创业学习理论的一个重要观点就是认为创业过程中的间断经历（discontinuous experiences）可引发独特的高水平学习模式（Cope，2010）。企业家可能会从过去的失败中获利，并通过从失败中学习的过程增加他们的初始禀赋的创业能力（Baron，2004；Stam et al.，2006）。失败可以为创业者提供重要的学习机会，创业者可以通过总结经验教训提高自己的能力以及再创业意向（Cardon et al.，2008；Green et al.，2003；McGrath，1999）。小微企业的失败会给创业者发出一种信号，给创业者提供一个客观分析其自身能力和行为以及对于创业态度的机会，避免其在后续创业活动中过度自信（Sitkin，1992）。失败经历比成功经历对创业者更有学习价值，是创业者获得自身所需技能和知识的重要情景，可以增加创业者的创业相关知识的积累，有利于提高创业者的创业能力（Minniti & Bygrave，2001）。

由此可见，失败经历是创业者进行创业相关知识学习的重要情景。然而，在创业者失败学习研究的过程中，学者们研究发现并不是所有的失败经历都能等效地促进失败学习，创业失败所带来损失成本的高低对创业者失败学习有重要的影响。目前学术界关于小微企业失败经历对于创业者失败学习影响的主要有以下三种观点。第一种"大失败"论，主要观点是创业者经历的失败程度越严重，次数越多，越能从中学习到有价值的内容。从失败的程度来看，强调从灾难性失败经验中学习的效果，认为"令人痛苦"的失败是促进学习的最有效因素。反之，如果创业失败的程度很低，创业者就不会从创业失败中学习（Shepherd，Wiklund，Haynie，2009）。创业老手能够从外部学习到如何识别机会以及应对挫折，特别是当他们在以往的创业经历中遇见过外部新的创业机会和挫折（Ucbasaran, et al., 2003）。第二种是"小失败"论。主要观点是创业者经历的失败程度越轻，次数越少，越能从中学习到有价值的内容。如戈尔曼（1996）通过实验发现之前失败经历会给创业者带来负面情绪，而这种负面情绪越大越会抑制创业者失败学习的能力。失败的程度越小越有利于增强创业者的信心并促进渐进式学习，而失败程度越大越会带来巨大的心理成本，会阻碍创业者的认知过程，影响他们正常发挥自己的决策能力，进而降低他们的学习能力（Baumard & Starbuck, 2005）。之前失败的经历会给创业者带来心理成本，而心理成本的高低会对创业者失败学习能力造成直接的影响（Anca, 2007）。第三种是"中失败"论，主要观点是失败次数偏多或者偏少都是有害的，失败程度和次数适中，创业者才会进行有效学习（Yamakawa, et al., 2010）。初次创业者在经历创业失败以后，很少能够通过学习从失败中吸取经验，而那些有过一定失败经历的创业者的失败学习能力则相对较强；但是，随着失败次数的增多，失败所带来的成本越来越大，创业者就会失去自信，怀疑自己的能力，创业者不愿从失败中学习，失败带来的积极影响越来越小（Mitchell, et al., 2002）。也就是说，对于一些自我效能感较强的创业者，他们的失败学习能力会随着心理成本的增加而得到提高，但在达到一个阈值以后又会随着心理成本的增加而下降；而对于那些自我效能感较弱的创业者，失败学习能力则会单一地随着心理成本的增加而下降。有些失败的创业者可能仅仅是太自大了不能学习和继续前进（Hayward, et al., 2006）。创业失败对创业者来说是一种令人痛苦的经历，创业失败是对创业者之前所持假设，信念和价值观的根本性改变或颠覆。并且给创业者带来巨大损失：收入降低，偿还债务；社会地位下降，朋友关系疏远；同时带来悲痛、沮丧、焦虑、自卑等负面情绪。由于失败带来的巨大成本，因此可能降低创业者再次创业动机（Cope, et al., 2003）。并且有学者认为创业者有可能不能从失败中学习到经验教训或者失败学习的效果并不明显，这是因为创业者将之前的失败归因于外部因素所导致，而这可以减少创业者的羞耻和内疚感，从而重新再次选择创业。然而，这并不一定意味着他们在之前的失败经历中学到更多或下一轮的创业过程中表现更好。相反，由于之前小微企业失败的原因不被认为是创业者造成的错误，所以他们不会去反思自己的决策和行为，可能导致创业者无法从之前的失败经历中学习到相关的知识和教训。

基于以上学者的研究观点，本书认为创业者经历不同次数和不同程度的失败会对创业者的失败学习产生不同的影响。本课题将站在连续创业的视角，考察曾经创业失败是否会导致创业者的学习，并深入考察小微企业失败的程度（质）和次数（量）是如何影响创业者的学习。因此提出以下假设：

H1a：创业失败次数与从失败中学习呈倒"U"型关系。即随着创业者失败次数的增加，失败学习水平也会随着提高，但是当失败次数超出了某一阈值点以后，失败学习水平又会随着降低；

H1b：创业失败程度与从失败中学习呈倒"U"型关系。即随着创业者失败程度的增加，失败学习水平也会随着提高，但是当失败程度超出了某一阈值点以后，失败学习水平又会随着降低。

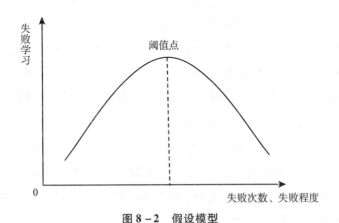

图 8 - 2　假设模型

三、失败经历（次数、程度）与新创企业绩效的关系

创业失败会对创业者产生许多重要且具有决定性的影响（Cope，2011）。日常生活中，人们遇到挫折时经常会说"失败是成功之母"，以此安慰自己或者别人。但从理论的角度，创业者的失败经历对后续创业成功的影响是不确定的（Shepherd, et al., 2009），学术界存在两种不同的观点。一种是积极观，认为创业失败经历对于日后取得创业成功至关重要。企业失败倒闭说明创业者的能力和知识等方面存在不足，创业失败会触发创业者的逆反心理，进而促使创业者更加努力地克服困难（Locke & Latham，1990）。谢普德等学者从失败的意义解读个体经历失败后如何反思创业导向，他们认为创业导向的反思有助于后续创业行动。创业者在经历失败以后，会审视自己的行为，对创业不再过度自信，并且通过失败学习，在后续的创业活动中表现得更好（Ucbasaran, et al., 2010）。创业者企业失败所带来的经济成本越高，创业者就越会倾向于选择再次展开创业活动来提高经济收入或者偿还债务（Politis & Gabrielsson，2009）。由于失败经历会让创业者重新审视自己的能力和行为，对创业避免过度自信，从失败经历中努力吸取经验教训，创业者的后续创业动力和意愿会得到加强，并为新创企业提供避免失败的丰富资源，从而提高新创企业的绩效表现（Ucbasaran, et al., 2010）。另一种是消极观，认为失败对于创业者来说是痛苦的、具有破坏性的经历，认为失败经历会给创业者带来负面影响，认为创业者的失败经历会打消创业者再次选择创业的动机和意愿（Whyley，1998）。它会带来创业者财产的损失、自尊的降低和社会地位的下降（Shepherd，2003）。有学者通过对创业失败的人群进行案例分析探索小微企业失败对创业者造成的失败影响认为，新创小微企业给创业者造成的失败成本不仅包括经济成本和心理成本，还会对创业者的生理健康、社会关系造成影响（Smita, et al., 2007）。小微企业的失败会对创业者带来明显的负面影响，其社

会地位与人际关系会受到打击。最后把结果归纳总结为以下几个方面的影响：经济（财政压力、偿还债务），社会关系（社会地位、朋友关系等），心理（打击自我效能感、产生悲痛、沮丧、焦虑、自卑等负面情绪），生理（失眠、体重下降等）（Weisenfeld, et al., 2008）。创业失败会带来巨大的损失，从而削弱创业者的后续创业动机和认知能力，动摇他们对未来创业成功的信念（Bandura，1994）。经历多次创业失败而迟迟没有取得成功会导致创业者丧失信心，无力扭转逆境（Brunstein & Gollwitzer，1996）。

失败经历会给创业者带来严重的损失，导致创业者怀疑自己能力，动摇他们对未来创业成功的信念，进而打消创业者的再创业动机和意愿（Bandura，1994）。当经历一次失败时，创业者通过反省发现自己的不足，认为自己能够做得更好，因此对于克服困难、迎接挑战会变得更有动力和激情（McGrath，1999）；然而，有学者认为创业者失败经历的增加，会使创业者失去信心，打击创业者的主观能动性，不愿再继续开展创业活动（Brunstein & Gollwitzer，1996）。有学者则对创业者的失败经历进行了进一步的实证分析，研究进一步发现创业失败者会把之前的创业失败经历归因于外部不可控因素的影响，进而导致创业者可能会选择另外一种行业展开创业活动，这使得先前的失败经历无效，不利于后续创业行为。谢普德（2003）研究发现：企业失败倒闭是一种令创业者毕生难忘的痛苦经历，企业失败会给创业者带来巨大的损失和成本，因此失败经历会对创业者失败学习、再创业意愿等产生负面影响。有学者研究了失败归因、失败学习和后续创业绩效之间的关系，不过失败经历对于激励与后续创业行为的调节作用没有得到验证（Yamakawa, et al., 2015）。随着失败经历对创业者带来巨大的成本和损失，使创业者怀疑自己的能力，打消创业者再次创业的动力和意愿，最终导致创业者放弃创业重新选择就业（Cope，2010）。

创业失败的程度对创业者的影响也不尽相同，不是所有的失败都是消极的，国外学者提出了"智能失败"（Intelligent failure）概念，即那些失败给创业者造成的损失相对较低的、负面情绪较少的经历，并认为"智能失败"会给创业者带来正面的影响，特别在促进创业失败学习方面是很有效的（Sitkin，1992）。最近，一些学者提出"适度失败"论，认为失败次数偏多或者偏少都是有害的，失败程度和次数适中，创业者才会进行有效学习。也有学者认为失败的程度越大，给创业者带来的积极影响也就越大。例如小微企业失败的经历将可以为创业者提供更多的自我反省和自我检查的机会，而失败的程度越大越能刺激创业者从失败中学习（Stokes & Blackburn，2002）。创业者经历的失败程度越大，越能够显著加强创业者在失败学习、自我认识以及在后续的创业活动中有处理危机和失败的能力。即认为严重的失败有利于后续创业活动（Cope，et al.，2008）。

由此可见，创业失败经历会对新创企业绩效产生正、反两方面的影响。有学者研究进一步证实了这种关系，他们考察了创业者创业失败的次数与新创企业绩效之间的关系，发现随着创业者失败次数的增多，新创企业的绩效也会随着增加，但是当失败次数超出了某一阈值点以后，新创企业的绩效又会随着下降（YamakaWa，et al.，2010）。因此这些学者认为：在特定条件下，创业者的失败次数与新创企业成长之间存在倒"U"型关系，最有利于新创业企业成长的情境是，创业者失败次数适中。借鉴以往学者的研究，我们用失败的程度和失败的次数表示创业失败经历，并提出如下假设：

H2a：先前创业失败次数与新创企业绩效呈倒"U"型关系。即随着创业者失败次数的增加，新创企业的绩效也会随着增加，但是当失败次数超出了某一阈值点以后，新创企业的绩效又会随着降低；

H2b：先前创业失败程度与新创企业绩效呈倒"U"型关系。即随着创业者失败程度的增加，新创企业的绩效也会随着增加，但是当失败程度超出了某一阈值点以后，新创企业的绩效又会随着降低。

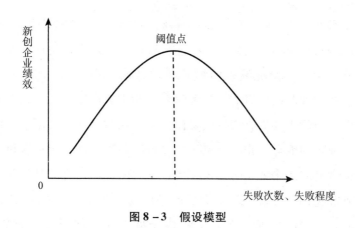

图 8 - 3　假设模型

四、失败学习的中介作用

　　新创企业绩效是众多创业研究考察的一个重要结果变量。学术界对新创企业绩效的影响因素研究相当普遍。其中，最有影响、最具有代表性的是克里斯曼等学者（Chrisman, et al., 1998）的研究。他们在详细综述以前研究成果的基础上，从战略管理理论视角构建了一个新创企业绩效影响因素模型，把影响因素大致分为五大类：企业家因素、行业因素、战略因素、资源因素和组织因素。从失败学习视角对新创企业绩效影响的研究文献则相对较少，创业者的失败学习通常被看作企业家因素或者资源因素。从"失败"中学习与创业者个人有关，善于从失败中学习的创业者比不善于学习者，更加容易取得成功（Stokes & Blackburn, 2002）。面对创业失败造成的巨大冲击，创业者会通过深刻地学习改造自身的世界观（Elias, 1997），形成有利于创业的心智（Politis & Gabrielsson, 2009），具备更高的创业警觉性（Kirzner, 1997），从而提高后续创业活动的成功率。从资源观视角看，失败学习被看作创业活动相关的经验、知识和技能等资源的积累与创造过程。组织的矫正技能（失败学习）可以被看作一项战略资源，它能够产生中等偏上的利润（Powell, 1992）。创业者可以通过学习不断地更新知识，进一步调整策略，进而提升企业绩效（Carmeli & Schaubroeck，2008）。对之前失败经历的学习，可以积累创业相关的知识和技能，有助于创业者在后续创业活动中规避风险，从而为企业绩效的增长奠定基础（Hurley, et al., 1998）。不同的创业失败归因，启迪创业者学习的侧重方向不同。一种观点认为创业失败学习的主要内容与失败具体的情况相关，从失败中学习的效果因所处行业不同而异（Kim & Miner，2007）。第二种观点包含机会识别和分析处理问题两个方面的知识。失败学习的主要内容就是如何对新机会的识别和把握，失败学习是对之前经历的一种探究（Mueller & Shepherd，2014）。另一方面，创业老手由于拥有创建和管理企业的经验，因此相对于初次创业的人来说积累了更多的新创企业创立的知识和技能，这属于创业者企业内部管理知识和技能的学习，而创业者的外部知识学习则表现为相比于初次创业者，创业老手对于创业机会的识别能力更强而且应对挫折和失败的能力也更高（Schutjens & Stam，2007）。创业老手能够从外部学习到如何识别机会以及应对挫折，特别是当他们在以往的创业经历中遇见过外部新的创业机会和挫折（Ucbasaran, et al.，2003）。第三种观点认为创业者失败学习内容包括自我学习、新企业管理等，有学者将创业者失败学习的内容划分为创业者自我学习、商业学习和小企业管理学习等，他认为失败学习能带来对自己、商业环境和企业管理的重新认识（Cope，2011）。创业者在经历企业失败之后可以通过失败修复来释放对信息的处理能力，提高创业者失败学习的效果（Bower，1992）。本书依据已有失败学习的研究结果，将失败学习内容分为：自我学习、商业学习和环境学习三个方面，考察创业者通过不同的学习维度，与新创企业绩效的关系。

自我学习（Self-learning，SL）：创业者因内部的自我失败归因，如自身天赋不足、缺乏足够的努力等，注重加强对自身相关能力的培训学习。创业者对于自我的认知应该包括对自己的优势与劣势进行洞察和了解，包括个人的思维、态度，在创业过程中所扮演的角色，个人、家庭以及组织的期望与目标，发展定位，个人兴趣爱好与动机所在等。

商业学习（Business Studies，BS）：创业者将创业失败归结于企业管理、制度、提供的产品和服务等问题，则侧重商业学习，例如消费者的具体需求、产业进入壁垒、技术研发、新创企业成长等。

环境学习（Environment learning，EL）：创业者将创业失败归结于外部环境问题的，侧重外部环境学习。即通过市场的了解，行业行情的信息采集、分析，资金获得等方面的学习。例如构建良好的社会网络，包括如何处理合作者、供应商以及竞争者的关系；对目前的客户进行沟通联系，并深入挖掘新的客户群体；并与各种金融服务机构如银行、会计师事务所、研究院等建立良好的联系。

通过以往文献的了解，学者普遍认为失败学习的程度，对新创业企业绩效的影响是正相关的。高强度的学习对创业绩效产生正向的、积极的影响。学习的程度不足，或失败归因的错误，对新创业企业绩效的影响是无效或者负面的。正确的失败归因，并因此产生有效的失败学习，对新创企业的绩效是正向和高效的。因此，假设如下：

H3a：自我学习中介创业者的创业失败经历与创业绩效之间的倒"U"型关系。

H3b：商业学习中介创业者的失败经历与新创企业绩效之间的倒"U"型关系。

H3c：环境学习中介创业者的失败经历与新创企业绩效之间的倒"U"型关系。

H3d：从失败中学习与新创企业绩效呈显著正相关关系。

第三节　变量的选择与测度

一、控制变量的选取与测量

国内外的相关研究表明，企业家的创业绩效是一个多因素共同作用的结果。如克里斯曼等学者（1998）在详细综述了以前学者们的研究成果上，构建了一个有多种影响因素的创业绩效模型，包括企业家、组织系统、创业失败经历（次数、程度）、失败学习和失败干预五个因素。创业失败经历只是企业家层面的一个因素，要研究它对创业绩效的影响时，需要对其他变量进行一定的控制。然而，由于要想对所有的其他因素加以控制几乎是不可能的，所以本书尽可能选择一些显著的而且容易控制的因素加以控制。本书选择的控制变量包括企业家层面的变量，如企业家性别、年龄、学历等；组织层面的变量，如企业发展规模、企业所属行业、营业额等。本书所有的控制变量均是采用编码测量，属于分类型自变量，每个控制变量均有两个或者两个以上的分类。通过单因素方差分析（One-way ANOVA），可以检验控制变量对结果变量的影响（荣泰生，2005）。

（一）企业家层面的变量

1. 性别

已有的研究表明，企业家性别是创业绩效的重要影响因素（Cooper & Dunkelberg, 1987）。普遍被接受的结论是，成功的企业家以男性为主，女性的创业绩效要低于男性，女性创建的企业无论在企业规模还是发展速度方面都要落后于男性（Hisrich & Brush, 1987; Carter, et al., 1997）。因此，本书将企业性别作为控制变量来避免对结果的干扰。男性赋值为0，女性赋值为1。

2. 创业年龄

已有的研究表明，企业家的创业年龄也是创业绩效的重要影响因素（Cooper & Dunkelberg, 1987）。成功的企业家的创业年龄大部分集中在30~45岁。因此，本书将企业家的创业年龄作为控制变量来避免对结果的干扰，20岁以下赋值为0，20~29岁赋值为1，30~39岁赋值3，40~49岁赋值4，50~59岁赋值5，60以上赋值为6。

3. 学历

已有的研究表明，企业家的学历也是创业绩效的重要影响因素

（Cooper & Dunkelberg，1987）。学者收集了包括890位创业家的样本数据，并与以前基于小样本的一些研究进行比较发现，成功的企业家比普通企业家受的教育程度更高，基本上以本科学历为主。因此，本书将企业家的学历作为控制变量来避免对结果的干扰，中学学历赋值0，大专学历赋值1，本科学历赋值3，研究生学历赋值4，其他赋值为5。

（二）组织层面的变量

1. 企业发展规模

以前的研究表明，企业发展规模与创业企业成功、收入和满意等有很强的相关性（Chagani & Schneer，1994；Kalleberg & Leicht，1991）。因此，我们选择它作为控制变量来避免对结果的干扰。1~5人赋值1，6~10人赋值2，11~20人赋值3，21~50人赋值4，50人以上赋值5。

2. 企业所属行业

以前的研究表明，企业所属行业与创业企业成功、收入和满意等有很强的相关性（Chagani & Schneer，1994；Kalleberg & Leicht，1991；Loscocco et al.，1991）。因此，我们选择它作为控制变量来避免对结果的干扰。1代表"传统制造业"，2代表"高校技术业"，3代表"传统服务业"，4代表"电子商务"，5代表"其他"。

二、被解释变量的选取与测度

关于本书的绩效的测量，克里斯曼等学者（1998）提出的创业绩效中的成功绩效衡量指标，与我们的研究目的非常契合。在后面的研究中，我们将会比较企业家与同行业竞争对手的创业绩效差异，按照以往的研究中所使用的绩效维度意义不大，而按照克里斯曼等学者（1998）提出的标准，能较好地满足我们的要求。

因此本书采用这种测量方法，并充分借鉴国外学者比格迪克（Biggadike，1979）、恰瓦雷拉等（Ciavarella, et al.，2004），以及国内学者赵晓东（2006）、黄逸群（2007）等采用的测量条款，最终形成初始测量条款,包括"与竞争对手比,公司职员数量增加较快""与竞争对手相比,企业销售额的增长显著""与竞争对手相比,公司利润增长显著""与竞争对手相比,公司新产品或服务增长速度较快""与竞争对手相比,市场份额增长显著"等五个条款,以李克特7点量表进行评价,从1~7记分,表示与行业平均水平相比较的等级水平,1表示"很不同意",7代表"很同意"。具体创业绩效测量条款如表8-1所示。

表8-1 新创企业绩效的初始测量条款

变量	测量条款	来源
新创企业绩效	与竞争对手比,公司职员数量增加较快	Biggadike (1979)、Ciavarella 等 (2004),赵晓东 (2006)、黄逸群 (2007)
	与竞争对手比,公司销售额增长显著	
	与竞争对手比,公司新产品或服务增长速度较快	
	与竞争对手比,公司市场份额增长显著	
	与竞争对手比,公司利润增长显著	

本书选择主观自我报告的方式,而不是根据客观数据,来测量创业绩效。主要有几个原因:第一,企业一般不愿意提供"硬"的财务数据,所以采用客观的测量方式有可能得不到想要的信息。第二,即使企业提供了"硬"的财务数据,对于它们的真实性,我们也无从考究。第三,企业的财务数据还受到行业等因素影响,不同行业之间缺乏可比性,如果直接比较不同行业企业的财务数据,结论有可能会被混淆。因此,通过主观测量的方式反而可以获得更多、更全面的组织信息。

第四节 数 据 分 析

考虑到在前面的实证研究过程中，已经对样本基础资料数据进行统计分析，创业失败程度的测度量表进行过信度和效度分析，这里只对从失败中学习和新创企业绩效的量表进行信度和效度以及全模型的相关分析。

完成大规模问卷调查的工作之后，本章紧接着采用 SPSS21.0 统计分析软件和 STATA12.0 软件对收集的数据进行分析。首先采用 SPSS21.0 软件进行描述性统计和测量量表的内部一致性信度分析，其次，采用 STATA12.0 软件进行验证性因子分析（Confirmatory Factor Analysis，CFA），来验证测量量表各参数的显著性和拟合优度，最后利用多元回归技术对模型中的假设关系进行验证与分析。

一、问卷信度和效度分析

（一）信度分析

1. 从失败中学习量表的净化和信度检测

本书所采用 CITC 分析和克朗巴赫（Cronbach）α 系数法检验测量条款的信度，净化测量条款。根据 CITC 大于 0.5，克朗巴赫 α 系数大于 0.7 的标准，所有测量条款都符合信度检验要求。

从失败中学习量表具体测量结果如表 8 - 2 所示。从中可以看出，条款 lf1、lf2、lf3、lf4、lf5、lf6、lf7 和 lf8 的初始 CITC 值均大于 0.5，说明从失败中学习的 8 个条款紧密度高。8 个条款检测出的相应的 α 系数均大于 0.8，内部一致性好，表明从失败中学习量表通过了信度检测。

表 8 – 2 从失败中学习量表的 CITC 与信度检测

条款	项已删除的刻度均值	项已删除的刻度方差	CICT	多相关性的平方	项已删除的Cronbach's Alpha 值	Cronbach's Alpha
lf1	37.03	72.896	0.796	0.715	0.921	
lf2	36.93	72.426	0.832	0.748	0.919	
lf3	36.84	74.462	0.733	0.604	0.926	
lf4	36.93	75.179	0.744	0.599	0.925	0.932
lf5	36.76	72.703	0.809	0.675	0.920	
lf6	36.90	74.963	0.748	0.642	0.925	
lf7	36.92	75.103	0.693	0.581	0.929	
lf8	36.83	73.485	0.767	0.624	0.923	

2. 新创企业绩效量表的净化和信度检测

新创企业绩效测量量表的内部一致性信度分析结果如表 8 – 3 所示。从中可以看出，条款 nvp1、nvp2、nvp3、nvp4 与 nvp5 的初始 CITC 值均大于 0.5，说明新创企业绩效 5 个条款的关系紧密度高。5 个条款检测出的相应的 α 系数均大于 0.8，内部一致性好，表明新创企业绩效测量量表通过了信度检测。

表 8 – 3 新创企业绩效量表的 CITC 与信度检测

条款	项已删除的刻度均值	项已删除的刻度方差	CICT	多相关性的平方	项已删除的Cronbach's Alpha 值	Cronbach's Alpha
nvp1	17.61	27.390	0.682	0.495	0.886	
nvp2	17.20	26.694	0.759	0.588	0.868	
nvp3	17.12	27.939	0.717	0.544	0.877	0.895
nvp4	17.24	26.731	0.797	0.656	0.859	
nvp5	16.96	27.039	0.755	0.606	0.869	

（二）效度分析

1. 从失败中学习量表的效度检验

首先，内容效度检验。本书所采用的量表主要借鉴现有的较为成熟的量表编制而成，原始的量表已经经过了实证研究的检验，已为众多相关领域专家学者所认可。除此之外，笔者在原始量表的基础上，通过对专家以及企业家的访谈，结合已有学者的研究结论对原始量表的一些条款进行了修改，并增加了一些符合企业家特征的重要条款。如表 8 - 4 所示，KMO = 0.924，巴特里特检验的近似卡方值为 1023.671，对应的概率值 P = 0.000 < 0.05，因此，变量从失败中学习的条款效度较好，本书所采用的量表具有较好的内容效度，因此可以放心地对从失败中学习维度使用因子分析。

表 8 - 4　　　　　　　创业失败学习探索性因子分析结果

失败学习（LF）	条款	因子载荷			首因子方差贡献率（%）	累计方差贡献率（%）
		因子1	因子2	因子3		
自我学习（SL）	lf1	0.858			68.051	29.120
	lf2	0.778				
	lf3	0.675				
商业学习（BS）	lf4		0.839		77.187	57.938
	lf5		0.720			
	lf6		0.692			
环境学习（EL）	lf7			0.780	82.370	82.370
	lf8			0.668		

注：公共因子提取办法为主成分方法，KMO 样本分性检验值分别为 0.913，Bartlett 的球形检验卡方值分别为 862.707。

其次，验证性因子分析。验证性因子分析主要通过构建结构方程分析，也称为"结构方程建模"，是基于变量的协方差矩阵来分析变量之间的关系。主要通过结构方程分析出的标准化因子负载，t 检验和 LR 检验的数据，分析测量条款的拟合优度以及整体模型的有效性。对于因子负载而言，必须超过一定的标准，且达到统计显著性水平，才能表示测量的有效性（徐碧祥，2007），推荐的标准化因子负载的最低水平为0.7（Ford，McCallum，Tait，1996；转引自王庆喜，2004）。

下面，本书将参照适配度指标的理想取值范围标准、标准化因子负载、t检验和LR检验，对各潜变量进行验证性因子分析以检验其各自的拟合效度和有效性。

从失败中学习的验证性因子分析模型如图8－4所示，"自我学习""商业学习"和"环境学习"均为一阶因子，"自我学习"一阶因子包含三个测量条款，"商业学习"一阶因子包含三个测量条款，"环境学习"一阶因子包含两个测量条款。从失败中学习的验证性因子分析检验结果如表8－5所示。

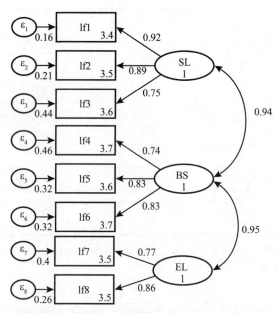

图8－4　从失败中学习的验证性因子分析模型

表 8 - 5 　　　　　　　　从失败中学习的验证性因子分析结果

失败学习（LF）	Measurement	标准化因子负载	Coef	OIMStd. Err	Z（t）	P>｜z｜
自我学习（SL）	lf1	0.92	0.34	0.11	41.47	0.000
	lf2	0.89	0.46	0.11	43.00	0.000
	lf3	0.75	0.99	0.13	43.31	0.000
商业学习（BS）	lf4	0.74	0.92	0.13	44.71	0.000
	lf5	0.83	0.71	0.12	43.89	0.000
	lf6	0.83	0.65	0.11	44.62	0.000
环境学习（EL）	lf7	0.77	0.92	0.14	42.11	0.000
	lf8	0.86	0.59	0.13	42.98	0.000

注：LR test of model vs. saturated：chi2（19）=220.34，Prob > chi2 = 0.0000 < 0.05。

2. 新创企业绩效量表的效度分析

首先，内容效度检验。本书所采用的量表主要借鉴现有的较为成熟的量表编制而成，原先的量表都经过了经验研究的检验，已为众多相关领域专家学者所认可。此外，笔者在原始量表的基础上，通过对专家以及企业家的访谈，对原量表的一些条款进行了修改，并增加了一些符合企业家特征的重要条款。

如表 8 - 6 所示，KMO = 0.862，巴特里特检验的近似卡方值为415.326，对应的概率值 P = 0.000 < 0.05，因此新创企业绩效变量效度较好，本书所采用的量表具有较好的内容效度，因此可以放心地对新创企业绩效维度使用因子分析。

表 8 - 6 　　　　　　　新创企业绩效探索性因子分析结果

新创企业绩效	因子载荷	累计方差贡献率
nvp1	0.793	
nvp2	0.851	
nvp3	0.823	70.551
nvp4	0.879	
nvp5	0.851	

注：公共因子提取办法为主成分方法，KMO 样本分性检验值分别为 0.862，Bartlett 的球形检验卡方值分别为 415.326。

其次，验证性因子分析。新创企业绩效验证性因子分析模型如图 8 – 5 所示，nfp 代表的是新创企业绩效。新创企业绩效是一个一阶因子，包含"成功绩效"一个一阶因子。成功绩效包括五个测量条款。新创企业绩效的验证性因子分析结果如表 8 – 7 所示，$Chi2\_ms(5) = 14.577$，$p > chi = 0.012$；$Chi2\_bs(10) = 425.456$，$p > chi = 0.000$；$CD = 0.902$，$TLI = 0.954$，$CFI = 0.977$，均大于 0.9 接近 1；$RMSEA = 0.114$，小于和接近 0.10，表明拟合优度效果非常理想，所有条款的标准化因子负载均大于 0.7。模型内每个估计参数都达到显著水平，表明模型的内在质量理想。T 检验，每个参数对应的 P 值均大于显著性水准，所有的条款参数具有显著性。就拟合优度指标而言，LR 检验得出 $Prob > chi2 = 0.0123 < 0.05$，该模型全体的拟合度良好。

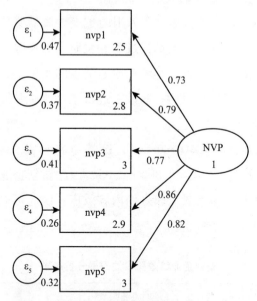

图 8 – 5　新创企业绩效的验证性因子分析模型

表 8 – 7　　　　　　　　新创企业绩效的验证性因子分析结果

Measurement	标准化因子负载	Coef	OIMStd. Err	Z（t）	P > │z│
nvp1	0.73	1.19	0.16	29.82	0.000
nvp2	0.79	0.89	0.13	33.82	0.000

续表

Measurement	标准化因子负载	Coef	OIMStd. Err	Z (t)	P > │z│
nvp3	0.77	0.89	0.13	36.30	0.000
nvp4	86	0.58	0.10	34.82	0.000
nvp5	0.82	0.75	0.11	36.44	0.000
nvp	1.34	0.27			

注：LR test of model vs. saturated：chi2（5）= 14.58，Prob > chi2 = 0.0123 < 0.05。

二、控制变量对新创企业绩效的影响分析

控制变量可能对应变量新创企业绩效产生影响，因此，本书将这些变量也纳入研究范围，利用单因素方差分析或者独立样本 T 检验分析，分别研究这些控制变量在不同水平上对应变量的影响是否存在显著差异。

（一）创业者性别对新创企业绩效的影响

为了检验创业者性别对新创企业绩效是否存在影响，我们按照创业者性别将样本企业分为男性创建的企业和女性创建的企业两类，进行独立样本 t 检验，结果如表 8-8 所示。首先，从 Levene 方差齐性检验结果可知 P = 0.204 > 0.05，创业者性别与新创企业绩效具有方差齐性。从均值相等的 T 检验结果可知，t = 3.448，df = 145，p = 0.001 < 0.05，得出创业者性别与新创企业绩效的影响存在显著差异。

表 8-8　　创业者性别对新创企业绩效的影响（独立样本 t 检验）

因变量		方差方程的 Levene 检验		均值方程的 t 检验						
		F	Sig.	t	df	Sig.（双侧）	均值差值	标准误差值	差分的95%置信区间	
									下限	上限
新创企业绩效	假设方差相等	1.631	0.204	3.448	145	0.001	0.75651	0.21940	0.32287	1.19015
	假设方差不相等			3.279	79.861	0.002	0.75651	0.23071	0.29737	1.21565

（二） 创业者创业年龄对新创企业绩效的影响

为了检验创业者创业年龄对新创企业绩效是否存在差异，我们把创业者 6 个创业年龄段进行单因素方差分析（One-way ANOVA）。结果如表 8 – 9 所示，方差齐性 P = 0.487 > 0.05，创业者年龄与新创企业绩效方差具有齐性。单因素检验 P = 0.034 < 0.05，即创业者年龄对新创企业绩效的影响存在显著差异。

表 8 – 9　创业者创业年龄对新创企业绩效的影响（单因素方差分析）

因变量	F	Sig.	方差齐性	是否显著
新创企业绩效	2.485	0.034	0.487	是

（三） 创业者学历对新创企业绩效的影响

为了检验创业者学历对其新创企业绩效是否存在影响，我们将创业者的学历是否高于大学本科学历，将样本创业者学历分为本科及以上学历，本科及以下学历两类，进行独立样本 t 检验。结果如表 8 – 10 所示，首先，Levene 方差齐性检验（Levene's Test for Equality of Variances）结果可知 P = 0.792 > 0.05，创业者学历与新创企业绩效方差具有齐性。从均值相等的 T 检验结果可知 $t = -2.262$，$df = 145$，$p = 0.025 < 0.05$，即创业者学历对新创企业绩效的影响存在显著差异。

表 8 – 10　　创业者学历对新创企业绩效的影响（独立样本 t 检验）

因变量		方差方程的 Levene 检验		均值方程的 t 检验						
		F	Sig.	t	df	Sig.（双侧）	均值差值	标准误差值	差分的 95% 置信区间	
									下限	上限
新创企业绩效	假设方差相等	0.070	0.792	-2.262	145	0.025	-0.48573	0.21469	-0.91005	-0.06141
	假设方差不相等			-2.260	118.932	0.026	-0.48573	0.21488	-0.91122	-0.06024

（四）企业所属行业对新创企业绩效的影响

为了检验企业所属行业对新创企业绩效是否存在差异，我们将样本企业的所属行业划分为传统制造业、高新技术行业、传统服务业、电子商务、其他行业五类，进行单因素方差分析（One-way ANOVA）。结果如表 8－11 所示，方差齐性 P＝0.097＞0.05，企业所属行业与新创企业绩效方差具有齐性；单因素检验 P＝0.181＞0.05，即企业所属行业对新创企业绩效的影响不存在显著差异。

表 8－11　　企业所属行业对新创企业绩效的影响（单因素方差分析）

因变量	F	Sig.	方差齐性	是否显著
新创企业绩效	1.587	0.181	0.097	否

（五）企业员工规模对新创企业绩效的影响

为了检验不同的企业员工规模阶段的企业，对其新创企业绩效是否存在差异，我们将样本企业的员工规模进行单因素方差分析。结果如表8－12 所示，方差齐性 P＝0.059＞0.05，企业员工规模与新创企业绩效具有方差齐性；单因素检验 P＝0.135＞0.05，即企业发展规模对新创企业绩效的影响不存在显著差异。

表 8－12　　企业员工规模对新创企业绩效的影响（单因素方差分析）

因变量	F	Sig.	方差齐性	是否显著
新创企业绩效	11.788	0.135	0.059	否

（六）企业营业额规模对新创企业绩效的影响

为了检验不同企业营业额规模阶段的企业，其新创企业绩效是否存在差异，我们将样本企业的营业额发展规模进行单因素方差分析。结果如表 8－13 所示，方差齐性 P＝0.144＞0.05，企业营业额规模与新创企业绩效方差具有齐性;单因素检验 P = 0.066 > 0.05,即企业营业额发展规模对新创企业绩效的影响不存在显著差异。

表 8 – 13　　企业营业额规模对新创企业绩效的影响(单因素方差分析)

因变量	F	Sig.	方差齐性	是否显著
新创企业绩效	2.453	0.066	0.144	否

三、结构变量的相关性检验

相关分析是通过研究现象与现象之间是否存在着某些依存的联系及彼此间的相关关系和程度的一种统计方法。相关系数是一个介于 – 1 和 +1 的量,用 r 表示,若两者的相关系数为 – 1,则为绝对负相关关系;若两者的相关系数为 + 1,即表示两者间是绝对的正相关关系;当相关系数为零时,两者则没有关系。相关系数的绝对值小于 0.3 时,表明两者为低度相关关系;其绝对值处在 0.3 ~ 0.7,则为高度相关关系;如果超过 0.8 的,说明具有非常高的相关性。

带星号则表示两者具有相关关系,若无星号表示两者无相关关系。因此须观察 α 值来判断两变数间是否存在显著相关。本书探讨创业动机与创业绩效之间的关系,以皮尔森相关分析方法来进行相关分析。

为了进一步探讨创业失败经历(次数、程度)——从失败中学习与新创企业绩效之间的内在关系,本书先对这些变量进行了 Bivariate 相关分析,求出上述变量间的相关关系与显著性水平,为进一步验证研究假设奠定基础。结构变量的相关分析如表 8 – 14 所示,从对结构变量的相关性检验结果来看,各关系假设都是统计性显著的。但是,同时也必须注意,基于 Bivariate – Correlation 的假设检验统计性显著,并不能说明当它们同时接受检验时仍会显著。因此,有必要对它们进行进一步的检验。

表 8 – 14　结构变量的相关分析

变量	1	2	3	4	5	6	7	8	9	10	11	12	13	14
性别	1													
年龄	-0.186*	1												
学历	0.110	-0.233**	1											
行业	0.092	-0.293**	0.106	1										
规模	-0.148	0.346**	-0.014	-0.350**	1									
营业额	-0.148	0.344**	-0.062	-0.257**	0.629**	1								
失败次数	-0.107	0.313**	-0.313**	-0.167*	0.219**	0.320**	1							
失败次数平方	-0.083	0.311**	-0.319**	-0.162*	0.229**	0.319**	0.981**	1						
失败程度	-0.032	0.077	-0.060	-0.111	0.118	0.167*	0.254**	0.244**	1					
失败程度平方	0.002	0.082	-0.024	-0.124	0.136	0.171*	0.297**	0.296**	0.974**	1				
自我学习	-0.063	0.172*	-0.133	-0.123	0.111	0.103	-0.095	-0.123	0.124	0.059	1			
商业学习	-0.070	0.107	-0.063	-0.001	0.045	0.065	-0.160	-0.193*	0.098	0.033	0.822**	1		
环境学习	-0.155	0.110	-0.116	0.008	0.081	0.057	-0.151	-0.190*	0.059	-0.010	0.708**	0.771**	1	
新创企业绩效	-0.275**	0.134	-0.136	-0.077	0.215**	0.221**	0.017	-0.019	0.294**	0.207*	0.565**	0.579**	0.541**	1

注：** 表示在 0.01 的水平下统计显著，* 表示在 0.05 的水平下统计显著。

四、失败次数、失败程度与从失败中学习的层次线性回归分析

本节对前文构建的创业失败经历、从失败中学习与新创企业绩效的模型，采用层次线性回归分析进行验证。

为了验证本书所提出的理论假设，我们采用层次线性回归分析的方法，对创业失败经历（次数、程度）、从失败中学习与新创企业绩效之间的关系分别建立三组线性回归模型进行分析，即失败经历（次数、程度）与新创企业绩效线性回归分析；失败经历（次数、程度）与从失败学中学习线性回归分析；失败经历（次数、程度）与从失败中学习与新创企业绩效线性回归分析，并且检验失败经历与从失败中学习、新创企业绩效的关系和从失败中学习（自我学习、商业学习、环境学习）中介效应。本书使用 SPSS 21.0 统计软件建立层次线性回归模型，模型估计方法为最小二乘法。首先，将各研究变量所对应的测量条款得分取算术平均值，得到各变量得分，变量的描述统计如表 8-15 示。

表 8-15　　　　研究变量的描述性统计

变量	N	均值	标准差
性别	147	1.32	0.47
年龄	147	2.41	0.99
学历	147	2.48	0.97
行业	147	3.53	1.29
规模	147	1.89	1.18
营业额	147	1.50	0.822
失败次数	147	1.79	0.974
失败次数平方	147	4.14	4.53

续表

变量	N	均值	标准差
失败程度	147	3.57	1.28
失败程度平方	147	14.40	9.10
自我学习	147	5.23	1.35
商业学习	147	5.28	1.27
环境学习	147	5.28	1.32
新创企业绩效	147	4.31	1.29

　　然后，我们以从失败中学习为应变量，以两种类型的创业失败经历：失败次数、失败程度为自变量来进行回归分析，同时把控制变量引入，进行层次线性回归分析。层次线性回归分析分为四个步骤进行，分别建立四个模型。

　　失败次数、失败程度对从失败中学习的层次线性回归结果如表8-16所示。模型1是控制变量对从失败中学习的回归模型。模型2、模型3分别是失败次数、创业失败次数平方、失败程度、失败程度平方对从失败中学习的线性回归模型结果；模型4是各主要变量对从失败中学习的线性回归分析结果。

　　从表8-16可知，模型4的R^2为0.193，调整后的R^2为0.134。F值为3.260，显著性概率为0.000<0.01，表明模型均具有统计显著性。对残差独立性进行游程检验结果得出双侧检验的概值分别为$P=0.563>0.05$，即回归模型残差具有独立性。模型主要变量的VIF处在1和10之间，表明变量不存在明显多重共线性。

　　在模型2和模型4中，回归结果显示，失败次数$r=0.783$，$p=0.058>0.05$，失败次数对从失败中学习没有显著影响；失败次数平方$r=-1.087$，$p=0.009<0.05$，失败次数平方对从失败中学习具有影响显著，这说明失败次数与从失败中学习呈现倒"U"非线性影响关系，假设H1a得到验证。在模型3和模型4中，回归结果显示，失败程度$r=$

1.446，p = 0.130 > 0.05，失败程度对从失败中学习没有显著影响；失败程度平方 r = -1.400，p = 0.000 < 0.05，失败程度平方对从失败中学习具有影响显著，这说明失败程度与从失败中学习呈现倒"U"非线性影响关系，假设 H1b 得到验证。

表 8 - 16 　　　　　　　　从失败中学习的层级回归模型分析结果

变量		因变量：从失败中学习			
		模型 1	模型 2	模型 3	模型 4
控制变量	性别	-0.063	-0.038	-0.009	-0.009
	年龄	0.098	0.144	0.113	0.149
	学历	-0.082	-0.171	-0.038	-0.123
	行业	0.010	0.010	0.001	0.007
	规模	0.035	0.059	0.071	0.076
	营业额	0.016	0.079	-0.008	0.046
自变量	失败次数		0.783		0.560
	失败次数平方		-1.087 *		-0.818 *
	失败程度			1.446	1.051
	失败程度平方			-1.400 **	-0.949 *
	R^2	0.033	0.137	0.136	0.193
	调整 R^2	-0.008	0.087	0.086	0.134
	F 值	0.801	2.749	5.220	3.260

注：列示数据是标准化回归系数：* 表示 $p < 0.05$；** 表示 $p < 0.01$。

五、失败次数、失败程度与新创企业绩效的层级回归分析

我们以新创企业绩效为应变量，以两种类型的创业失败经历：失败次数、失败程度为自变量来进行回归分析，同时把对创业绩效有影响的三个控制变量即性别、年龄和学历，引入层次线性回归方程加以控制。在创业失败经历对新创企业绩效的层次线性回归分析中，层次线性回归分析分为

三个步骤进行，分别建立三个模型。失败次数、失败程度等主要变量对新创企业绩效的层次线性回归结果如表 8 - 17 所示。模型 1 是控制变量对新创企业绩效的回归模型。模型 2 是控制变量、失败次数、失败次数平方对新创企业绩效的主效应模型；模型 3 是控制变量、失败程度、失败程度平方对新创企业绩效的主效应模型；模型 4 是对个主要变量对新创企业绩效的综合主效应模型；各模型显示了数据对研究假设检测结果。

如表 8 - 17，模型 4 的 R^2 为 0.275，调整后的 R^2 为 0.238。F 值为 7.532，显著性概率为 0.000 < 0.01，表明模型均具有统计显著性。对残差独立性进行游程检验结果得出双侧检验的概值分别为 $P = 0.116 > 0.05$，即回归模型残差具有独立性。模型主要变量的 VIF 处在 1 和 10 之间，表明变量不存在明显多重共线性。

在模型 2 和模型 4 中，回归结果显示，失败次数 $r = 0.787$，$p = 0.184 > 0.05$，失败次数对新创企业绩效没有显著影响；失败次数平方 $r = -0.934$，$p = 0.040 < 0.05$，失败次数平方对新创企业绩效具有显著影响，这说明失败次数与从新创企业绩效呈现倒 U 非线性影响关系，假设 H2a 得到验证。模型 3 和模型 4 中，回归结果显示，失败程度 $r = 1.652$，$p = 0.054 > 0.05$，失败程度对新创企业绩效没有显著影响；失败程度平方 $r = -1.421$，$p = 0.001 < 0.05$，失败程度平方对新创企业绩效具有显著影响，这说明失败次数与新创企业绩效呈现倒"U"非线性影响关系，假设 H2b 得到验证。

表 8 - 17　　　　　　新创企业绩效的层级回归模型分析结果

变量		因变量：新创企业绩效			
		模型 1	模型 2	模型 3	模型 4
控制变量	性别	- 0.253 **	- 0.235	- 0.201 **	- 0.198
	年龄	0.065	0.087	0.079	0.095
	学历	- 0.093	- 0.123	- 0.038	- 0.067

变量		因变量：新创企业绩效			
		模型 1	模型 2	模型 3	模型 4
自变量	失败次数		0.752		0.416
	失败次数平方		− 0.843 *		− 0.495 *
	失败程度			1.610	1.445
	失败程度平方			− 1.358 **	− 1.175 **
	R^2	0.091	0.122	0.264	0.275
	调整 R^2	0.072	0.091	0.238	0.238
	F 值	4.771	3.913	3.585	7.532

注：列示数据是标准化回归系数；* 表示 $p < 0.05$；** 表示 $p < 0.01$。

六、失败学习中介变量检验过程和对比结果

这里采用传统的中介效应检验方法，即依次检验回归系数。如果下面两个条件成立，则中介效应显著：自变量显著影响因变量；在因果链中任一个变量，当控制了它前面的变量（包括自变量）后，显著影响它的后继变量。这是以往学者定义的（部分）中介过程。如果进一步要求：在控制了中介变量后，自变量对因变量的影响不显著，变成了完全中介过程。在只有一个中介变量的情形，上述条件相当于（如表 8 - 18 所示）：系数 c 显著（即 H0：c = 0 的假设被拒绝）；系数 a 显著（即 H0：a = 0 被拒绝），且系数 b 显著（即 H0：b = 0 被拒绝）。完全中介过程还要加上：系数 c 不显著。

本书中，我们假设失败经历为 X，从失败中学习的三个子变量统称为 M，新创企业绩效为 Y，依照以上中介变量验证描述步骤进行验证中介效应。由以上创业失败经历——从失败中学习回归分析和创业失败经历——新创企业绩效回归分析中，我们得出创业失败经历 X 与失败学习 M 关系显著，即 a 显著；创业失败经历 X 与新创企业绩效 Y 关系显著，

即 c 显著。下面我们进行从失败中学习的中介效应检验。

关于失败学习中的三种学习模式：自我学习、商业学习和环境学习的部分中介效应或完全中介效应检验。我们以新创企业绩效为应变量，以两种类型的创业失败经历：失败次数、失败程度为自变量，分别以失败学习中的自我学习、商业学习和环境学习作为中介变量来进行回归分析，同时把对创业绩效有影响的三个控制变量即性别、年龄和学历，引入层次线性回归方程加以控制。在失败学习中介创业失败经历对新创企业绩效的层次线性回归分析中，层次线性回归分析分为三个步骤进行，分别建立三个模型。具体如表 8 - 18 所示。

模型 1 是控制变量、失败次数、失败次数平方、失败程度、失败程度平方与中介变量自我学习对新创企业绩效的全效应模型；模型 2 是控制变量、失败次数、失败次数平方、失败程度、失败程度平方与中介变量商业学习对新创企业绩效的全效应模型；模型 3 是控制变量、失败次数、失败次数平方、失败程度、失败程度平方与中介变量环境学习对新创企业绩效的全效应模型。

如表 8 - 18 所示，模型 4 的 R^2 为 0.522，调整后的 R^2 为 0.475。F 值为 11.153，显著性概率为 0.000 < 0.01，表明模型均具有统计显著性。对残差独立性进行游程检验结果得出双侧检验的概值分别为 $P = 0.457 > 0.05$，即回归模型残差具有独立性。模型主要变量的 VIF 处在 1 和 10 之间，表明变量不存在明显多重共线性。

模型 1 和模型 4 中，检验了自我学习对失败次数、失败次数平方、失败程度、失败程度平方与新创企业绩效的中介效应。如表 8 - 18 所示，失败次数 $r = 0.236$，$p = 0.474 > 0.05$；失败次数平方 $r = -0.226$，$p = 0.502 > 0.05$，失败次数平方项对新创企业绩效的显著负影响直接变为不再显著，据此可以判断自我学习对失败次数与新创企业绩效之间的倒 "U" 型关系存在完全中介作用。失败程度 $r = 0.955$，$p = 0.002 < 0.05$；失败程度平方 $r = -0.738$，$p = 0.002 < 0.05$，失败程度平方项对新创企业绩效仍然显著负影响，但显著水平明显下降，据此可以判断失

败程度对新创企业绩效之间的倒"U"型关系存在部分中介作用。综上所述可得，自我学习中介失败经历与新创企业绩效之间的倒"U"型关系，假设 H3a 得到检验。

模型 2 和模型 4 中，检验了商业学习对失败次数、失败次数平方、失败程度、失败程度平方与新创企业绩效的中介效应。如表 8 - 18 所示，在加入商业学习中介变量后，失败次数 r = 0.105，p = 0.748 > 0.05；失败次数平方 r = - 0.077，p = 0.818 > 0.05，失败次数平方项对新创企业绩效的显著负影响直接变为不再显著，据此可以判断商业学习对失败次数与新创企业绩效之间的倒"U"型关系存在完全中介作用。失败程度 r = 0.999，p = 0.001 < 0.05；失败程度平方 r = - 0.776，p = 0.012 < 0.05，失败程度平方项对新创企业绩效仍然显著负影响，但显著水平明显下降，据此可以判断商业学习对失败程度与新创企业绩效之间的倒"U"型关系存在部分中介作用。同时，综上所述可得，商业学习中介失败经历与新创企业绩效之间的倒"U"型关系，假设 H3b 得到检验。

模型 3 和模型 4 中，检验了环境学习对失败次数、失败次数平方、失败程度、失败程度平方与新创企业绩效的中介效应。如表 8 - 18 所示，失败次数 r = 0.211，p = 0.525 > 0.05；失败次数平方 r = - 0.175，p = 0.605 > 0.05，失败次数平方项对新创企业绩效的显著负影响直接变为不再显著，据此可以判断环境学习对失败次数与新创企业绩效之间的倒"U"型关系存在完全中介作用。失败程度 r = 0.983，p = 0.002 < 0.05，失败程度平方 r = - 0.762，p = 0.016 < 0.05，失败程度平方项对新创企业绩效仍然显著负影响，但显著水平明显下降，据此可以判断商业学习对失败程度与新创企业绩效之间的倒"U"型关系存在部分中介作用。综合可得环境学习中介失败经历与新创企业绩效之间的倒"U"型关系。假设 H3c 得到检验。

表 8 – 18   失败学习中介效应检验

变量		因变量：新创企业绩效			
		模型 1	模型 2	模型 3	模型 4
控制变量	性别	− 0. 206 **	− 0. 195 **	− 0. 168 **	− 0. 187 **
	年龄	− 0. 001	− 0. 005	0. 039	− 0. 004
	学历	− 0. 013	− 0. 021	− 0. 017	− 0. 005
自变量	失败次数	0. 236	0. 105	0. 211	0. 122
	失败次数平方	− 0. 226	− 0. 077	− 0. 175	− 0. 067
	失败程度	0. 955 **	0. 999 **	0. 983 **	0. 962 **
	失败程度平方	− 0. 738 **	− 0. 776 **	− 0. 762 **	− 0. 763
中介变量	自我学习	0. 471 **			0. 183 **
	商业学习		0. 487 **		0. 255 **
	环境学习			0. 466 **	0. 127 **
	R^2	0. 485	0. 506	0. 456	0. 522
	调整 R^2	0. 443	0. 465	0. 424	0. 475
	F 值	11. 577	12. 556	14. 442	11. 153

注：列示数据是标准化回归系数：* 表示 $p < 0.05$；** 表示 $p < 0.01$。

七、从失败中学习与新创企业绩效关系

以新创企业绩效为因变量，以自我学习、商业学习和环境学习为自变量，同时把控制变量引入，进行层次线性回归分析。层次线性回归分析分为四个步骤进行，分别建立四个模型。具体如表 8 – 19 所示。模型 1 是控制变量对新创企业绩效的回归模型。模型 2、模型 3 和模型 4，分别是自我学习、商业学习和环境学习对新创企业绩效的回归分析模型。

从表 8 – 19 可知，模型 5 的 R^2 为 0. 651，调整后的 R^2 为 0. 424。F 值为 17. 146，显著性概率为 0. 000 < 0. 01，表明模型均具有统计显著性。对残差独立性进行游程检验结果得出双侧检验的概值分别为 P = 0. 365 > 0. 05，即回归模型残差具有独立性。模型主要变量的 VIF，处在 1 和 10 之间，表明变量不存在明显多重共线性。

在模型 2 和模型 5 中，回归分析结果显示，自我学习与新创企业绩效具有显著正向影响（$r = 0.541$，$p = 0.035 < 0.05$）。在模型 3 和模型 5 中，回归结果显示，商业学习与新创企业绩效具有显著正相关关系（$r = 0.554$，$p = 0.03 < 0.05$）。在模型 4 和模型 5，环境学习与新创企业绩效具有显著正相关关系（$r = 0.499$，$p = 0.021 < 0.05$）。综上所述，从失败中学习与新创企业绩效具有显著正向影响，假设 H3d 得到验证。

表 8 – 19　　　　从失败中学习与新创企业绩效回归分析结果

变量		因变量：新创企业绩效				
		模型 1	模型 2	模型 3	模型 4	模型 5
控制变量	性别	− 0.233 **	− 0.223 **	− 0.206 **	− 0.168 **	− 0.217 **
	年龄	− 0.007	− 0.067	− 0.057	− 0.040	− 0.001
	学历	− 0.106	− 0.054	− 0.084	− 0.059	− 0.050
自变量	自我学习		0.541 **			0.229 **
	商业学习			0.554 **		0.274 **
	环境学习				0.499 **	0.128 **
	R^2	0.126	0.405	0.428	0.364	0.651
	调整 R^2	0.089	0.375	0.399	0.332	0.424
	F 值	3.369	0.13.511	14.848	11.374	17.146

注：列示数据是标准化回归系数；* 表示 $p < 0.05$；** 表示 $p < 0.01$。

第五节　研究小结

一、研究结论与讨论

（一）失败未必是成功之母

创业失败贯穿创业活动的整个过程，失败是孕育成功还是导致再失败？有别于人们日常理解，创业失败与成功之间的关系远比我们想象得复杂得多。上述研究表明，创业者的创业失败经历与随后的创业成功之间呈现一种非线性的倒"U"型关系。即在一定范围以内，随着创业失败次数地增多和失败程度地增大，后续创业成功的概率也会随之增加。初次创业者（Novice Entrepreneurs）在刚涉足某一领域行业时，由于信息不足、经验不足或者管理不到位等原因，很容易导致发展不如预期或者被迫中止经营的情形（Politis & Gabrielsson，2009）。随着创业失败经历的增加，创业者能通过从失败中学习更好地认知自我、积累更加宝贵的经验、识别更多创业机会以及更好地处理各种关系。同时，与初次创业者相比，创业老手（Habitual Entrepreneurs）对待失败的态度也将变得更加积极（Politis，2008），因此能快速地从失败中恢复过来（心理和生理恢复等）。这些都将对随后的创业成功产生十分有利的影响。然而，上述研究也表明，当创业者的失败次数和失败程度超过某一个阈值点以后，经历过多地失败反而会导致后续创业成功的概率降低。当失败次数和程度超出创业者无法承受的状态，如无法弥补的经济损失、自尊心受损和心理创伤等，就会对创业者产生破坏性影响（心灰意冷、失去生存的勇气、精神失常等），使其失去继续创业的信心和勇气，面对困难和挑战产生消极畏难情绪，或者因个人学习能力下降而识别不清创业失败的主要原因，导致后续创业重蹈覆辙。

（二）"适度失败"是最佳的学习情景

学习的情景有两种，一种是前人的总结，另一种是自身的实践。作为创业实践的结果，创业失败是学习的一种重要情景，不仅为创业者本身同时也为旁观者提供了一个很好的学习机会。在某种程度上，创业失败比创业成功更有信息价值（Minniti & Bygrave，2001）。高效的创业者都是杰出的学习者，他们从一切事物中学习，更重要的是，他们善于从失败中学习（Smilor，1997）。然而，并不是所有的失败经历都能等效地促进失败学习。上述研究表明，创业者的创业失败经历与失败学习之间呈现一种非线性的倒"U"型关系。随着创业失败次数和失败程度的增加，创业者的失败学习水平也会随之增加；但是当失败次数和失败程度超过某一个阈值点以后，经历过多的失败反而会导致失败学习水平降低。主要原因在于，如果失败微不足道（失败次数少，失败程度低），创业者就不会引起重视，也就不会从失败中学习；反之如果是"令人痛苦"的失败（失败次数多，失败程度高），失败会产生很高的负面情绪，会阻碍创业者的认知过程，进而降低他们的学习水平（Anca，2007）。由此可见，"小失败"和"大失败"都不利于学习，只有"适度失败"，也即失败次数适中或者失败程度适中的情景，最有利于学习，是最佳的学习情景。创业者在经历适度失败以后，可以积累一定的创建、管理和关闭企业的知识，可以认识清楚失败的原因，也可以提高机会识别能力和创业警觉性。

（三） 善于从失败中学习是走向成功的关键

上述研究发现，失败学习对新创企业绩效呈显著正的影响，说明从失败中学习能提高后续创业取得成功的概率（Cave et. al，2001），因为失败学习水平越高，创业者能从负面情绪中更快地得到恢复，产生最大化学习效果（Bower，1992）。上述研究还发现，失败学习在创业失败与新创企业绩效之间扮演中介作用。失败会产生丰富的信息和知识，这些信息和知识只有通过学习才能转化为对新创企业有用的资源。然而，失败既可以促进学习，也可以抑制学习。适度的失败有利于增强创业者信心，促进渐进式学习，并最终提高创业成功率（Baumard & Starbuck，2005）。相反，过度的失败则会导致很高的负面情绪，抑制人的学习，不利于后续创业活动的开展。由此可见，失败学习才是走向创业成功的关键所在，创业者要善于从失败中学习。一是把失败看作学习的知识源头，努力克服从失败中学习的各种障碍；二是，根据需要合理运用各种失败学习模式（变革式学习和渐进式学习、单环学习和双环学习等），努力提高失败学习水平；三是从失败中学习创业必备的各种知识、经验和技能，努力拓展失败学习内容。

二、研究局限与研究展望

虽然过往研究一直强调失败对成功的重要意义，但是从连续创业视角，考察先前创业失败经历对后续创业活动影响的实证研究十分有限。也许是因为样本选取存在一定困难，抑或是失败这个字眼过于敏感，很多创业选择刻意回避的原因，实证研究工作开展很不尽如人意。本书对创业失败、失败学习行为与新创企业绩效之间关系的研究旨在弥补这一缺陷，但本书的研究仅仅是探索的一个开始，研究工作还存许多不足。第一，本书的研究只局限于个别区域，研究样本数量也不够多，研究结果是否具有普适性，还有待于在其他地区进一步研究证实。第二，本书的研究为了便于研究样本的选取，把创业失败界定为因各种原因而导致的企业关闭歇业。对此，学者有不同的看法，认为失败与关闭之间显然存在差别（Headd，2003），因为后者包含创业者自愿关闭企业的情形（如找到其他商机等）。因此，未来的研究对如何界定失败要有一个清晰、统一的认识。第三，本书的研究虽然把失败学习刻画为自我学习、商业学习和环境学习三个维度，但没有深入考察不同学习内容的学习效果，究竟哪一种学习才是失败学习的核心？这一重要命题有待后续研究加以回答。

在创业失败的研究上，已有大量关于初次创业失败、失败原因和失败影响的研究。但是涉及后续创业，失败学习对后续创业的中介作用的研究很少。本书贡献主要在以下几个方面：首先，本书在已有研究的基础上，基于连续创业视角，将失败经历分为失败次数和失败程度进行研究，论证创业失败次数和失败程度对创业者的失败学习、后续创业企业绩效的关系，得出创业失败次数、失败程度与失败学习和新创企业绩效呈倒"U"型关系。这一发现弥补国内创业失败在失败研究的不足。

其次，从失败学习的研究视角，论证创业者主要通过失败学习提高新创企业绩效的观点。这一发现有助于启发从后续创业情境中来探索如何提高再新创企业绩效的决定因素，从失败学习视角揭示从先前创业失败到后续创业成功的转化机制，进一步完善创业企业成长理论。

第九章

失败干预相关研究

前文已提到，我国小微企业是民生之本，是就业之基，但小微企业创业失败率居高不下，大量的学者对创业失败展开研究和讨论，也取得了显著的成绩。对创业失败的研究也从"为什么失败""失败的影响是什么"到"如何避免失败"，从对失败原因的分析，如何避免失败到如何进行失败学习提高后续创业绩效，失败对后续创业意向等方面的研究，为连续创业提供了科学的理论建议和指导依据，但在对小微企业失败应采取什么失败干预策略这一问题上，相关的研究还比较少。失败干预策略可以帮助创业者在应对创业困难、先前创业失败原因等采取的相对应的措施。

目前关于小微企业失败干预策略的研究不多，虽然学者们识别出了政府干预策略、企业融资策略、集体营销策略和社会网络策略等多种干预策略，但对失败干预策略的研究上，缺乏系统和深入的研究，相关的文献并不多。

第一节　小额贷款策略

小额贷款策略（Small loan strategy）是失败干预策略中受到较多关

注的策略。小微企业在创办经营过程中最棘手的莫过于资金筹措与规划；许多创业者因为缺乏创业计划，对于未来估算不足，导致财务周转失灵，资金链断裂或错失机会。因此，创业者最需考虑的就是创业资金是要从哪里来。小微企业获得小额贷款的主要来源包括小额贷款公司的借款、创业者的信用账户透支和亲朋好友的紧急援助（Bruce，1989）。小微企业由于面临资金供给方面的约束，获得小额贷款对于其成长十分关键（Johansson，1997）。在高收入国家和低收入国家，学者们发现有一个引人注目的现象就是企业规模分布存在差异性。许多研究人员已经注意到相对于较发达国家而言，发展中国家的小微型企业的密度很高，但是缺乏大中型企业（Hsieh & Olken，2014）。对这种现象研究人员认为是由于企业增长受到信贷约束的限制造成的（Banerjee & Duflo，2005）。

根据相关的调查数据显示，创业者创业资金主要通过以下几种渠道获取：合股集资、银行贷款、风险投资、亲戚朋友、家庭存款。而小微企业主要以民营企业为主，资金来源主要以个人积蓄或家族集资为主，极少通过正规管道获得银行信贷和其他的财政支持。简单地说，小微企业大部分资金的来源是家庭存款或亲戚朋友，小部分依靠民间借贷、内部集资，甚至占用客户资金来获取。小微企业从银行等正式金融机构中获得贷款的可能性极小，从银行获取的资金大约只占小企业融资的10%。并且大概只有30%的合格中小企业获得过银行贷款；小企业也不是银行主要客户，只占到16%贷款余额，虽然小微企业数量庞大，但实际可以有效为小微企业发放贷款的银行仍然较少。银行等正式金融机构在对企业发放贷款时，通常必须考虑资金的流动性风险、汇率风险、利率风险、信用风险等直接或间接导致金融机构损失的问题。为避免或减少这些风险，金融机构往往会根据贷款者因素（People）、贷款用途（Purpose）、还款来源因素（Payment）、债权保障因素（Protection）及未来展望因素（Perspective）等"5P"的原则，对借款者发放贷款。有学者以中小企业为样本，指出银行与企业的长期往来关系可减轻借贷市场中信息不对称的问题。实证结果显示，当中小企业与放款机构建立良好关系时，融资额度会较高，但利率并不一定较低（Petersen & Rajan，1994）。若企业所往来的银行家数越多，则信用额度减少、贷款利率提高。若企业经营年限越长，则借款利率越低，意味着银行倒账的风险越低。强调企业创业者的信用风险会对中小企业信用质量有显著影响，银行对中小企业授信时，一般会要求创业者以个人名义作保或要求创业者提供担保品，以消除企业创业者与银行间信息不对称的问题（Ang，Lin，Tyler，1995）。而小微企业在资本市场上进行股票或债券直接融资的可能性更小。非正规民间信贷，甚至私人信贷，承担了许多小微企业的融资需求。

另外，小微企业融资成本比大企业融资要高，小微企业向银行借贷的利率一般比大型企业借贷利率上浮，以渣打银行中小企业"无抵押贷款"为例，基本上对中小企业发放贷款的利率为一年期基准贷款利率的两倍以上，接近民间借贷的利率水平。非正规民间借贷利率更高，而且相对不透明。其中，有的小微企业由于资金短缺甚至会涉足高利贷，其贷款利率甚至更高。使用企业贷款金额大小来衡量借款企业的违约风险高低，因放款金额越高，借款者的违约风险越高，而其实证结果亦显示贷款金额大小对贷款利率有显著正向影响。然而大额度放款可以产生规模经济，为银行带来较少的交易成本及信息成本，且就对银行的贡献度而言，大规模放款为银行产生稳定及大量的利息收入，所以大额度借款可以产生规模经济及稳定高额的利润，因此银行愿意收取较低利率（Scott & Smith，1986）。小微企业的融资条件更加容易受政府宏观调控影响。随着政府宏观调控力度加大，央行上调准备金率，小微企业融资成本迅速上升。与此同时，小微企业状况也先于其他企业而恶化，小微企业的小额不良贷款率较高，出口企业应收账款往往出现拖欠现象。随着这些外部环境的变化，银行等正式金融机构必然会对小微企业发放贷款进行调整，小微企业的融资成本也将进一步攀升，小微企业信贷条件将进一步恶化。

　　缺乏融资的渠道或者其他金融问题被认为是新创小微企业失败的重

要原因（Cressy，2006；Hess & Rust，2010）。Dorsey 通过 7 年对新创小微企业的跟踪调查得到数据显示，在这 7 年的时间里获得风险投资（风投，venture capital）的新创小微企业要比没有获得风投的新创小微企业来说失败率要低得多。同时相对于规模更大、更成熟的企业而言，新生企业的可追溯记录比较少，使他们在融资方面的竞争力比成熟企业弱得多（Clute & Garman，1980）。关于小微企业融资难的原因，一般有以下几种观点：第一种观点认为小微企业融资难是由于企业所有制的原因。由于小微企业主要是民营企业，因此一些研究者就从企业所有制的角度分析，认为小微企业融资难的原因，在于国有银行和国有企业对金融服务提供与接受的垄断，国有银行为大型国有企业融资服务，在选择贷款客户时，对民营小企业存在所有制的歧视。即使不是歧视，小微企业往往存在规范不清晰的所有制结构，也被经常作为融资难的问题。第二种观点则认为小微企业融资难是由于缺乏适当金融机构和经营模式。受到农业银行等金融机构退出农村影响，尤其在与其他国家的小区银行、担保机构、信贷公司（microfinance）比较后，很多人从金融机构角度，认为小微企业融资难的原因在于：政府在小微企业融资渠道建设上投入不够，非银行金融机构的融资方式很不健全，民间投资管道不畅通；政府既缺乏与其在区域上相关，在经营模式上贴近的金融机构，也缺乏对小企业融资在担保补贴等方面的支持。第三种观点则认为小微企业融资难是由于自身实力和信誉问题。普遍认为小企业的管理能力不强，交易不透明、抗风险能力弱；加上小企业融资需求往往非常紧急，而在紧急情况一般伴随着融资条件的恶化，因此，小企业融资难很容易被归结是因本身实力的问题。而且，这些实力问题和信誉问题联系在一起，小微企业通常无法获得正式信用，因为其对企业主的信用情况和担保情况有着较高要求。对小微企业主而言，因为缺乏与金融机构打交道的历史和经验，这些要求构成了难以逾越的障碍（Edgcomb，et al.，1998）。第四种观点则认为小微企业融资难是由于成本风险原因。小企业贷款往往存在着小额和期限短的特征。一般来说，银行在处理不同规模的贷款时，投入的成本（人力和时间）差别不大，但是对小企业融资风险如前述，不但没有减轻，反而更大，在利率差别不大时，不同规模和期限的贷款的收益以及要承担的风险是不同的。由于小额贷款的管理过于烦琐并且无利可图，像银行这样的正式贷款机构往往不愿意从事小额贷款业务（Tendler，1989），因此从非正式贷款机构获取小额信贷成为小微企业唯一选择。小额信贷的可获得性（Availability of Microfinance）也由此直接对小微企业的成败产生影响。目前，政府为了鼓励创业，虽然放宽了对于新创小微企业的税收空间，减轻小微企业资金紧张问题，颁布优惠政策加大力度扶持小微企业发展。但是由于新创小微企业缺少信用记录以及可供抵押的固定资产，金融机构向新创小微企业放贷的成本和风险性较高，制约了金融机构对于新创小微企业放贷的积极性，小微企业的融资缺口逐渐扩大，小微企业仍然存在缺少融资渠道的问题；并且我国的金融机构缺少竞争性，缺乏民间融资机构，导致新创小微企业的融资规模也受到限制，短期资金融通难度增加，融资成本也相对较高。因此小额贷款对于小微企业的创办和经营有重要影响。

小额信贷在亚洲的发展最早可追溯到1976年孟加拉国的乡村银行（Grameen Bank），它开创风气之先河，针对因贫穷向银行求贷无门的妇女，提供金额微小的贷款。而我国的小额信贷活动则始于20世纪90年代中期，当时联合国开发计划署（UNDP）、世界银行（World Bank）与中国的组织机构合作，联手在中国推广小额信贷的理念。世界各国都有小额信贷的业务，但是各国不同的国情，小额信贷的运作方式及发展也存在着差异性。目前关于小额贷款的问题研究上更多是在贷款发放以及风险的控制等实际操作过程中或者制度管理上进行研究。

第二节　社会网络策略

社会网络是另一个受到较多关注的失败干预策略。最近失败干预研究逐渐把视角转移到社会资本，关注小微企业主如何使用社会网络策略（Social network strategy）来克服小微企业发展面临的障碍（Elgert，2003）。基于企业间的合作关系日益普遍，近年来探讨社会网络对企业行为与新创企业绩效之间影响的研究日益增加（Kogut，1988；Gulati，1993；Zaheer & Venkatraman，1994；Gulati 1999；Rowley，et al.，2000；Inkpen & Tsang，2005；Soh，2010），依据资源基础理论，社会网络是企业取得不可被模仿与替代资源与能力的极佳途径，可以形塑企业长期的竞争优势，因而是企业创造价值的来源，也是珍贵的无形资产（Gulati，1999）。其中，特别在提升企业的创新能力方面，社会网络的重要性获得普遍的重视（Freeman，1991；Smith - Doerr，et al.，1999；Baum，Calabrese，Silverman，2000）。

具体而言，当企业与其他组织之间建立特定的合作关系后，这些组织间即透过直接与间接关系交织成一张关系网络，镶嵌在这些网络中的公司可以透过这些直接或间接关系由其合伙企业身上获取信息与知识（Gulati & Gargiulo，1999），这些合作关系成为镶嵌于此一网络的企业彼此之间获取信息与知识的管道（Owen - Smith & Powell，2004），在信息与知识的流动过程中，每一个组织都可能成为信息的接收者或传递者（Ahuja，2000）。依据重组搜寻理论的观点，创新是一项解决问题的过程，而问题的解答是透过搜寻获得（Dosi，1988），在搜寻的过程中，若能将原先已知的知识、问题或解答进行全新的重组，或者将组成既有知识的各项要素以新的方式重新连结或建构，则能创造出新的知识，进而促成较佳的专利或新产品的产生（Henderson & Clark，1990；Fleming，2001），而镶嵌于社会网络之企业，由于有较多获取知识与信息的途径，可以增加搜寻过程中产生的效益，当个别公司透过网络所获取的知识和其本身所具有的知识要素重新组合后，可以激发其原本未能产生的新想法，因而得以强化其创造新知识的能力，有助于创新绩效的提升。

一、社会网络的规模与结构的重要性

随着探讨社会网络效益的研究逐渐增加，开始有研究提出：社会网络对企业创新的效益会受到合伙企业之间的知识移转意愿与能力的影响。如前所述，镶嵌在同一社会网络的企业需要对其合伙企业分享或移转知识，但由于道德危险问题的存在，可能减低合伙企业分享知识的意愿，因此，合伙企业之间是否存在分享知识的意愿是影响企业能否从所镶嵌的网络中获益的重要因素。此外，由于技术知识属于内隐知识，具有复杂性，知识移转的成功与否也会受到企业对于知识的理解与吸收能力所影响（Sampson，2007）。因此，当社会网络内所提供的信息或知识存量越高，且同一网络内之企业间其分享与移转知识的意愿越强，则企业越有可能从其所属的社会网络中获取较高的效益，而网络规模与网络结构是重要的决定因素。

一般而言，企业之间形成网络的原因是因为企业需要通过其他企业获取关键性资源以达成它们的目标，因此彼此成为相互依赖的网络关系（Laumann，Galakiewicz，Marsden，1978），而网络规模的大小则会决定镶嵌于网络之企业可取得之资源或知识的存量。另外，依据交易成本理论与网络理论，网络结构也是影响网络企业间知识分享意愿及网络效益的重要因素。依据交易成本理论，在企业的合作关系中，会因为顾虑合伙人的投机行为而产生交易成本（Hamel，Doz，Prahalad，1989；Kogut，1988），这些成本包括协商成本、订定合约的成本、执行合约的成本、监督绩效的成本，以及处理违反合约之情况的成本等（Joskow，1987；Dyer，1997）。当发生投机行为的风险减少时，交易成本也会降低。此外，除了交易成本，协调成本的降低也是维系社会网络时的重要考虑。当一家公司可以从网络中获取所需的资源与信息，同时将交易成本与协调成本降至最低时可以使网络发挥最大的效益（Bartlett & Ghoshal，1998；Nohria & Ghoshal，1997）。网络结构被认为对交易成本具有重要影响，例如，较为紧密整合的跨组织网络会比松散的组织网络具有较高的绩效，因为组织间关系的紧密度所产生的信任关系有助加强企业间关系的可靠性与适当性（Gulati，1993；Dyer & Chu，2003），因而减低搜寻成本与监督成本（Zollo，Reuer，Singh，2002）。依据网络理论，社会网络所产生的效益主要来自个体与个体之间可透过彼此间的联系与社会接触传递知识或有用的信息（Zhou，Wu，Luo，2007），也有学者强调社会网络的结构不仅有助于描绘公司所属之关系网络的特性，并会影响公司可从网络中所获取的效益。依据结构理论的观点而言，信息的价值来自社会互动以及个体之间的接触，由于网络结构（例如，网络密度）会影响个体之间的互动情况，因而会造成不同的信息价值（Lin，2001）。因此，本研究由社会网络的两项重要属性：网络规模与网络结构深入了解企业所镶嵌的网络对创新绩效的关系，并据以探究社会资本的来源。

二、社会网络规模

社会网络规模即社会网络中成员的数量，在以往的研究中，学者们大都以社会网络中成员的数量或者联盟间的合作伙伴数来衡量网络规模，以社会网络中的企业成员数来衡量网络规模（Thorgren，et al.，2009）；以网络中节点的数量来衡量网络规模（Tang，et al.，2008）；以策略联盟中合作伙伴的数量来衡量对绩效的影响（Lu & Beamish，2004）。资源基础理论认为网络是一个学习和资源交换的机制（Beamish & Kachra，2004），网络规模的增加不仅可以增加网络成员获取不同资源的来源，并能提供网络成员较多途径接触异质性的信息，因而带来较为丰富的信息与资源（Brown & Butler，1995；Faems，et al.，2005；Knudsen，2007；Thorgren，et al.，2009），而这些资源与信息，一方面有助于协助网络成员辨认出较多环境中的机会与威胁，另一方面，经过有效的整合后可以发挥使企业发展出创新的技术或产品（Fukugawa，2006）。具体而言，规模较大的网络可提供较多的资源基础，给予企业多变的伙伴组合。当网络成员越多，信息与知识的接触管道增加，产生有较高程度的互补知识，对于技术的发展越为有利，因此越有助于创新绩效的提升（Faems, et al., 2005；Knudsen, 2007；Thorgren, et al., 2009）。

但依据交易成本理论，当企业合作伙伴的对象增加时，网络的复杂难度将快速成长，大幅增加信息不对称与管理的复杂程度，因此会增加协调组织之间交易的管理成本，亦即所谓的交易成本（Baldridge & Burnham, 1975；Van de Ven, 1976；Brown & Butler, 1995；Beamish & Kachra, 2004）。其次，由于寻找与选择适当的合作伙伴需要成本，在其他条件不变的情况下，当合作的企业数目越多，交易成本越高（Parkhe, 1993），并容易造成信息的外泄和扭曲（Phelps, 2010）。此外，过大的网络规模由于不易平均分摊责任，会使得网络中较容易产生偷懒或"搭便车"的行为者，甚至那些投入较少的企业会有较大的诱因采取不利于整体网络但有利于自身利益的投机或欺骗行为（Beamish & Kachra, 2004），因而造成其他网络成员的损失，并减低网络成员愿意投入创新研究的努力。因此，过度扩大网络规模对创新绩效反而有负面影响。

三、社会网络结构

社会网络结构，是指社会网络中合作伙伴之前关系的强度或紧密程度。网络密度在过去的研究中大多以合作伙伴之间实际的关系连线数占合作伙伴之间潜在的总系连线数来衡量（Burt, 2000；Phelps, 2010；Soh, 2010），或者说合作伙伴之间可能的最大关系连线数中已经形成的百分比（Scott, 1991）。本研究着重网络密度的分析，过去研究认为这种结构有助于产生信任与互惠，因而可以增加合作与知识的共享（Coleman, 1988；Portes, 1998），即所谓的结构型社会资本（Nahapiet & Ghoshal, 1998）。这类观点衍生出许多研究，例如，探讨网络的封闭性对知识移转与创新的影响（Ahuja，2000；Dyer & Nobeoka，2000；Schilling & Phelps，2007）。所谓网络密度，是指社会网络中行动者之间关系的强度或紧密程度，密集的网络被认为比具有结构洞的网络更有利于移转及整合复杂与内隐的知识（Dyer & Nobeoka，2000；Kogut，2000）。由于在合作关系中，公司可能面临知识泄露的风险，以及合作伙伴保留资源与努力不愿分享的问题，或者错误地表达了新发现的知识，这些交换的风险问题会减少合作与知识分享（Gulati & Singh，1998；Phelps，2010）。因此，公司之间的信任十分重要，而社会网络中行动者之间较高的关系强度或紧密程度则有助于公司间信任关系的建立。

社会网络提供了企业取得外部知识的途径，但是并不能保证企业能够有效地侦知、移转及类化这些知识和资源。信任与互惠被认为是社会控制的重要机制，有助于增加知识交换与移转的效率与效果（Inkpen & Tsang，2005），而紧密的网络会产生强制性的信任（Kreps，1990；Raub & Weesie，1990）。在一紧密连结的网络中，由于个别公司的行为能见度很高，投机行为会伤害该公司的声誉，危及既有的合作关系，并减少未来合作的机会（Gulati，1998）。因此，会降低公司采取投机行为的倾向（Uzzi，1996；Holm，Eriksson，Johanson，1999；Gulati & Sytch，2008），而信任程度的增加则会增加合作企业分享知识的意愿，促进公司间的学习与知识创造（Larson，1992；Kale，Singh，Perlmutter，2000）。此外，网络密度也会增加互惠的交换，由于密集的网络可以抑制投机行为的发生，因此而增进合伙人之间的互惠性（Coleman，1988），提高合伙企业合作与共享资源的动机（Dyer & Singh，1998），因此，得以获得较为不扭曲、丰富且高质量的信息与知识及创新构想的产生（Uzzi，1997；Dyer & Nobeoka，2000）。

此外，由于技术知识是隐性并且嵌入在企业内部的性质，此种特性让它很难被获取、吸收（Teece，1992），而网络的封闭性有助于密集的社会互动，可以刺激不同知识组合的实验（Zander & Kogut，1995；Lane & Lubatkin，1998），因而有利于移转与侦知隐性与镶嵌知识（Uzzi，

1997；Dyer & Nobeoka，2000），增加公司吸纳与应用新知识的能力。甚且在密集的网络中，信息的快速流动可以增进合伙人之间的沟通效率，帮助企业从彼此身上学习（Kogut & Zander，1996），并增加获取高价值信息和互补资源的机会（Phelps，2010），因此许多研究都指出网络密度能够帮助企业提升创新绩效（Phelps，2010；Soh，2010）。

首先，网络的密度虽然可以强化网络内成员间的信息流动，但过度紧密的网络却会对网络成员产生较大的压力，使其在行为上需要表现极高的忠诚度以符合网络整体的利益，因此会限制网络成员发展其他对个别企业的创新较为有利的合作关系（Buchko，1994；Duysters & Lemmens，2003；Gulati，et al.，2000）。其次，与既有合作伙伴过度紧密的关系，容易将企业所能取得的信息与知识局限于自身的网络范围内，一者增加了重复获取相同知识的机会，二者则会因为无法跨越结构洞与外界交流，因而减少企业所能接触之信息与知识的多元性，和限制企业看到其他可能性存在的机会，反而影响了创新的发展（Gulati，et al.，2000；Burt，2000；Borgatti & Cross，2003；Sorenson，2003）。此外，当知识过度紧密地散布于网络中时也会减低这些知识对于企业的创新价值，因为每家企业所拥有的知识都相似甚至相同，故而较不易产生新奇的想法，企业创新的潜力可能降低（Gilsing，Nooteboom，Vanhaverbeke，Duysters & Oord，2008）。最后，高网络密度也会增加企业专属之知识与信息传播至网络成员之其他合作伙伴的可能性，因而造成不利于企业的信息外溢，而这种风险的存在会降低企业发展创新的动力（Gilsing & Nooteboom，2005），因此过度紧密的联系反而会对企业不利。

第十章

失败干预与新创企业绩效

第一节　研究目的

在前文研究基础上，本章围绕创业失败干预展开研究。失败学习能提高创业者及其创业组织的创业能力、知识技能，而失败干预侧重的则是创业行为，即行动上的措施。创业者通过对先前创业失败的反思与总结，通过失败学习提升自我能力，在后续创业活动中，采取更加完善和可靠的措施，应对和预防失败，提高成功的可能性。由前文研究已知，随着创业失败次数的增多，创业者往往将失败原因归结为内部因素，认为是自身能力、努力不够导致企业失败；而随着失败程度的增加，创业者会将失败原因归结为外部因素，认为是市场环境，不可抗力等因素造成的，如金融危机，自然灾害，政策环境变化等。基于此，本章着重考察不同的失败归因是否会导致创业者采用不同的失败干预策略，从而对新创企业绩效产生不同影响。

本章首先考察小微企业失败干预策略及其效果，回答创业者可采取哪些失败干预策略，以及它们的干预效果如何等问题。关于这方面的文献较多，学者已经识别出了小额贷款策略和社会网络策略等多种干预策略，并认为这些干预策略有助于小微企业提高竞争优势、克服发展障碍和促进成长（Johansson，1997；Elgert，2003；Markelova & Mwangi，2010）。本章另一个研究目的是进一步考察小微企业的失败干预机制，回答上述干预策略是通过什么样的方式发挥作用的这一问题。这方面的文献研究不多，一般认为创业者采取的失败干预策略能够弥补外部因素不利影响，譬如，创业者采取小额贷款策略是因为难以从正式金融机构获得融资（Edgcomb，et al.，1998），而社会网络策略可以解决市场进入性的问题，在资源获取、社会资本等方面提供便利性。

因此，本章基于连续创业视角，探索先前失败经历对当前新创企业绩效的影响，及其在失败干预调节下对新创企业绩效的影响，建立失败外因与新创企业绩效；失败干预与新创企业绩效；失败干预、失败外因与新创企业绩效之间的关系模型。

第二节　研究假设与理论模型

一、失败外因与新创企业绩效

（一）市场进入性与新创企业绩效

最初对市场进入性与新创企业绩效关系的研究认为，新创企业绩效取决于进入的市场结构，而市场的可进入性又是决定市场结构的主要因素，并用结构衡量指标来解释跨行业的市场绩效差异。新创小微企业由于在营销技术、资金和地理位置等方面都存在欠缺，使得它们难以进入市场（Mikkelsen，1999）。近几年经济持续萎靡以及实体经济下行的影响，小微企业的生存环境日趋恶劣。新创小微企业无论选择进入的是一个新行业还是一个成熟的行业，只要这个行业具有可营利性，那考虑到"进入壁垒"，新创小微企业都会不可避免地面临一些市场竞争。由于新创小微企业自身知识、技术、成本等方面的限制，其所处的外部环境往往比规模更大的原有企业来说更复杂、更具风险性的特点。外部环境的竞争程度以及复杂程度是决定新创小微企业成功还是失败的重要因素。高度竞争的外部环境会增加新创小微企业通过社交网络获取资源的压力，减少小微企业的生存绩效，从而导致小微企业的失败。

另外，考虑到"市场进入壁垒"这一因素的限制，新创小微企业由于是对市场原有产品或服务的取代，对原有市场进行重新瓜分，导致新创小微企业不仅会在资源获取和市场进入等方面受到制约，还有可能使新创小微企业受到其他企业的"敌视"，从而不能与其他企业及时建立关系，导致新创小微企业失败。谢普德等学者通过研究认为，新创小微企业的建立必须要克服一些新生的"障碍"或"缺陷"才能规避失败。缺乏商品市场和没有竞争能力是导致新创小微企业失败的重要原因（Lorsch，2010）。国外学者通过构建一个在复杂、动态的外部环境下，新创小微企业的失败模型显示，技术型新创小微企业由于缺少可供抵押的固定资产，往往通过与一些关键的利益相关者建立某种固定的合作关系来降低其生存的压力，而一旦这种稳定的合作关系链发生中断，将会导致新创小微企业走向失败。总的来说，新创小微企业与规模更大的原有企业相比更依赖与其他企业建立稳定的合作关系，降低其失败的可能性。

新创小微企业由于是对市场原有产品或服务的充分替代，是对原有市场的重新瓜分。而新创企业新进入市场必然在资源以及市场竞争方面都存在严重不足，使得新创小微企业很容易遭遇困境和失败。无论新创小微企业进入的是一个新的行业还是一个发展成熟的行业，新创小微企业都会不可避免地面临一些市场竞争或"市场进入壁垒"（barriers to entry），而外部环境的竞争及复杂多变对小微企业造成的影响要比市场原有企业大得多。并且新创小微企业由于在营销技术、资金和地理位置等方面都存在欠缺，使得它们难以进入市场（Mikkelsen，1999）。谢普德等学者认为，新企业必须克服一些新生缺陷才能避开或延缓失败。高度竞争的市场环境会加大新创小微企业通过社交网络获取资源的压力，加大小微企业的生存压力。小微企业失败主要是由于外部激烈的市场竞争、市场需求减小、市场规模狭小等原因导致的（Zacharakis，et al.，1999）。由此可见，市场进入性是企业在获得市场认可和在市场中立足的关键，良好的市场可进入性对新创企业是成功的一道"门槛"。新创企业进入的产业壁垒越高，越能带来较高的利润（Mann，1966）。

市场环境给创业者提供了市场机遇，融资、政策和基础设施等创造创业者所需要的企业生存空间和条件，在企业的成长过程中，会遭遇如市场进入壁垒高、竞争过于激烈、资金和资源不足等情况，就会造成企业面临困境或者破产，新创企业的失败次数和失败程度就会变得不容乐观；在市场进入壁垒低、市场处于良性竞争状态、资金和资源获得相对容易的情况下，小微企业则具有很大的成功率，也能规避较大的失败风险和失败程度。

由以上学者所述，企业在高度集中市场能获得高利润高效益，而在集中度较低市场，则面临不确定性，利润和效益明显降低。本书的研究对象是我国小微企业，所研究的市场环境基于国内市场。而在我国，除了少数几个行业，如水资源、电力资源、石油资源等国家能源控制行业，其余大部分行业均处于完全竞争市场，部分行业近年来还处于产能过剩阶段，所以在我国市场对于企业的市场进入壁垒几近于无，除了企业自身障碍和行政干预。为此，我们假定小微企业的市场进入性不受市场结构影响，均处于完全竞争状态。小微企业在市场进入方面受到自身的产品差异化、规模经济、对特有的经济资源的占有和行政干预等方面的障碍。则小微企业绩效取决于其自身的市场进入条件。为此，我们提出以下假设：

H1a：市场进入性越好，越有利于小微企业新创企业绩效提升。

（二）资源获得性与新创企业绩效

创业者资源的获取能力对小微企业最后成功还是失败有重要影响，资源获取对于小微企业生存至关重要；并且小微企业能否在市场中维持自身的竞争优势也取决于能否获取有价值的、难以被替代的和可以控制的资源及其组合，创业资源对于新创小微企业的成功有重要影响（Barney，1991）。这一研究结果推动了创业资源基础观的发展。新创小微企业可以通过资源整合来创造自身独特的竞争优势，降低生存压力（Grant，1991）。在小微企业的创立初期，创业者首先需要明确自身对于不同资源的需求，从而确定什么类型的资源需要优先获取，这样才能够降低小微企业失败的概率（Lichtenstein & Brush，2001）。在资源对新创小微企业生存的影响研究方面，国外学者通过研究企业成长阶段和组织生命周期的理论，提出了"创业期"的概念和"创业期缺陷"的假设，研究认为新创小微企业的失败率与其生命周期存在倒"U"型的关系。在创业起初阶段，即企业处于"创业期"或"新创时期"，新创小微企业享受着政策红利以及初始资源独特性带来的好处，创业者把精力集中在为市场提供产品和服务上，失败率并不是很高，并且早期创业者由于成本和未来的考虑，一般会延迟"关闭公司"的决策，使得在"新创时期"小微企业的失败率较低；而在小微企业进入成长阶段以后，小微企业对于各要素的需求大大加强，创业者需要进行及时的调整，但是在这一阶段由于创业者或团队往往居功自傲，没有意识到这一状况，导致小微企业的失败率居高不下。这也说明，资源是小微企业创建和成长的基础，创业者对于资源的获取能力对小微企业的生存绩效有重要影响。

为了获取到合适的资源发展，企业会与客户建立良好的关系，了解客户的需求，并与其他企业建立合作联盟，甚至有可能为获取关键资源采取收购其他组织等，重视能够获取重要资源的员工（Pfeffer，et al.，1978）。大多数新创小微企业，其政策红利以及初始资源独特性并不能保证企业能够得到持续发展，如何从资源供应商那里获取资源是创业者必须要解决的问题（Powers，2003）。组织可以建立一种社会网络从其他组织获取资源，组织可以与这些在社会网络中组织建立一个较为高效的合作关系来得到发展（Loveamn，1991）。并且相对于其他没有在社会网络中的组织，应该具有特殊的权益。我国学者赵道致、张靓（2006）在这一基础上借鉴力学中的杠杆原理提出组织可以使用社会网络这一杠杆从而获得额外的资源，具体原理同杠杆模型相似：杠杆的动力来源于组织获取资源的能力；阻力则是组织为了撬动资源所愿承担的成本及其风险承受能力；作用点则是取决于组织在社会网络中的地位；杠杆的长度则是受组织与其他在社会网络中组织关系的限制。

根据以往的研究结果，学者们从不同的角度探究了资源获取与企业绩效之间的关系问题。新创小微企业资源获取应该考虑两个方面的因素，一方面小微企业从外部获取的资源应该满足小微企业发展的需要；另一方面则是对于获取到的资源小微企业应该充分利用，从而获得更高的企业绩效（Romanelli，1989）。小微企业对于资源的有效获取对新创企业绩效有积极的促进作用，并且随着小微企业规模的逐渐扩大，资源获取能力越强对于企业绩效的影响就越显著，所以小微企业资源获取能力至关重要（Premaratne，2001）。新创小微企业从外部所获取资源存在差异性，因此产生的影响也会有所差异。但是如果新创小微企业一旦拥有了与其他企业异质性的资源，就能够在市场上保持竞争优势，从而避免失败（Heirman & Clarysse，2004）。通过以上文献得出，资源获得性越强，创业企业成功率越高，为此我们提出以下假设：

H1b：资源获得性越强，则小微企业新创企业绩效越好。

二、失败干预与新创企业绩效

（一）小额贷款策略与新创企业绩效

多尔西（Dorsey）通过 7 年对新创小微企业的跟踪调查得到数据

显示，在这 7 年的时间里获得风险投资（风投，venture capital）的新创小微企业要比没有获得风投的新创小微企业来说失败率要低得多。同时相对于规模更大、更成熟的企业而言，新生企业的可追溯记录比较少，使他们在融资方面的竞争力比成熟企业弱得多（Clute & Garman，1980）。小微企业通常无法获得正式信用，因为其对企业主的信用情况和担保情况有着较高要求。对小微企业主而言，因为缺乏与金融机构打交道的历史和经验，这些要求构成了难以逾越的障碍（Edgcomb, et al.，1998）。由于小额贷款的管理过于烦琐并且无利可图，像银行这样的正式贷款机构往往不愿意从事小额贷款业务（Tendler，1989），因此从非正式贷款机构获取小额信贷成为小微企业唯一选择。小额信贷的可获得性（availability of microfinance）也由此直接对小微企业的成败产生影响。

小微企业由于面临资金供给方面的约束，获得小额贷款对于其成长十分关键（Johansson，1997）。在高收入国家和低收入国家，学者们发现有一个引人注目的现象就是企业规模分布存在差异性。许多研究人员已经注意到相对于较发达国家而言，发展中国家的小微型企业的密度很高，但是缺乏大中型企业（Hsieh & Olken，2014）。对于这种现象，研究人员认为是由于企业增长受到信贷约束的限制（Banerjee & Duflo，2005）。有学者强调企业创业者的信用风险会对中小企业信用质量有显著影响（Ang，Lin，Tyler，1995）。银行对中小企业授信时，一般会要求创业者以个人名义作保或要求创业者提供担保品，以消除企业创业者与银行间信息不对称的问题。

小额贷款作为债务融资的一部分，对公司的绩效同样起到至关重要的作用。失败干预的小额贷款策略和社会网络策略对于创业而言，前者是企业的血脉，后者是企业的能量来源。缺乏资金或者其他金融问题被认为是小微企业失败的重要原因（Cressy，2006；Hess & Rust，2010）。小额信贷的可获得性（availability of microfinance）也由此直接影响着小微企业的成败。近几年，国外小额贷款的成功和国内试点的建立并成功试行，为小微企业发展提供了资金来源和保障，小额贷款的高速发展对小微企业的成功具有不可估量的作用，小额贷款的注入，不仅激活小微企业，而且促进小微企业可持续发展和提高生产能力。为此，我们提出以下假设：

H2a：小额贷款策略对新创企业绩效显著正向影响。

（二）社会网络策略与新创企业绩效

依据资源基础理论，社会网络是企业取得不可被模仿与替代资源与能力的极佳途径，可以形塑企业长期的竞争优势，因而是企业创造价值的来源，也是珍贵的无形资产（Gulati，1999）。其中，特别在提升企业的创新能力方面，社会网络的重要性获得普遍的重视（Freeman，1991；Smith – Doerr，et al.，1999；Baum，Calabrese & Silverman，2000）。

具体而言，当企业与其他组织之间建立特定的合作关系后，这些组织间即透过直接与间接关系交织成一张关系网络，镶嵌在这些网络中的公司可以透过这些直接或间接关系由其合伙企业身上获取信息与知识（Gulati & Gargiulo，1999），亦即，这些合作关系成为镶嵌于此一网络的企业彼此之间获取信息与知识的管道（Owen – Smith & Powell，2004），在信息与知识的流动过程中，每一个组织都可能成为信息的接收者或传递者（Ahuja，2000）。依据重组搜寻理论的观点，创新是一项解决问题的过程，而问题的解答是透过搜寻获得（Dosi，1988），在搜寻的过程中，若能将原先已知的知识、问题或解答进行全新的重组，或者将组成既有知识的各项要素以新的方式重新联结或建构，则能创造出新的知识，进而促成较佳的专利或新产品的产生（Henderson & Clark，1990；Fleming，2001），而镶嵌于社会网络之企业，由于有较多获取知识与信息的途径，可以增加搜寻过程中产生的效益，当个别公司透过网络所获取的知识和其本身所具有的知识要素重新组合后，可以激发其原本未能产生的新想法，因而得以强化其创造新知识的能力，有助于创新绩效的提升。资源基础理论认为网络是一个学习和资源交换的机制（Beamish

& Kachra，2004），网络规模的增加不仅可以增加网络成员获取不同资源的来源，并能提供网络成员较多途径接触异质性的信息，因而带来较为丰富的信息与资源（Brown & Butler，1995；Faems，et al.，2005；Knudsen，2007；Thorgren，et al.，2009），而这些资源与信息，一方面有助于协助网络成员辨认出较多环境中的机会与威胁；另一方面，经过有效的整合后可以使企业研发出创新的技术或产品（Fukugawa，2006）。具体而言，规模较大的网络可提供较多的资源基础，给予企业多变的伙伴组合，当网络成员愈多，信息与知识的接触管道增加，比较有较高程度的互补知识，对于技术的发展愈为有利，因此愈有助于创新绩效的提升（Faems，et al.，2005；Knudsen，2007；Thorgren，et al.，2009）。过去研究认为，这种结构有助于产生信任与互惠，因而可以增加合作与知识的共享（Coleman，1988；Portes，1998），即所谓的结构型社会资本（Nahapiet & Ghoshal，1998）。这类观点衍生出许多研究，例如，探讨网络的封闭性对知识移转与创新的影响（Ahuja，2000；Dyer & Nobeoka，2000；Schilling & Phelps，2007）。所谓网络密度，系指社会网络中行动者之间关系的强度或紧密程度，密集的网络被认为比具有结构洞的网络更有利于移转及整合复杂与内隐的知识（Dyer & Nobeoka，2000；Kogut，2000），由于在合作关系中，公司可能面临知识泄露的风险，以及合作伙伴保留资源与努力不愿分享的问题，或者错误地表达了新发现的知识，这些交换的风险问题会减少合作与知识分享（Gulati & Singh，1998；Phelps，2010），因此，公司之间的信任十分重要，而社会网络中行动者之间较高的关系强度或紧密程度则有助于公司间信任关系的建立。

社会网络提供了企业取得外部知识的途径，但是并不能保证企业能够有效地侦知、移转及类化这些知识和资源，信任与互惠被认为是社会控制的重要机制，有助于增加知识交换与移转的效率与效果（Inkpen & Tsang，2005），而紧密的网络会产生强制性的信任（Kreps，1990；Raub & Weesie，1990）。在一紧密连接的网络中，由于个别公司的行为能见度很高，投机行为会伤害该公司的声誉，危及既有的合作关系，并减少未来合作的机会（Gulati，1998），因此，会降低公司采取投机行为的倾向（Uzzi，1996；Holm，Eriksson，Johanson，1999；Gulati & Sytch，2008），而信任程度的增加则会增加合作企业分享知识的意愿、促进公司间的学习与知识创造（Larson，1992；Kale，Singh，Perlmutter，2000）。此外，网络密度也会增加互惠的交换，由于密集的网络可以抑制投机行为的发生，因此而增进合伙人之间的互惠性（Coleman，1988），提高合伙企业合作与共享资源的动机（Dyer & Singh，1998），因此，得以获得较为不扭曲、丰富且高质量的信息与知识，裨益创新构想的产生（Uzzi，1997；Dyer & Nobeoka，2000）。

此外，由于技术知识是隐性并且嵌入在企业内部的性质，此种特性让它很难被获取、吸收（Teece，1992），而网络的封闭性有助于密集的社会互动，可以刺激不同知识组合的实验（Zander & Kogut，1995；Lane & Lubatkin，1998），因而有利于移转与侦知隐性与镶嵌知识（Uzzi，1997；Dyer & Nobeoka，2000），增加公司吸纳与应用新知识的能力。甚且在密集的网络中，信息的快速流动可以增进合伙人之间的沟通效率，帮助企业从彼此身上学习（Kogut & Zander，1996），并增加获取高价值信息和互补资源的机会（Phelps，2010），因此许多研究都指出网络密度能够帮助企业提升创新绩效（Phelps，2010；Soh，2010）。

我们认为，社会网络的规模、强度会为创业者和企业带来可观的信息和资源，虽然这些信息和资源不能直观的表现在企业绩效上，但相比于缺乏这些信息和资源的企业，它们拥有良好社会网络的企业具有更好的商业机会、资源的可获得性、信息资源的共享等，它们的绩效也明显的较高。为此，本书提出以下假设：

H2b：社会网络策略对新创企业绩效显著正向影响。

三、失败干预的调节作用

为了获取到合适的资源发展，企业会与客户建立良好的关系，了解客户的需求，并与其他企业建立合作联盟，甚至有可能为获取关键资源采取收购其他组织等，重视能够获取重要资源的员工（Pfeffer, et al., 1978）。大多数新创小微企业，其政策红利以及初始资源独特性并不能保证企业能够得到持续发展，如何从资源供应商那里获取资源是创业者必须要解决的问题（Powers, 2003）。组织可以建立一种社会网络从其他组织获取资源，组织可以与这些在社会网络中组织建立一个较为高效的合作关系来得到发展。并且相对于其他没有在社会网络中的组织，应该具有特殊的权益（Loveamn, 1991）。我国学者赵道致、张靓（2006）在这一基础上借鉴力学中的杠杆原理提出组织可以使用社会网络这一杠杆从而获得额外的资源，具体原理同杠杆模型相似：杠杆的动力来源于组织获取资源的能力；阻力则是组织为了撬动资源所愿承担的成本及其风险承受能力；作用点则是取决于组织在社会网络中的地位；杠杆的长度则受组织与其他在社会网络中组织关系的限制。

社会网络理论认为，创业者可以通过社会网络来获取社会资源以得到更高的社会地位与收入回报。社会网络中创业者或新企业与网络中其他成员之间的联系越多，社会网络的网络规模就越大，创业者所拥有的社会资本就越多，其包含的知识和信息资源就越丰富，新创小微企业从社会网络中选择获取所需的信息、资源的机会也就越大。网络结构对新创企业的影响表现在通过提高交互作用的强度和重复性增强网络关系，使创业者之间建立完善的资源和信息分享机制，形成高效的交流模式，为创业活动提供丰富的稀缺资源。

H3a：小额贷款策略正向调节市场进入性、资源获得性与新创企业绩效关系。

H3b：社会网络策略正向调节市场进入性、资源获得性与新创企业绩效关系。

四、理论模型与说明

根据上述讨论的关于创业失败外因——失败干预与新创企业绩效之间的关系假设，可以构建出如图 10-1 所示的概念模型。

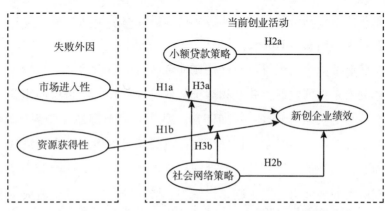

图 10-1 失败外因——失败干预与新创企业绩效的关系模型

第三节 变量与测量

对于失败干预的测量，根据本研究的实际需要，设计了小额贷款策略与社会网络策略的测量量表。小额贷款策略的测量是依据钱德勒与汉克斯在 1998 年探讨的创业者资金可获得性的调查量表进行开发。社会网络策略则是依据鲍姆（Baum, 2000）的研究量表，并结合中国特殊的情景，参考国内学者关于小额贷款测量和社会网络策略的相关研究，根据本研究的实际需要，设计了失败干预的测量量表。采用李克特 7 点计分方法进行评价，从 1 表示"很不同意"，逐步过渡到 7 表示"非常同意"。完整的失败干预调查量表如表 10-1 所示。

表 10 - 1 失败干预测量量表

变量	问卷条款
失败干预	与之前创业相比，我更能开发有效的途径进行融资
	与之前创业相比，我能帮助企业及时获得金融或财务上的支持
	与之前创业相比，我更能从银行、投资基金或担保公司获得金融上的支持
	与之前创业相比，我能更好地协调好与各级政府、行业协会、顾客和供应商及竞争对手等的关系
	与之前创业相比，我可以处理好与家人、亲戚、朋友、同事之间的关系
	与之前创业相比，我相信其他社会网络成员的建议和信息
	与之前创业相比，我与其他社会网络成员的互动频率更高
	与之前创业相比，我与其他社会网络成员的互动程度更高
	与之前创业相比，我能够顺利从政府获得财务扶持

第四节 失败外因、失败干预与新创企业绩效关系研究

在有效检验失败干预的测度量表之后，本节对前文构建的创业失败外因、失败干预与新创企业绩效关系的模型（如图 10 - 1 所示），采用线性回归分析进行验证，采用的分析工具是 SPSS 21.0。

一、主要变量描述性统计

为了验证本书所提出的理论假设，我们将采用层次线性回归分析的方法，对创业失败外因、失败干预与新创企业绩效之间的关系建立三组线性回归模型进行分析，分别为：失败外因与新创企业绩效；失败干预与新创企业绩效；失败外因与失败干预与新创企业绩效，分析失败干预对失败外因：市场进入性、资源获得性与新创企业绩效之间关系的调节效应。本书使用 SPSS21.0 统计软件建立层次线性回归模型，模型估计

方法为最小二乘法。首先,将各研究变量所对应的测量条款得分取算术平均值,得到各变量得分,变量的描述统计如表 10 - 2 所示。

表 10 - 2   研究变量的描述性统计

变量	N	均值	标准差
性别	147	1.32	0.47
年龄	147	2.41	0.99
学历	147	2.48	0.97
市场进入性	147	4.56	1.39
资源获得性	147	4.64	1.42
小额贷款策略	147	5.27	1.29
社会网络策略	147	5.28	1.32
新创企业绩效	147	4.31	1.29

二、主要变量的信度与效度

(一) 信度分析

本书所采用 CITC 分析和克朗巴赫 (Cronbach) α 系数法检验测量条款的信度,净化测量条款。根据 CITC 大于 0.5,克朗巴赫 α 系数大于 0.7 的标准,所有测量条款都符合信度检验要求。

前文已经对从失败中学习和新创企业绩效量表进行了信度分析和效度分析,本书就不再重复分析。下文主要是对失败干预量表的信度和效度分析。失败干预量表的内部一致性信度分析结果如表 10 - 3 所示,失败干预的 9 各条款 fis1 fis1、fis12、fis3、fis4、fis5、fis6、fis7、fis8 和 fis9 的初始 CITC 值均大于 0.5,说明失败干预的 9 个条款紧密度高。9 个条款检测出的相应的 α 系数均大于 0.8,量表的内部一致性表现良好,表明失败干预测量量表通过了信度检测。

表 10 - 3   失败干预量表的 CITC 与信度测量

条款	项已删除的刻度均值	项已删除的刻度方差 γ	CITC	多相关性的平方	项已删除的Cronbach's Alpha 值	Cronbach's Alpha
fis1	36.63	76.414	0.553	0.525	0.833	
fis2	36.52	75.744	0.550	0.434	0.833	
fis3	36.35	75.970	0.592	0.525	0.829	
fis4	37.38	73.457	0.575	0.364	0.830	
fis5	37.18	75.315	0.520	0.461	0.836	0.847
fis6	37.18	73.398	0.565	0.467	0.832	
fis7	36.93	73.412	0.607	0.486	0.827	
fis8	37.10	74.133	0.541	0.435	0.834	
fis9	36.53	74.347	0.581	0.455	0.830	

（二）效度分析

首先，内容效度检验。本文所采用的量表主要借鉴现有的较为成熟的量表编制而成，原始的量表已经经过了实证研究的检验，已为众多相关领域专家学者所认可。除此之外，笔者在原始量表的基础上，通过对专家以及企业家的访谈，结合已有学者的研究结论对原始量表的一些条款进行了修改，并增加了一些符合企业家特征的重要条款。

本书将失败干预分为小额贷款策略和社会网络策略两个干预机制，并对失败干预进行探索性因子分析，提取出小额贷款策略和社会网络策略 2 个公共因子，分析结果如表 10 - 4 所示，2 个公共因子的累计贡献率达到 58.875%；旋转后的因子载荷显示，如表 10 - 4 所示 fis1、fis2、fis3 和 fis9 关系密切，条款反映的是创业者融资、贷款方面的内容的措施，所以可命名为"小额贷款策略"；fis4、fis5、fis6、fis7 和 fis8 关系密切，反映的是创业者寻求政府、亲友、社会团体等帮助的社会网络的扩展措施，所以命名为"社会网络策略"。同时从表可知 KMO = 0.794，巴特里特检验的近似卡方值为 492.272，对应的概率值 P = 0.000 <

0.05，因此变量失败干预的条款效度较好，本书所采用的量表具有较好的内容效度，因此可以放心地对失败干预维度使用因子分析。

表 10 - 4　　　　　　　　失败干预探索性因子分析结果

失败干预（FIS）	条款	因子载荷		首因子方差贡献率（%）	累计方差贡献率（%）
		因子 1	因子 2		
小额贷款策略（MC）	fis1	0.844		45.283	29.676
	fis2	0.770			
	fis3	0.754			
	fis9	0.614			
社会网络策略（SNS）	fis4		0.602	58.875	58.875
	fis5		0.823		
	fis6		0.780		
	fis7		0.699		
	fis8		0.543		

注：公共因子提取办法为主成分方法，KMO 样本分性检验值分别为 0.794，Bartlett 的球形检验卡方值分别为 492.272，sig. 值为 0.000。

失败干预的验证性因子分析模型如图 10 - 2 所示，小额贷款策略（Microfinance strategy，MC），社会网络策略（Social network strategy，SNS）。基于失败干预的"小额贷款策略"和"社会网络策略"均为一个一阶因子，前者包含 4 个测量条款，后者包含 5 个测量条款。失败干预的验证性因子分析检验结果如表 10 - 5 所示，就拟合优度指标而言，其中 Chi2_ms（26）= 97.845，p > chi = 0.000；Chi2_bs（36）= 509.008，p > chi = 0.000；CD = 0.944，TLI = 0.790，CFI = 0.848；RMSEA = 0.137，大部分参数达到理想水平，表明拟合优度效果比较理想。所有条款的标准化因子负载均大于 0.7。模型内每个估计参数都达到显著水平，表明模型的内在质量理想。T 检验，每个参数对应的 P 值均大于显著性水准，所有的条款参数具有显著性。就拟合优度指标而言，LR

检验 chi2（26）= 97. 84，Prob > chi2 = 0. 0000 < 0. 05，该模型全体的拟合度良好。

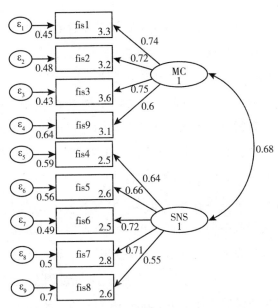

图 10 - 2　失败干预的验证性因子分析模型

表 10 - 5　　　　　　　　失败干预验证性因子分析结果

失败干预（FIS）	Measurement	标准化因子负载	Coef	OIMStd. Err	Z（t）	P > | z |
小额贷款策略（MC）	fis1	0. 74	0. 97	0. 15	40. 19	0. 000
	fis2	0. 72	1. 11	0. 17	39. 33	0. 000
	fis3	0. 75	0. 87	0. 14	43. 64	0. 000
	fis9	0. 80	1. 61	0. 22	37. 92	0. 000
	fis4	0. 64	1. 64	0. 23	29. 78	0. 000
	fis5	0. 66	1. 50	0. 21	31. 93	0. 000
社会网络策略（SNS）	fis6	0. 72	1. 40	0. 22	30. 70	0. 000
	fis7	0. 71	1. 27	0. 20	34. 39	0. 000
	fis8	0. 55	1. 98	0. 26	31. 43	0. 000

注：LR test of model vs. saturated：chi2（26）= 97. 84，Prob > chi2 = 0. 0000 < 0. 05。

三、结构变量的相关性检验

相关分析是通过研究现象与现象之间是否存在着某些依存的联系及彼此间的相关关系和程度的一种统计方法。相关系数是一个介于 -1 和 +1 的量，用 r 表示，若两者的相关系数为 -1，则为绝对负相关关系；若两者的相关系数为 +1，即表示两者间是绝对的正相关关系；当相关系数为零时，两者则没有关系。相关系数的绝对值小于 0.3 时，表明两者为低度相关关系；其绝对值处在 0.3~0.7，则为高度相关关系；如果超过 0.8 的，说明具有非常高的相关性。

带星号则表示两者具有相关关系，若无星号表示两者无相关关系。因此须观察 α 值来判断两变数间是否存在显著相关。本文探讨创业动机与创业绩效之间的关系，以皮尔森相关分析方法来进行相关分析。

为了进一步探讨失败外因——失败干预与新创企业绩效之间的关系，本文先对这些变量进行了 Bivariate 相关分析，求出上述变量间的相关关系与显著性水平，为进一步验证研究假设奠定基础。结构变量的相关分析如表 10-6 所示，从对结构变量的相关性检验结果来看，各关系假设都是统计性显著的。但是，同时也必须注意，基于 Bivariate - Correlation 的假设检验统计性显著，并不能说明当它们同时接受检验时仍会显著。因此，有必要对它们进行进一步的检验。

表 10-6 结构变量的相关分析

变量	1	2	3	4	5	6	7	8
性别	1							
年龄	-0.186*	1						
学历	0.110	-0.233**	1					
市场进入性	-0.074	-0.080	0.063	1				
资源获得性	-0.138	0.018	-0.076	0.539**	1			

变量	1	2	3	4	5	6	7	8
小额贷款策略	-0.180*	0.075	-0.147	0.175*	0.207*	1		
社会网络策略	-0.071	0.001	-0.174*	0.232**	0.241**	0.575**	1	
新创企业绩效	-0.275**	0.134	-0.136	0.320**	0.269**	0.614**	0.536**	1

注：** 表示在 0.01 的水平下统计显著，* 表示在 0.05 的水平下统计显著。

四、回归分析

本文以新创企业绩效为应变量，以市场进入性、资源获得性和失败干预为自变量，从失败中学习为调节变量来进行层次线性回归分析，同时把对新创企业绩效有影响的 3 个控制变量，即性别、年龄和学历引入层次线性回归方程加以控制。具体如表 10 - 7 所示。模型 1 是控制变量对新创企业绩效的回归模型。模型 2 和模型 3 分别是市场进入性和资源获得性对新创企业绩效的回归模型结果。模型 4 和模型 5 分别是小额贷款策略、社会网络策略与新创企业绩效的回归模型。模型 6 是调节变量小额贷款策略对市场进入性、资源获得性与新创企业绩效之间关系的调节效应回归分析模型；模型 7 是调节变量社会网络策略对市场进入性、资源获得性与新创企业绩效之间关系的调节效应回归分析模型。

从表 10 - 7 可知，模型 7 的 R^2 为 0.394，调整后的 R^2 为 0.359。F 值为 11.206，显著性概率为 0.000 < 0.01，表明模型均具有统计显著性。对残差独立性进行游程检验结果得出双侧检验的概值分别为 P = 0.804 > 0.05，即回归模型残差具有独立性。模型主要变量的 VIF 处在 1 和 10 之间，表明变量不存在明显多重共线性。

在模型 2 中，回归结果显示，市场进入性 r = 0.317，p = 0.000 < 0.01，说明市场进入性对新创企业绩效的提高具有显著作用，假设 H1a 得到数据验证，市场进入性对新创企业绩效的提高有正向作用；模型 3 中，回归结果显示，资源获得性 r = 0.083，p = 0.328 > 0.05，说明资源获得性对新创企业绩效的提高没有显著作用，假设 H1b 没得到数据验证，假设不成立；模型 4 中，小额贷款策略 r = 0.537，p = 0.00 < 0.01，说明小额贷款策略对新创企业绩效具有显著作用，假设 H2a 得到数据验证，小额贷款策略对新创企业绩效有显著正向作用；模型 5 中，社会网络策略 r = 0.248，p = 0.000 < 0.01，说明社会网络策略对新创企业绩效的提高具有显著作用，假设 H2b 得到数据验证，社会网络策略对新创企业绩效的提高有正向作用。

在模型 6 中，引入调节变量小额贷款策略，同时检验小额贷款策略对市场进入性、资源获得性与新创企业绩效之间关系的调节效应，回归结果显示小额贷款策略对市场进入性、资源获得性与新创企业绩效之间关系的调节效应不显著（r = − 0.515，0.676，p = 0.264，0.135 > 0.05）假设 H3a 没有得到数据支持，假设不成立；在模型 7 中，引入调节变量社会网络策略，同时检验社会网络策略对市场进入性、资源获得性与新创企业绩效之间关系的调节效应，回归结果显示社会网络策略对市场进入性、资源获得性与新创企业绩效之间关系的调节效应显著（r = − 0.073，0.269，p = 0.009，0.025 < 0.05），假设 H3b 得到数据支持，假设成立，失败干预策略对新创企业绩效有正向调节作用。

表 10 - 7　　失败外因、失败干预与新创企业绩效的层级回归分析结果

变量		因变量：新创企业绩效						
		模型 1	模型 2	模型 3	模型 4	模型 5	模型 6	模型 7
控制变量	性别	− 0.253**	− 0.222**	− 0.216**	− 0.142**	0.496**	− 0.152*	− 0.208**
	年龄	0.065	0.092	0.090	0.075	0.471	0.048	0.109
	学历	− 0.093	− 0.110	− 0.102	− 0.036	19.542	− 0.041	− 0.021
自变量	市场进入性（MA）		0.317**	0.273**	0.213**	0.187**	0.638	0.255
	资源获得性（AR）			0.083	0.019	0.001	− 0.505	− 0.163

续表

变量		因变量：新创企业绩效						
		模型 1	模型 2	模型 3	模型 4	模型 5	模型 6	模型 7
调节变量	小额贷款策略（MC）				0.537**	0.403**	0.445**	
	社会网络策略（SNS）					0.248**		0.353
调节效应	市场进入性 X 小额贷款策略						−0.515	
	资源获得性 X 小额贷款策略						0.676	
	市场进入性 X 社会网络策略							−0.073**
	资源获得性 X 社会网络策略							0.269*
	R^2	0.091	0.190	0.195	0.457	0.496	0.466	0.394
	调整 R^2	0.072	0.167	0.166	0.434	0.471	0.435	0.359
	F 值	4.771	8.326	6.817	19.644	19.542	15.048	11.206

注：列示数据是标准化回归系数：* 表示 $p < 0.05$；** 表示 $p < 0.01$。

第五节　研究结论

一、研究小结与讨论

本章节的研究目的在于考察创业失败干预、失败外因与新创企业绩效之间的关系，研究小额贷款策略和社会网络策略对新创企业绩效的影响，将失败干预作为调节变量探索失败干预对失败外因与新创企业绩效之间调节作用是否显著。

（一） 失败外因与新创企业绩效关系

综合上述回归分析结果，市场进入性对新创企业绩效的提高具有显著的正向作用，资源获得性对新创企业绩效的提高不显著。说明失败外因与新创企业绩效的关系能被市场进入性与新创企业绩效之间的关系所取代。良好的市场进入性是企业在获得市场认可和在市场中立足的关键，良好的市场可进入性对新创企业是成功的一道"门槛"。在市场进入壁垒低、市场处于良性竞争状态、产品差异比较大的情况下，小微企业则具有很大的成功率，也能规避较大的失败风险和失败程度，获得更高的绩效。

（二） 失败干预的调节作用

社会网络策略对于失败外因与新创企业绩效之间有显著调节作用。说明创业者应该积极利用社会网络关系，从中获得资源、资本、信息等要素，在外部环境不利的情况下，尽可能地扩充企业实力，提高企业生产能力和提高新创企业绩效。而失败干预策略的小额贷款策略和社会网络策略对新创企业绩效具有显著的正向影响。说明创业者对小额贷款策略的应用，不仅能获取更多的企业所需要的资金，扩大企业资金规模，增强资金流动性，也能增强企业生产能力和激活企业命脉，保证企业生产的持续性，提高企业绩效。创业者社会网络策略的运用，不论是从个人社会网络还是企业社会网络而言，为小微企业在市场中的资源配置取得优先位置，同时可以共享更多宝贵的市场信息，获得社会资本，这些资源的获得促进新创企业绩效提高。

二、研究不足与未来展望

本章主要研究了创业者的小额贷款策略和社会网络策略对创业绩效的影响，但这种研究存在许多不足和有待完善之处，具体表现在以下几个方面：

（一）研究方法存在的一些缺陷

本章研究采用收敛式访谈法作为资料收集的方法。虽然收敛式访谈法有许多的优点，但是这种方法也存在固有的缺点。例如，被调查对象出于各种原因或者顾忌，往往会隐瞒一些不利于自己的信息（Babbie，1992）。此外，本章研究采用主题内容分析法作为资料分析的方法。而内容分析法在评价判断上也存在着不确定性。内容分析法采用定性与定量相结合的方式，定量建立在定性基础之上，这就使得任何信息在被统计分析处理之前，必定要划分到一定的类目体系中，而任何类目体系都是高度人工选择性的，不可避免的主观判断却成为客观定量分析的前提，这是内容分析自身无法克服的矛盾。当然，目前已有学者提出了一些解决方法，如引入概率论、数理统计方法、模糊数学方法、灰色系统理论方法、贝叶斯定理等来尽量减少内容分析法的不确定性。今后的研究，可以在这些方面加以改进。

（二）研究内容也存在不完善

本章研究从两个维度划分了失败干预策略的类型，具有一定的理论创新性。然而，小额贷款策略和社会网络策略两者都偏向于企业外部资源的获取，缺乏对企业内部具体干预措施的研究和效果检测。而这种情况显然就没有被本研究的分类考虑在内。今后的研究，可以在这些方面加以改进。

（三）数据测量

本章节除了上述几个局限外，也存在着前面几个章节已经提到的样本问题、控制变量问题，以及失败干预测量条款的不足等问题。

尾　篇

第十一章

失败案例分析

第一节　研究目的

本章根据已有创业失败研究理论基础，结合实地调研取证取得的数据和实地访谈的记录，进行案例整理和分析，研究创业者的"创业—创业失败—失败恢复—再创业"这一历程。透过这一历程，探讨导致创业者创业失败的因素与类型，以及创业者的失败经验学习对其后续行为的影响，研究创业者的失败恢复及其运作机制。

第二节　研究方法

本章研究主要采用了收敛式访谈（convergent interview），并对访谈材料进行主题内容分析（thematic content analysis），结合对受访者的访问记录和时代背景下的具体情况，分析创业者创业失败历程，以及再创业恢复历程梳理。

　　根据以往的研究，有很多方法可以用来收集定性的信息和数据。常用的方法包括访谈、焦点团体（focus group）和调查问卷。每种方法都有各自的优点和缺点。本章研究选择访谈法来收集信息。访谈法与焦点团体或者问卷法相比，具有以下优点。第一，访谈的形式灵活、方便，理论上可以随时、随地进行。第二，访谈有利于建立主客双方的融洽关系，使访谈对象坦率直言，因此有利于捕捉和了解新的或更深层次的信息。第三，访谈可以更好地对保密性做出承诺，使得访谈对象愿意透露个人的工作家庭信息，而不用担心其他人知道。第四，对于那些存储在人脑中的非数字化资料的收集，使用访谈法可以取得比较好的效果。

　　访谈法从形式上看又可以分为结构化访谈、非结构化访谈和半结构化访谈三种。所谓结构化访谈是指在访谈前事先设计好具体的结构性问题，访谈过程严格按照程序进行。这种访谈方式虽能收集到想要的信息，但有可能会出现信息不全，问题不对等情况。而非结构化访谈的问题是开放性的，过程也比较随便。访谈对象可以自由回答访谈问题，也可以采用讨论的方式作答。这种访谈方式收集到的信息较广泛，但很难对此加以解释。半结构化访谈先采用开放性问题访谈，然而根据访谈内容，再设计结构化问题。它充分结合了结构化访谈和非结构化访谈的主要优点。正因如此，半结构化访谈已经成为管理研究中的常用手段。

　　收敛式访谈本质上是半结构化访谈的一种。收敛式访谈是一种常被用来在社区或者组织环境中收集关于人们对某个主题的态度和信念方面信息的技术。收敛式访谈往往从最初的开放性问题开始，后面的访谈会在前面访谈的基础上逐渐增加一些探测性问题来获得某些具体信息，当后面的访谈开始产生与以前的访谈一致的信息时，这就意味着已收集到了有关该主题相对充分的信息。尽管可能要做许多次访谈，但整个访谈过程中信息的收集呈现"收敛"的特征。

　　收敛式访谈的核心过程如下。第一阶段，配对访谈。选择两个具有代表性的访谈对象，由两位访谈人员分别对他们实施访谈，主要提出一些开放性问题让其回答，并不断追问其中一些不清楚的地方。整个谈话时间保持在 1 个小时左右。第二阶段，单独分析。两位访谈人员各自对收集到的信息（包括以前的信息和对方的信息）做出分析与说明，完成分析报告。第三阶段，交换意见。对两份分析报告进行比较，特别注意在两份报告中都出现的那些信息，它们往往会出现两种情况：一致或者不一致。分别设计不同的探测性问题。如果信息一致，则其可靠性如何，有什么前提条件；如果信息不一致，则不一致的原因是什么。第四阶段，重复循环。重新回到第一阶段，继续做配对访谈，直到随后的两个访谈不再出现有意义的信息为止。

第三节　访谈提纲

研究者根据研究主题与目的，发展一份半结构式（semi-structured）访谈提纲（interview guide），如表 11 - 1 所示，作为前导个案访谈的参考，并根据前导个案进行初步资料分析，将分析结果作为修正访谈提纲的依据；修正后的访谈提纲，则为正式研究个案之访谈提纲。

表 11 - 1 　　　　　　　　　　　　**访谈提纲**

类别	问项
基本资料	年龄、性别、学历、从事行业、规模等
创业背景与历程	1. 您曾有几次的创业经验？在您的创业经验中，有哪一次或哪几次让您印象深的、比较特别的、学到最多的？
	2. 具体描述你的创业经验（深刻的、特别的）？ 2.1　在什么样的因缘际会下，让您兴起创业的念头？ 2.2　从创业念头到创业实践，这中间的准备阶段历经了多少时间？为什么（评估、考量、决策）？
	3. 第一次的经验对往后的影响（先搁置）。视谈话内容是否提及第一次，再问为什么第一次创业是深刻的，对你往后创业的重要性为何？若未提及，则问为什么第一次经验被忽略的、不重要的？

续表

类别	问项
挫折与困境	4. 您的创业经验，你曾经遇到的挫折？经营上的困境？ 5. 请您具体描述这些挫折与困境？
面对与反应	6. 当您面临这挫折或困境，您的反应是？ 7. 您当时的心境是如何？您如何去面对？求助他人或外力的协助？ 8. 他人（家人或朋友）如何看待您的失败？ 9. 哪些因素让您觉得在这挫折或困境中的助力最大？
学习与成长	10. 你是否在这些挫折与困境中得到教训？ 11. 在经历挫折之后，您是否因此有所改变（生活、工作、朋友……）？ 12. 这些挫折给您的启示或启发？ 13. 这些挫折经验，是否影响您下一次的创业？

第四节　案例预调查

根据本书的研究目的，我们将前导个案的访谈资料进行分析，借由初步分析结果，判断访谈提纲所搜集的资料是否能够充分解释研究主题，是否需要进行修正。以下是对小李的第一次访谈内容。

一、失败与经验学习

"挫折越大，成长越多。""失败是成功之母"。虽然经历的都是挫折，但我们可以充分运用我们的人脉、资源，总之都可以解决。但有一次我觉得我对自己遭遇的一些挫折，到现在都还有阴影，也一直在反省自己的……这次经历让我对人生感到相当大的挫折，直到现在自己开始创业，我都随时引以为鉴：如果有人帮助过我们，我们不能忘记，要懂得感恩。而这也逐渐形成自我信奉的观念：人脉存折，一定是有施才有得，你要尽量去布施，但不能要求回报，时间久了很多事情就会很顺理成章的，几乎所到之处你都会觉得，都很顺利。从我自己创业以来，几乎都是靠这些过去所积累的资源，时时刻刻都会跟泉水一样，自然而然地冒出来。

　　以上是小李的创业历程中经历的两次挫败的采访，而这也仅仅只是受访者所经历的许多大小失败中的部分经验，小李却能用正面的态度面对它，在这些挫折与失败中积累经验，以失败为师、向经验学习，进而获得迈向成功的宝贵知识。从内部创业到独立创业，研究者看到了小李在逆境中的成长历程。然而，在我们的社会里，有太多有着与受访者相似故事与类似经验的创业家，他们屡败屡战而且愈挫愈勇的精神，最终站上成功的顶峰。据此，我们进行更多人次的访谈，以探讨导致创业失败的因素与类型，创业者对于失败经历的认知对其后续影响？创业者如何进行失败学习，并从中吸取经验教训？

二、预调查

　　"失败与信任的打击，对我影响很大，但我还是相信人性本善，或者是人本来就是需要相互扶持的。"

　　问：这两次的挫折，对你往后对于人际间信任的看法的影响？

　　答：影响很大，但是，我还是相信人性本善，或者是人本来就是需要相互扶持的。那对我们来讲，我们知道信任绝对是人的生命，所以我们在职场里面，我们也会用这个方式让生命延续下去……因为这么多年以来，我一直认为自己包括我自己的成长的过程，一路都是在贵人的呵护底下这样一直成长……那种感恩、感触，像这样一个的感觉，你一辈子都会记在心中，在你能力所及、在你视线范围以内，举手之劳你为什么不做。大概都是用这样的概念：在我的成长过程里面，你要有能力去协助别人是很幸福的，那你为什么不选择去协助别人，或是每个人都有能力去帮助人的，你有能力去帮助人，真的是一个很大的福分（来自小李的第一次访谈内容）。

　　小李的失败经历，一再冲击小李对于人性的看法，甚至挑战小李对人性观点的基本假设。在每一次面对"人性与信任"的挫败经验之后，

221

小李改变了既有的想法，也在行为上做出调整，并督促自己要引以为鉴；然而，在不断的修正、改变的过程中，也有着不变的部分：小李始终相信人性本善，或者是人本来就是需要相互扶持的。上述小李对失败经历的解释，包含个体学习与社会群体的互动历程，即个人建构与社会建构交互作用（Cobb，1996），学习者会视实际情况，以采取适当的建构方式。即个体所拥有的经验、价值观、认知结构的差异，都会影响个体对外在世界的理解，而形成主观知识，并通过社会性的互动与对话，以创造客观知识。据此，我们进行更多人次的访谈，探讨创业者对挫折与失败事件的解释过程，并具体描绘创业者失败的认识机制。

三、失败恢复

离开岗位以后，我就几乎没有主动地去找工作，那时候我心里真的受到很大的打击，然后也不知道怎么与朋友进行交流，所以就是把自己与外界抽离开来，但人又总不能不对外接触，这才开始去培训机构担任核心职能的讲师……你知道我为什么去上这个班而且上课很卖力，因为我觉得我们有被需要的感觉，而且他们学生也真的需要这些，你不忍心，你要急着教他，他不会卖、他不会营销、他不会销售，那我们就会觉得有责任了……有些地方找不到第二个人愿意这样帮他们上课的讲师……现在我有时候会觉得这是在自我麻醉，现在课排了，我不管什么课什么班我只要排了，都是这个最大。我现在已经很自然而然的那种随遇而安、顺其自然，然后随缘、随性、不后悔。然后再直接一点就是好像在麻醉自己。可是，真的在麻醉吗？如果真的麻醉，人生真的需要那么清醒吗？有时候会有这样的一些模糊的想法。

问：调整步伐的方式有很多种，为什么你要选择上课或演讲的方式？演讲或上课带给你什么样的意义？

两个部分，一个你要上台演讲、上课之前，你一定要准备、要整理，这对我们来讲这是很必要、很重要的，这是在以前比较忙碌的时候，没有办法做到的，所以这段时间你因为这样的整理，你会觉得其实我们也涉及挺多方面的，甚至可以整理出很多，很多是我们本来可以形成的一些想法跟观念。第二，我从去上课演讲的过程里，对自己更肯定、更自信，这几乎就是自信心的建立过程，还有一个新的方向跟内容，所以这部分，自我肯定跟自信的产生。（来自小李第一次访谈内容）

　　小李在遭遇重大挫败之后，变得很消极甚至关闭自己与外界的联系，但也不可能就此关闭下去，总是得替自己找出口，慢慢地开始恢复与外界的接触，接下创业辅导课程，将自己所具备的专业才能去帮助那些需要创业技能的失业者；同时也在这过程中找到自己存在的价值，也借由这些辅导课程再次肯定自己，逐渐找回自信，也获得了个人的成长。换言之，创业者失败恢复的运作存在于个体与环境的互动，会受到社会关系、社会互动与文化等外在环境因素的影响，也会随着个体的学习发展历程而有所改变。失败学习能力是小李从失败中复原的关键，让受访者在恢复的历程中有获得学习与成长，而学习与成长更强化了受访者所具备的失败恢复的特质与能力，当再次回溯以往的失败经历时，不同的人会对曾经遭遇的重大失败有着不同的体悟。小李的案例能够作为分析创业者在经历失败后的失败学习能力的运作，通过更多人次的访谈，使本文能够更翔实的探讨创业者的失败学习能力的运作机制。

第五节　修正后访谈提纲

　　根据前面失败个案预分析显示，访谈提纲内各题项得以能够搜集足够的资料，作为后续分析使用，只有部分题项过于烦琐，可能降低创业者接受访谈的意愿，增加访谈的难度。对此，我们将部分重复题项合并，同时个别部分题项如个人基本资料，可以通过事前填写取得；修正后的访谈提纲如附录一，题项更为精简扼要，有效降低受访者抗拒，有助于正式研究的资料搜集。

第六节　案例分析

一、研究对象的选择

研究访谈分成两个阶段，第一阶段旨在寻找与研究范畴、性质与面向有关的资料，采取立意抽样，由研究者通过本身人际网络推荐两位适合人选，包含一位外部创业者和一位内部创业者。第二阶段则根据第一阶段访谈结果所发现的范畴，采取关联性或歧异性抽样，通过滚雪球（snowball sampling）（Vogt，2011）方式寻找关联性或歧异性样本，共访谈三位创业者，其中包含两位外部创业和一位内部创业家。由于研究主题属敏感议题，在样本寻找上有诸多限制，因此，主要是通过研究者人际网络与受访者的引荐寻找适合的人选，研究对象资料整理如表 11-2 所示，为顾及个人隐私，研究对象皆以匿名方式呈现。

表 11-2　　　　　　　　　研究对象基本资料

姓名	性别	年龄	教育程度	创业经历	创业年龄	行业
小李	男	36	本科	外部创业	3	教育
小赵	男	40	硕士	内部创业	10	中介
小陈	男	32	本科	外部创业	3	会展
小蔡	男	42	硕士	外部创业	13	外贸

二、访谈过程

在确定受访对象后，研究者以一份正式的访谈邀约同意书，诚挚的邀约其参与研究。访谈邀约同意书说明研究目的、访谈进行方式、受访者的权利及隐私的保护。除了表示对受访者的尊重之外，也借此建立受访者与研究者之间的互信关系。在确认受访意愿之后，会以电话或电子邮件与受访者联络，决定访谈时间与地点，访谈地点以安静、不受干扰为原则，如受访者办公室、会议室或咖啡厅。正式访谈之前，事先征求受访者的同意，将访谈过程录音，以作为日后资料整理分析之用。访谈过程中，我们也同时记录访谈笔记，将受访者重要的词语、关键字及非口语的表达记录下来，作为访谈中深入发问的提示，并在资料分析整理阶段能提供有意义的信息。此外，访谈笔记也记录研究者与受访者的互动情形，以及研究者的感受与心得，以帮助研究者进行研究反思。再者，质化研究相当重视研究者在访谈过程中的高度参与性。研究者集中精神并全心投入，对话过程尽量让对话保持双向、开放、讨论且互动的形式，让受访者能在轻松且自然的情形下与研究者分享他们的经验与故事。访谈进行时间从两小时到四小时不等，访谈结束后，立即将访谈内容撰写成文字稿，并与指导教授讨论，如有不足或遗漏的地方，局部修改访谈提纲，并进行下一次约谈。本文分别针对几位研究对象进行多次访谈，访谈形式包含面对面深度访谈与后续追踪访谈，汇整五位受访者的详细访谈记录，如表 11-3 所示。

表 11-3　　　　　　　　　访谈记录汇整

受访者	访谈形式	次数	创业经历	访谈时间（小时）
小李	面对面深度访谈	2	会议室	6.5
	追踪访谈	1	咖啡厅	1
	电子邮件	2	电子邮件	
小赵	面对面深度访谈	1	咖啡厅	2.5
	电子邮件	3	电子邮件	
	电子邮件	2	电子邮件	

受访者	访谈形式	次数	创业经历	访谈时间（小时）
小陈	面对面深度访谈	1	办公室	3.5
	电子邮件	3	电子邮件	
	创业经验分享	1	教室	1.5
小蔡	面对面深度访谈	1	办公室	2.5
	电子邮件	3	电子邮件	
小蔡秘书	面对面深度访谈	1	会议室	1

第七节　研究文本分析

一、案例分析

根据访谈记录等将小赵创业历程事件汇整表进行案例分析。小赵的五个创业阶段中经历许多事件，每个事件也因重要性与影响层面传达出不同的含义。本文即根据国外学者提出的架构进行分析，提取这些事件背后的意义，以及理论观点（Pentland，1999）。以小赵的成长求学阶段作为分析范例，由于家里经济条件不好，小赵主动体谅并分担父母压力，培养小赵能够设身处地为他人着想的"同理心"特质；也因为从小家境困苦，让小赵更懂得知足、感恩、惜福。此外，在当兵服役时期，曾经受到过素昧平生的老兵适时相助，而免于一场艰苦劳役，陌生人的真诚相助，在小赵内心久久不散，更强化小赵对人的感恩，与凡事谨记"饮水思源"的处世哲学。这阶段所形成的价值观点，影响小赵日后的创业历程，无论是处在顺境或逆境之下，皆能抱持正面思维与价值的做人处世原则，并以此原则作为经验学习的基础。小赵的事业起落与生命历程，在失败经历中的反思与学习，各创业阶段的研究文本分析，详细汇整如表 11-4 所示。

表 11-4　案例分析一

阶段	事件要素					研究与理论观点
	事件	行动者	主要陈述	可评价脉络	其他脉络	
职涯起步	顶尖业务员	小赵	自我要求与强烈企图心，驱动小赵全力向前冲刺的事业要求第一，绩效表现将事业要求第一，短短几个月，便已经是业务排行榜首胜军。小赵迅速赢得公司赏识，也为自己争取更多的发展机会，前途一片大好	小赵对于自己的事业有主见与明确的目标，确立目标后，凭着冲劲与自信勇往直前。靠着正面特质初尝工作的成功，同时也强化这些特质		成功经验强化创业者的自信心，以及对表致成功的因素坚信不疑与更坚定
	分店主管、区域主管（内部创业）	小赵	小赵的绩效表现就突出，大约一年的时间就顺利通过公司评估考核，升任店主管，拥有了自己的事业。然而，一圆小老板的梦想，放眼更高层次的自己的职位，即扩大自己的区域事业版图	升任店主管后仍延续业务上的拼劲，制定下一阶段的目标后全力冲刺，也很顺利的达成自己目标。过程相当顺利，又再次强化小赵的特质与行为	小赵是业绩排行榜常胜军，自信过头就会显露趾高气扬的态度。由于过程是成功的，目标结果是成功的，让小赵不知何谓失败与未雨绸缪。	再次成功的经验（业务力）不断地强化创业的自信心，甚至觉得自己无所不能
事业革创（内部创业）	全公司的激励表扬大会、风光出征	小赵、董事长	秉承着冲刺全力冲刺，很顺利地达成目标，获公司高层奖赏，决定赋予更重要的任务。指派小赵担任北京公司的第一任总经理（CEO），开拓中国市场，宣布并举办全公司性的表扬大会，宣示小赵扛起重大荣光与使命	小赵本身的企图心与雄心壮志，本来就喜欢追求并挑战高难度，而扩大表扬大会，更是让小赵视为的光荣与莫大的使命感	小赵一再被自己的成功经验与公司肯定强化，似乎一直活在光环之下小赵擅自规划自己的愿景，也很容易冲昏头	成功的光环一直让小赵只看到自己的优点，却无法思考或不愿面对自己的不足，规划能力是创业者必备，但执行力才是成功的关键

续表

阶段	事件	事件要素				研究与理论观点
		行动者	主要脉络	可评价脉络	其他脉络	
事业草创（内部创业）	北京××公司第一任总经理（外部创业）	小赵	××公司决定前进北方市场，指派当时绩效杰出的小赵担任第一任总经理，到北京"开疆辟土"，除了资金不缺之外，其他都得开创，这几乎是外部创业模式	小赵接下光荣使命后，脑中立刻浮现自己创业大梦，并开始规划自己的未来，这是典型创业者特质		小赵的失落来自自己的预期和想象与实际的承诺兑现的落差，以及公司的承诺兑现的落差。前者是主因，也是小赵好大喜功所致
	披荆斩棘、重新摸索（挫折一）	小赵	小赵接受英雄式表扬后，只身前往北京展开筑梦之旅。怀抱着伟大梦想展开所有一切从零开始才发现有所失落，心中难免夹杂着希望与失望的情绪，使命感、光荣感与企业特质使成一定要成功，而且是不成功便成仁的决心。在这样的信念与决心引领下，开始进行他的北京事业，一切从无到有	外在光环将小赵捧上云端，小赵就在这光环下筑梦与逐梦。然而梦想与现实存在落差，终须回归现实，从头开始。过程虽然相当艰辛、甘之如饴，因为，满怀着成功的希望与梦想，是小赵面对困境的动力与支撑	草创过程公司调派人手协助，但小赵总觉得这些是对公司人才不足？小赵对方能力不足？还是自视甚高？	无论是事业家庭，当面临问题，小赵坚持一贯的态度与决心：设法排除万难，大步往前冲
	家人在北京适应问题（挫折二）	小赵家人	为了全力冲刺事业与兼顾家庭，小赵将家人接到北京，然而，生活环境、教育质量与衔接、小孩等家人生活适应的问题，让小赵分身乏术。同时忙于北京事业的创立让小赵分身乏术。事业与家庭让小赵犹如蜡烛两头烧、心力交瘁	小赵的事业心非常重，对于事业成功有着迫切渴望，虽然如此，他也非常重视家庭与小孩的教育的问题。工作上的强势作风以及小孩的强势教育也展现为人夫与父亲的柔情	纵使心力交瘁，让小赵无力感油然而生，但北京事业梦仍支撑着小赵对事业的坚持，工作小赵在总部的成功经验主要来自杰出的业务能力、管理及	管理经验不足而且面对全新的市场，使得小赵无时无刻不在解决大问题，而无法全面性地思考，也埋下了日后挫败的原因

续表

阶段	事件要素					研究与理论观点
	事件	行动者	主要陈述	可评价脉络	其他脉络	
事业草创（内部创业）	家人回家、全力冲刺新事业、北京××公司风光开幕	小赵	不忍家人适应不良，让家人回老家，从设立新公司的执照申请、人才招募与训练，商圈评估、建立规章制度等，都是小赵自己摸索，全新的市场，没有经验可借照，且总部经验又无法移植，困难度远超出小赵原先的预期。小赵仍然想尽办法排除万难，让北京××公司风光开幕，开幕当天许多媒体争相报道	小赵也有生活适应的问题，且只身在外没有纾解压力，只能靠红酒与烟力以自己摸压。加上不服输的态度，小赵把"吃苦当吃补"，全力埋头苦干工作，没有时间思考也没有正常的解压方式，压力就不知不觉地累积		英雄式的单打独斗与冲锋陷阵适合开疆辟土？经营与管理则需要谋定而后动，以及团队的战力？
躁进误事	大举扩张计划暂缓（重大挫折）、违背初衷、躁进	小赵	在风光开幕之后，董事长决定暂缓大举展店计划，该决定对已经磨刀霍霍的小赵无异是晴天霹雳，从云端瞬间跌落。一心想要圆中国大梦的小赵无法理解与接受，不去思考董事长决策考量，只是负气责怪，更因为自己事业企图心暂而受阻而意气用事	公司仅告知暂缓展店，并未说明原因，小赵因此愤愤不平。根据研究者的分析：对市场了解程度不够，小赵管理及管理层经验不足，加上小赵冲得太快，因此需要时间缓冲与准备	经验不足的，致使小赵面临更多的困难当然，也可能是大老板看着小赵成就自我的强烈企图，而有所顾忌	自是不凡与顺境不断地强化，强度过高是否会产生负面效应？正面特质是否助力？是阻力？自负是过度自信而产生的，小赵自认是怀才不遇，而怨天尤人

229

续表

阶段	事件	行动者	事件要素			研究与理论观点
			主要脉络	可评价脉络	其他脉络	
躁进误事	意气用事、执意回沪、违反公司政策	小赵	董事长的决定让小赵突然失去工作目标与生活重心，认为已经严重违背自己到北京的初衷，不受支持与重视，愤而决定向公司申请回总部，而且没有商量的余地	违背到北京发扬光大的初衷!? 小赵在意的是自己的成就，而非公司整体利益，这或许是让公司有所警觉与警惕	不受支持？小赵一直处在顺境与光环之下，难以接受挫折从封闭到误解，小赵陷入一股负面的旋涡，甚至严重到有忧郁症而不自知	理论观点：①分析小赵失败后恢复 ②组织文化 ③组织支持与利益冲突的影响 ④社会支持与网络
	幕僚单位（重大挫折）、被冰冻、消极与封闭、否定、怀疑自我	小赵	小赵执意回总部违反董事长旨意，回总部后便被调到其他岗位，仅负责光环下不做事的专家，喜欢接受挑战以及承担艰巨任务的小赵，是无法打击与能力否定、重大打击这些挫折。小赵无法接受这些挫折，态度变得消极与封闭自我，甚至开始否定自我，以及怀疑自己的能力	小赵失去目标后如同行尸走肉，加上又被冰冻，这些处境对于成就导向的小赵，是一种否定与羞辱。而过去惯以为傲的正面特质，顿时成为一股负面特质，强化负面特质的个人力量		
人生与事业低谷	家人支持、心灵导师与挚友	小赵	小赵只身在北京奋斗，却因外在因素无法实现愿望，不受重视，回总部后高层刻意冷落，同事间的人情冷暖等，这些都让小赵变得很悲观，加上自负的特质，始终无法接受挫败的事实，因此意志越来越消沉，家人也不知该如何主动关心，仅能默默在旁支持	意志消沉的因素：①壮志未酬，心有不甘；②对北京投入很深的情感，情绪无法抽离；③职场冷暖、同事避而远之；④不愿承认失败的个性	个体再遭遇重大挫折时通常会陷入失败性致挫败的情境中，然后产生负面情绪。走出低潮的关键因素在于如何脱离负面情境与情绪	

续表

阶段	事件	行动者	主要陈述	可评价脉络	其他脉络	研究与理论观点
		小赵	小赵人生谷底期间，除了家人默默地支持之外，受到五位关键人物的开导与启发，慢慢走出谷底与阴霾，这五位分别为第一任主管、命理老师、老客户、管理顾问与心灵导师，其中只有第五位是公司内部同事，其余都是外部人士	五位关键角色大多是组织外部人士，可能的因素有：组织文化的限制谈论空间，同事面子问题，小赵不在组织内谈论自己的失败人士		此阶段着重在小赵的反思历程分析，面对挫折的反思与学习到接受挫折的历程，以及后续的处理方式
人生与事业低谷	沉潜、进修EMBA	小赵	负面情绪逐渐退去，小赵比较能够冷静地思考与理性面对失败事实。五位关键友人也持续给予协助，是小赵能够低谷期面对现况与谨慎思考未来方向。此外，小赵开始积极与外界接触，借此抽离旧有情境，MBA进修是一种很好的方式，可以认识新朋友、累积人脉、学习专业知识技能	第一任主管主要是倾听，命理老师的命理问哲学意见，老客户的亲身经验谈，顾问分析人生管理，心灵导师则是倾听以及提供组织内部（含董事长）观点	与外界接触是脱离旧情境很好的方式，借由新的情境、人、事，再圆中国事业梦，触发个体注意力	目标是个体前进的动力，小赵骨子里是希望找到回来耀祖，再圆中国事业梦，物极必反！时机值得深入探讨

231

续表

阶段	事件	行动者	主要陈述	可评价脉络	其他脉络	研究与理论观点
振翅高飞	机会到来：再次接任区域主管	小赵	经过八个月的沉淀与沉潜，小赵已脱离负面旋涡，小赵态度还不是非常完全恢复，但态度已经看到小赵的改变，公司已经赋予重任，让小赵担任区域主管，希望小赵能够找回过去的荣耀	虽然这是小赵一个很好的机会，但小赵态度仍然有些消极；另外，小赵想借此向他人证明自己的能力，间接证明北京事件是公司决策失误。但是让小赵业绩落入后三名区域难堪，更间接证明北京事件是小赵能力不足	小赵认为北京事件可以被冤枉，但回到熟悉的业务战场，就要拿在意北京事件第一，小赵一直非常在意北京事件，也未曾放弃梦想	这段期间的成长轨迹，可以看出小赵在失败经验中的学习与成果，而反思这个学习是这个阶段分析的重点
	绩差检讨：倒数第三名	小赵	再次担任区域主管，小赵没有太多兴备的情绪，虽然再次备起，但总是想激发不起动力，直到区域业绩落入全公司后三名，不服输的小赵再也无法忍受			
	发愤图强：绩效冲第一	小赵	绩差带给小赵很大的刺激，不服输的个性显露无遗；同时不服气的黑锅，小赵要证明自己是总部市场最强的。绩效就在短短时间内有显著提升，且越做越有信心；再者，小赵也更懂得思考做事方法，用更少的投入达到以前的绩效水平，即事半功倍。小赵认为这是北京创业历练的具体有收获	历经失败与挫折的淬炼，小赵变得更有自信。能够以更客观的角度思考问题，也学习了很多宝贵的技能（know-how），更重要的是内心感受到一股成长的喜悦	过去自傲的小赵不认为自己能力不足，而今却感怀成长的喜悦。北京事件到底孰是？孰非？	

二、案例分析二

根据对小陈访问等记录将小陈创业历程事件汇整表进行案例分析。小陈创业过程经历许多事件，每个事件也因重要性与影响层面传达出不同的意涵。根据国外学者的架构分析，总结事件背后的意涵和理论观点（Pentland，1999）。以小陈"经营失序"阶段为例，小陈基于个人兴趣与自我实现，以及为了制造欢乐给他人而创业，因此在创业之初，他重视的是活动质量与客户满意度，很快地在主要客户中留下好口碑，奠定了事业基础。由于小陈太过浪漫与感性，未能建立一套完善的规章制度，且坚持不做过度商业化的接案，造成重要干部的反弹、核心干部离去等诸多因素，让公司经营陷入危机，最终负债、倒闭。经过沉潜、反思与学习，小陈又找到梦想来源，全力以赴筑梦，成功走出阴霾并展开事业第二春。小陈因为爱做梦的浪漫特质而导致第一段事业挫败，却也因为相同特质东山再起；不同的是，小陈在第一段挫败经验的反思与学习，让他得以运用在第二段事业的经营与管理。这些事业起落与生命历程，以及失败经验的反思与学习，具体内容如表 11 - 5 所示。

三、案例分析三

根据访问记录、资料档案等将小蔡创业历程事件汇整表进行案例分析。小蔡创业过程经历许多事件，每个事件也因重要性与影响层面传达出不同的意涵。根据国外学者的架构分析，总结事件背后的意涵和理论观点（Pentland，1999）。以小蔡创业动机为例，退伍后投入职场，小蔡无法认同当时雇主的经营理念与缺乏社会责任的价值观，而兴起创业的想法。小蔡说：把自己的未来交付在这些人手上，是很危险的。以自己职业生涯经验反思，发展一套自己的经营思维与逻辑，同时更懂得从员工、顾客角度思考如何当一位称职的经营者。虽然小蔡本身自律甚严，以及

表11-5

案例分析二

阶段	事件	行动者	事件要素			研究与理论观点
			主要陈述	可评价脉络	其他脉络	
积累经验与事业初创	社团及带团经验、广告公司活动经验	小陈	小陈喜欢带团活动，求学时期就开始参与社团活动，利用课余时间担任带团导游，积累与许多人互动的团体经验；到打工，到广告公司打工，学习大型活动经验。小陈的兴趣与经验强化这个领域的专业职能，为日后创业奠定深厚基础	社团、导游、大型活动等，都是与人互动性很高的工作。除了创新、创意之外，必须要有很大的热情才能持续，热情也是小陈创业的重要因素。创业动机有许多因素，因人而异。而许多金钱仍是主因。在没有安善的财务评估条件下就创业	小陈欣然答应参与本文，也不须置名处理。显见他乐于分享的个性。小陈认为多数的创业都是不理性的，就是一股冲动的	热情只是统称，深入分析热情的来源与维系热情的因素
	响应客户需求与个人兴趣下着手创业	小陈	把顾客当朋友，因为这样的理念，带团与承办活动累积好口碑，服务过的客户目行回流率高，同时也鼓励小陈目个人兴趣创业，客户需求与个人兴趣契合，小陈凭着一股冲劲创业			分析动机，创业准备度等对于创业成败的影响
事业草创（内部创业）	三人工作室接会展项目（内部创业）	小陈	创立快乐工程，即制造快乐的公司，把快乐带给人们，满足顾客需求，而营业收入只要能打平、不亏损，公司就能维持。因为不计成本，让小陈迅速在主要客户中建立口碑，更因此承接许多会展项目，公司规模从三人扩增到十几人	为了创造快乐，满足顾客的需求，小陈有源源不绝的创意与创新思维，这与他喜欢接触新事物、丰富想象力等特质有关，这些都是小陈事业成功的关键	小陈也把客户视为朋友对待，而非商业往来的对象	小陈有办活动天分与能力，是一位具有很浓厚性格的营销人才

续表

阶段	事件要素					研究与理论观点
	事件	行动者	主要描述	可评价脉络	其他脉络	
事业草创（内部创业）	感性经营、缺少规章制度、管理	小陈	小陈感性、浪漫的个性在事业经营过程中展露无遗，与客户维持良好的互动；公司营运与人员管理亦然，没有太多规章制度；没有严谨的绩效薪酬制度等。组织规模小，尚可维持；组织逐渐扩大后，问题逐一浮现	不受拘束的个性，让小陈拥有很多的创意与创新思维；然而在组织管理上则需要少一点感性、多一些理性，规章制度就是维系正常运作的机制	红利发放方式，是以接案收入扣除成本后，由员工自己填写应得金额。这是缺乏规章制度所产生的管理问题	感性管理方式与规章制度并存的可行性与适用性？
	不接过度商业化的案子，员工反弹（挫折一）	小陈	前述特质外，小陈还有着高度理想化的性格，他不接过度商业化的案子，与政府机关、学校等是主要客户。任也为了维持商业接案而维护掉商业接案因而员工红利减少，慢慢地开始有员工红利的反弹	小陈自认为对是坚持对创意的理想、创意的艺术。不接商业案子，小陈接案不接商业化的考量，在乎是否符合个人兴趣与偏好。是自我感觉良好？曲高和寡？		探讨个体所重视的人和事物，即从个人价值观分析个体的行为
	对金钱的态度，经营失序危机的开端（挫折二）	小陈	对于金钱有种莫名的抗拒，激发小陈工作动机与热情不是金钱，而是让小陈"感动"，对的事情、对的决策。过度偏向个人喜好而加上收入不符合员工期待等因素，导致员工反弹，管理问题陆续浮现	小陈本身有一套价值判断，坚持好的、对的事情，也有热情，但热情终究会退去，需要章制度化与管理才能维系体系下去	小陈想做别人没有做过的事情，做开创，先锋角色	小陈拥有高度理想性，感性中却隐藏着强烈的开创企图心

续表

阶段	事件	事件要素				研究与理论观点
		行动者	主要陈述	可评价脉络	其他脉络	
事业草创（内部创业）	经营危机：财务恶化	小陈	小陈创业的左右手，三个臭皮匠打天下，也开创一番事业。然而利润回收却无法享受事业开创带来的利润，甚至是坚持所致，与两位得力助手渐行渐远，最终分道扬镳	创业是辛苦的，但辛苦过后却无法享受果实，小陈可以不为了金钱做事，但员工却不一定抱持着相同的工作动机。或许是小陈无法理解"金钱"的意义	理想终须回归现实，员工有家庭，需要更多的收入维持	合伙人或创业伙伴理念的维持与成长，是合作延续的关键
	庞大负债使公司倒闭（挫折三）	小陈	人才离去之后，业务开创能力下降，服务质量下滑等问题陆续浮现，加上小陈仍钟情于小区发展小规模商业利益的接案。公司收入锐减，因而相关费用与支出并未降低，公司出现财务问题持续恶化	老旧事物能够激起小陈的情感，他开始业与发展。这对于文化保存有深远意义，但却没有太多利润可图，因而无法说服员工投入	或许小陈对于文化创意见有远见，但故不过现实考验	多数创业者都有傲人风骨与理想坚持，理想必须与现实胜利，才能开花结果与延续
躁进误事	转换跑道，沉潜调整心态	小陈	无法开源且节流无方的情况下，公司背负着庞大的负债，最终被迫宣告倒闭。一手创立的公司倒闭是小陈内心很大的痛，而庞大的负债又是另一种煎熬，此阶段是小陈人生与事业的谷底	一手创立的公司犹如亲生的小孩，除了失去公司之外，也是对小陈坚持理想的重大打击。让小陈所坚持的理想、小陈愿意思考与检讨	是坚持？还是固执？往往在重大挫折后，才会开始反思	成功，则被视为坚持；反之，则是固执。两者不该这样被简化

续表

阶段	事件	行动者	事件要素			研究与理论观点
			主要陈述	可评价脉络	其他脉络	
躁进误事	遇见女朋友小王，找到热情与热情	小陈	倒闭和负债，让小陈愿意搁置内心的抗拒，思考现实同题的意义。期间小陈到朋友的光电公司担任总经理，由于工作性质与个性格不入，半年后就离职。离职后，试着让自己沉淀反思与整理第一段创业经历，并等待机会	自己理想与坚持，然而，不愿为五斗米折腰的个性，还是相当明显。所以才半年的时间就辞掉总经理职务	根深蒂固的养成，很难在短时间做改变，愿意面对是改变的开端	江山易改，本性难移？改变？还是进行更广泛的思考与诠释
	找到再次创业的热情与动力	小陈 小王	为了让自己走出低潮，小陈出去散心与度假，在大海中与小王相遇。喜欢做梦的小陈脑海中浮现与小王对话的画面，小王似乎也引燃小陈内心的热情	小陈在沉潜过程，彻底反思与整理快乐工程的过程，等待机会的好，其实就是小陈在寻找能触动他热情的事物	小陈对新奇事物的好奇心与自己实现梦想的特质连结	分析创业者的理想与梦想。"与小王的对话"是小陈内在的诠释
人生与事业低谷	善用媒体与营销专长，经营与小王共营事业	小陈	小陈开始有了再次创业的热情，投入第二段事业。有了第一次事业的挫败经验，小陈知道自己的专长与不足之处，对"金钱"有很明确的诠释与定义，大胆尝试且让小心经营新事业	再次找到动力与热情，其实认识自己，清楚就是小陈清楚认识自己，同时也懂得向现实妥适度的退让仅是妥协。两段事业让小心经营"产品"	小陈的创业信念：为自己找到分享的动力	理想与现实是能够取得平衡，是归零之后的彻底醒悟
		小陈	小王与小陈的价值观点相同	不同，经营手法是相同的	秉持一样的坚持，但多了理性的经营思维	从小陈的理性思维，分析其经验学习的历程

对理想与高道德标准的坚持，然而，这些正面特质，使得小蔡的创业过程非常艰辛，但是也都是化险为夷的助力，靠的就是员工、顾客的认同与支持。例如小蔡对品质、创新、品牌与理想性的坚持丝毫不打折，这些坚持让小蔡在创业之初就陷入重大困境，一度面临濒临关厂的窘境；在没有退路的情况之下，靠着毅力与坚持，克服重重难关，让公司起死回生。这些坚持便成为小蔡事业的竞争优势，然而，逆境会强化创业者勇于挑战的特质，这点特质在小蔡身上更是展露无遗。秉着正面、积极的态度，小蔡克服了各种困境，走出低潮，迈向事业的另一高峰。这些精彩的事业起落与生命历程，以及事件背后的深层意涵，具体内容如表11-6所示。

第八节　结　　论

通过以上四个创业者的访问记录，本书将创业者创业成就途径归纳为三种类型。

类型一：我们得出创业者不论是内部创业还是外部创业，一开始都能在新事业上有所成就，并且快速达到事业上的第一次高峰，本书将此类型称为少年得志。快速成长的因素有掌握关键技术、市场需求、服务口碑等，但也因为新事业膨胀过快，根基不稳、组织规章制度等相关建设不到位或者自身能力不能跟上，衍生出一系列的管理问题，最终导致事业危机和挫败。

类型二：创业者通过一步一步积累事业成就，并非一夕成功模式，本书将此类型称为苦干实干。然而，事业经营过程面临许多困难与重大冲击，如合伙人管理理念分歧、管理能力不足等，在疲于奔命的情况下，最终事业危机与挫败。

类型三：创业之初事前评估过于乐观，或者高估自己创业能力，导致创业之后，所有经营管理问题立即浮出水面，大小困境接踵而至而且

表 11-6　　案例分析三

阶段	事件	行动者	事件要素			研究与理论观点
			主要陈述	可评价脉络	其他脉络	
经验积累期（职业生涯）	第一、二段工作经验	小蔡	小蔡进入职场的前两份工作，主要干于学习与累积经验，这些经验对于往后的创业有相当大的助益。但这两份工作的企业文化，让小蔡无法认同公司的经营理念与公司文化，因而思考在如此环境下的职涯前景	当时的时空背景，绍兴多数中小企业老板，把员工视为赚钱机器，从未思考如何善待员工以及协助员工进行职涯规划	当时绍兴经济处于起步阶段，雇主永续经营与管理概念相对欠缺	小蔡思考雇主对待员工的方式，表示小蔡很清楚自己的目标，以及工作应该达到哪些成果
	第三段工作经验	小蔡	小蔡将求学与两份工作的学习，于第三份工作进行印证，而印证成果对小蔡后续的创业助益最大。雇主为了让小蔡卖力付出，常以"画大饼"，这让小蔡非常反感。再者，雇主非常反感，雇主不履行承诺，公司赚钱之后，雇主开始不务正业，尽情享乐，小蔡也深以此为戒	小蔡认为把职位交给这些雇主是非常危险的，因而让小蔡开始思考自行创业。积极学习企业经营管理之习，也时常将雇主的负面行为引以为成	小蔡在意个人职涯发展，显见其想成就大事业的企图心	除了正面事件的学习之外，小蔡早已懂得如何从负面教材学习，避免重蹈覆辙
事业草创	筹资创业	小蔡	因为雇主的缘故而决定创业。小蔡就募集资金合伙创业。创业动机主要就是希望能够快速累积财富，以及能够决定自己的未来与发展	小蔡因为家里穷，所以想要能以更快的方式赚取更多钱，以改善家里的生活	小蔡深受雇主不履行承诺所苦，也引以为戒	创业动机：责任感、快速累积财富

续表

阶段	事件	行动者	事件要素			研究与理论观点
			主要脉络	可评价脉络	其他脉络	
事业草创	低估技术难度，陷入困境（挫折一）	小蔡	创业之初，小蔡就遭遇很大的挫折，却低估了了该产业发展趋势所应具备的技术难度。因此，让小蔡一开始创业就陷入困境	小蔡具有独到眼光，辨认创业机会；却无法判断达成的难度。是低估难度？是过度自信？	或是见猎心喜，一头栽入后才发现困难重重	探讨创业评估，是低估难度？过度自信？莽撞？
	耗尽创业资本，再度筹资才发现自己低估创业难度（挫折二）	小蔡	因为低估技术开发难度，即使耗尽此创业资本额，仍无法突破技术困境，加上当时没有很精确的评估创业所需资金不足，使得小蔡只能再次筹资金，以继续创业之路。由于财务吃紧，所有事情得自己处理，工作量之大，现在回想起来，小蔡内心仍然感到恐惧，不知是怎么挺过来的	财务预估与资金需求，是多创业者一开始面临的问题，也是创业成败的关键。目人力与人才不足，创业者需要负责各种任务，时间有限的情况下，就无法兼顾每个方面	创业执行后才发觉许多问题不再评估之列，因此问题以边做边摸索的方式进行	过人的胆识与冲劲，动创业的重要因素。因此低估创业难度。是胆识？还是意识？
置之死地	技术"瓶颈"，资金不足，寻找订单，管理问题（挫折三）	小蔡	克服技术"瓶颈"、资金调度、寻找买主与开发客户，以及管理小蔡等问题都得事情得处理自己处理分身乏术的分身艺术	技术无法顺利克服，资金消耗殆尽，不到资金，简直是恶性的循环	加上迟迟找不到买主、订单，可谓弹尽粮绝	小蔡仍然坚持创业理想，是坚持？还是承诺兑现？

续表

阶段	事件	行动者	事件要素			研究与理论观点
			主要陈述	可评价脉络	其他脉络	
置之死地	评估关厂，却坚持对债权人的承诺	小蔡	小蔡仍然坚持理想，但已到了弹尽援绝的处境。关厂问题，即使关厂也得信守对债权人的承诺，因此小蔡评估债务。然而，前景不明，后无退路，小蔡唯一能做的就是继续坚持	小蔡评估夫妻俩必须每天兼两份工作与家务，才能还清债务。两个人只要努力突破之死地，更努力突破技术"瓶颈"，到处开发客户	夫妻俩没有多余时间或者说不敢去想象未来的日子，只能往前冲	创业者的失败恢复力，理想坚持与毅力对事业成功的影响如何？
力图振作	技术重大突破，终于获得第一张订单	小蔡	小蔡在没有退路的情况下，只能选择坚持下去，终于在技术方面有了重大突破，产品最终开发完成并通过测试。有了成品比较有利于小蔡寻找客户，开发订单。皇天不负苦心人，来自西班牙客户负责人的第一张订单，小蔡夫妇欣喜若狂，用心做好产品，如期交货，为公司建立良好形象	小蔡夫妇在困境仍不放弃希望，坚持下去的精神，终获得成果，可谓是置之死地而后生	小蔡描述：接到客户的第一张订单时，其实连买材料的资金都没有，想尽办法才筹到资金	小蔡的逆抗能力比一般人还要高，是否创业者都具备这方面在困境下还有坚持下去的意志力？
	陆续接单，事业慢慢回稳	小蔡	小蔡的事业经营步入轨道后，几个阶段的策略重心为：生产、质量、品牌。从这也是小蔡所重视的策略重心。掌握客户需求，以及思考如何成为一家国际企业	小蔡策略发展历程，都是从国外客户端学习而来，竭尽所能地满足顾客需求，获得国外客户的肯定	小蔡非常重视品质，坚持要做到好，才愿意罢休	探讨这一连串小蔡个性因素，是否因小蔡个性所致？逆境之后，是否会强化其抗逆能力，甚至是提升抗逆能力？

续表

阶段	事件	事件要素				研究与理论观点
		行动者	主要陈述	可评价脉络	其他脉络	
振翅高飞	稳定获利、持续创新、扩充产能	小蔡	小蔡对理想的坚持，累积许多客户，且持续有新客户加入，使得小蔡的企业获利相当亮眼。而小蔡并未因此而满足，持续开发新产品，以满足消费者更多的需求	小蔡从不满足现状，不断挑战困难，似乎是一开始的困境提升了小蔡的抗逆能力？小蔡本身就喜欢享受困境	小蔡的企业以自身该产业的领先地位，拥有自有品牌，也在国际市场占有一席之地，也算是绍兴之光	比较一开始即陷入困境的企业与创业开始即获利的企业之间的差异，以及后续经营绩效的差异

环环相扣，在疲于应对的情况下，事业濒临倒闭与关厂的窘境，本书将此类型称为出师不利。

过去许多研究探讨企业成功与失败因素，并发展出预测模型（Cooper, Gascon & Woo, 1991；Lussier, 1995；Lussier & Corman, 1996；Lussier & Pfeifer, 2000）。其中，以卢西尔（Lussier, 1995）的模型较完整，汇整过去研究，归纳十五项影响新创事业成功或失败的变数，详细说明如表11-7所示。本书将依据此模型，总结研究样本的失败因素，并进行跨个案比较与分析。

表11-7　　　　　　　　　　　成功—失败变数

资本	新创事业资本不足，使得事业存在较高的失败率
营运记录与财务管理	记录并持续更新正确的运营资料，与正确的财务管理；若无，事业将存在较高的失败率
产业经验	经营者若没有该产业经验，事业将存在较高的失败率
管理经验	经营者若没有管理经验，事业将存在较高的失败率
事业规划	经营者若没有发展明确的事业规划，事业将存在较高的失败率
专业顾问	经营者若没有引进专业顾问（如创投基金、创投顾问），事业将存在较高的失败率
教育背景	经营者若没有大学以上学历，事业将存在较高的失败率
人才招募与留才	企业若无法吸引并留住人才，事业存在较高的失败率
产品/服务的商机	企业推出产品/服务的时机，若无法掌握市场成长阶段，事业将存在较高的失败率
经济循环	新创事业成立时机，若经济不景气，事业将存在较高的失败率
年龄	年轻创业者比年长创业者，事业存在较高的失败率
合作伙伴	独资事业比合伙事业存在较高失败率
双亲	经营者其双亲若没有自己创业，其事业将存在较高的失败率
少数持股	持股比例低于50%，事业存在较高的失败率
营销能力	经营者若缺乏营销能力，事业存在较高的失败率

受访创业者事业在遭逢重大危机、濒临崩解与倒闭之后，凭借着一　　　243

股失败恢复的特质与能力，在失败中进行学习，从逆境中站起，并再次攀向事业另一个高峰。本节以失败恢复为范畴与内涵分析四位创业者的恢复历程。失败恢复（resilience）被视为是个体的一种能力或特质，也是一种个体与外在环境互动的历程。具备失败恢复能力的个体能够在遭遇挫败后迅速恢复稳定，且能够在失败中学习，强化并提升自我对环境的因应能力（Patterson & Kelleher，2005；Siebert，2009）。失败恢复力涵盖三个主要面向（dimension）：对逆境的诠释（interpretation of adversity）、因应逆境的能量（resilience capacity）与恢复行动方案（action to achieve resilience）（Patterson & Kelleher，2005）。四位受访者均能在创业受挫之后，重新创业，并且取得进步与成效，这不仅归功于创业者自身的失败恢复能力，还要归结为创业者具备的优秀的学习和反思习惯。失败未必是成功之母，但失败学习一定是成功路上必不可少的能力，失败干预机制也是成功路上击倒绊脚石的有力的"棍棒"。

第十二章

研究结论与未来展望

第一节　研究结论

小微企业失败是值得学者们在未来研究中密切关注的一个研究方向，而其中最关键的问题在于识别出小微企业失败的核心变量和研究领域，以及构建出小微企业失败的理论框架，本书的研究正基于这样的尝试。小微企业失败贯穿创业活动的整个过程，失败是孕育成功还是导致再失败？有别于人们日常理解，创业失败与成功之间的关系远比我们想象的复杂得多。初次创业者（novice entrepreneurs）在刚涉足某一领域行业时，由于信息不足、经验不足或者管理不到位等原因，很容易导致发展不如预期或者被迫中止经营的情形（Politis & Gabrielsson，2009）。随着创业失败经历的增加，创业者能通过从失败中学习更好地认知自我、积累更加宝贵的经验、识别更多创业机会以及更好地处理各种关系。同时，与初次创业者相比，创业老手（habitual entrepreneurs）对待失败的态度也将变得更加积极（Politis，2008），因此能快速地从失败中恢复过来（心理和生理恢复等）。这些都将对随后的创业成功产生十分有利的影响。

结合已有研究成果，本书认为小微企业失败是创业过程中不可避免的过程，各种失败原因并不是一种理论观点所能解决的，因此产生多种理论视角是必然的；为了能够为小微企业成长提供切实的发展对策，必须综合多种理论视角和理论学派的研究成果进行综合研究。基于这一思路，首先，我们综合小微企业失败内因和小微企业失败外因的研究成果，认为导致小微企业失败的内部原因和外部原因是存在关联的，并理论和实证分析了小微企业失败的内部原因对外部原因的调节作用影响；其次进一步关注如何避免小微企业失败，提高新创企业绩效，认为失败外因与失败干预对新创企业绩效会产生影响；并理论和实证分析了失败经历、失败归因对失败学习以及失败经历、失败学习对新创企业绩效的影响机制。最后，以小微企业失败的具体案例对本书的研究逻辑与研究结论进行了深入细致的案例说明。在以上研究中，主要得到以下 4 个方面的研究结论。

一、小微企业失败是由于内部原因和外部原因共同作用的结果

在市场竞争中，任何的疏忽和失误都可能导致小微企业失败：市场环境的变更、消费者消费观的改变、政府政策、科技发展等一系列的变化，足以让企业为适应市场作出巨大的调整。适者生存，劣者淘汰。创业者能极快并且高质量的适应市场的，则企业发展能获得成功；不能适应市场或者竞争力不足的，就会失败。经过对创业者的调查，我们发现，大部分创业者的失败在于没认清市场行情和产品的市场销售、利润空间，盲目的生产，以致获利不足而失败。本书以团队互补性、决策科学性、市场进入性和资源获得性作为小微企业失败原因来研究企业家的失败经历。团队是企业的创造力源泉和执行保障，决策是企业成功的依靠，是企业内在成功的关键。市场进入性和资源获得性是企业外部的关键，良好的市场准入，能降低企业压力和提高生存空间，良好的资源获

取，是企业源源不断生产和发展的动力。本书发现，四种失败影响因素
对失败次数和失败程度都具有显著的影响，说明小微企业的失败不是单
独的内部因素的影响或者外部的因素影响，也不是个别因素的作用，而
是小微企业内部和外部因素均对小微企业产生影响，从而导致企业失
败。验证了本书的失败经历是企业内部因素和外部因素共同作用的结果
的说法。

二、失败干预是小微企业避免失败的重要手段

基于文献研究和实际调研所获得的数据，本研究构建了失败外因、
失败干预对新创企业绩效的概念模型，认为创业者可以利用小额贷款和
社会网络等失败干预策略从中获得资源、资本、信息等要素，在外部环
境不利的情况下，尽可能地扩充企业实力，提高企业生产能力和提高新
创企业绩效。创业者对小额贷款策略的应用，不仅能获取更多的企业所
需要的资金，扩大企业资金规模，增强资金流动性，也能增强企业生产
能力和激活企业命脉，保证企业生产的持续性，提高企业绩效。创业者
社会网络策略的运用，不论是从个人社会网络还是企业社会网络而言，
为小微企业在市场中的资源配置取得优先位置，同时可以共享更多宝贵
的市场信息，获得社会资本，这些资源的获得促进新创企业绩效提高。

三、失败归因对创业者的失败学习能力有重要影响

创业研究一直存在"反失败"（anti-failure）偏见（McGrath，1999），
即创业成功总是容易引起研究者的关注和兴趣，而创业失败则常常被有
意无意地忽视。然而，失败毕竟是一种更加普遍的现象，许多企业家都
是经历失败之后才最后取得成功。因此，从某种意义上讲，失败研究更
具有价值（Lee，et al.，2007）。与过去的研究简单地认为"失败总是
有利的"（Aldrich，1999）或者"失败总是不利的"（Whyley，1998）

不同。本书研究发现，失败对后续创业活动的影响是双重的，不是每个创业者都能从失败的经历中获益，只有那些善于从失败中学习的创业者才可能取得成功，而失败学习则受到失败次数、失败程度以及创业者失败归因等诸多因素的影响。创业者的认知因素，特别是归因因素非常适合解释创业问题（Baron，2007）。创业失败是促发个体进行反省的最重要的情景之一（Cope，2010），失败归因研究也因此构成了归因理论必不可少的内容。本文通过考察创业者的失败归因及其对失败学习的影响等关键议题，对归因理论做出重要的贡献。本文研究发现，失败次数或者失败程度与失败学习之间呈现的是一种倒"U"型曲线关系，失败次数的增多或者失败程度的增加会促进创业者从失败中学习，但超过某一阈值以后，却会抑制这种学习；创业者的失败次数越多越倾向于内部归因，失败程度越高则越倾向于外部归因；与失败外部归因相比，内部归因更有助于促进失败学习。交互效应的检验结果表明，失败程度的调节作用不显著；失败次数能够调节内部归因与失败学习之间的关系，而且这种调节关系是一种非线性关系（倒"U"型曲线关系）。具体而言，在失败次数处于较少数量时，内部归因有助于促进失败学习；但是随着失败次数增多，这种关系将会发生反转，即内部归因反而会阻碍学习行为的发生。

在失败面前，创业者应该客观地看待自身的不足，而不是经常把失败原因归咎为外部环境或者运气。因为，在一定条件下，内部归因比外部归因更能够促进失败学习。善于从失败中学习才是成功之母。创业者通过失败学习可以更快地从失败的负面情绪中恢复，更好地掌握创业的经验和知识，更加顺利地走向创业成功，实现东山再起。

四、失败是学习的重要情景，从失败中学习是走向成功的关键

学习的情景有两种，一种是前人的总结；另一种是自身的实践。作为创业实践的结果，创业失败是学习的一种重要情景，不仅为创业者本

身同时也为旁观者提供了一个很好的学习机会。在某种程度上，创业失败比创业成功更有信息价值（Minniti & Bygrave，2001）。高效的创业者都是杰出的学习者，他们从一切事物中学习，更重要的是，他们善于从失败中学习（Smilor，1997）。然而，并不是所有的失败经历都能等效地促进失败学习。创业者的创业失败经历与失败学习之间呈现一种非线性的倒"U"型关系。随着创业失败次数和失败程度地增加，创业者的失败学习水平也会随之提高；但是当失败次数和失败程度超过某一个阈值点以后，经历过多地失败反而会导致失败学习水平降低。主要原因在于，如果失败微不足道（失败次数少，失败程度低），创业者就不会引起重视，也就不会从失败中学习；反之如果是"令人痛苦"的失败（失败次数多，失败程度高），失败会产生很高的负面情绪，会阻碍创业者的认知过程，进而降低他们的学习水平（Anca，2007）。由此可见，"小失败"和"大失败"都不利于学习，只有"适度失败"，也即失败次数适中或者失败程度适中的情景，最有利于学习，是最佳的学习情景。创业者在经历适度失败以后，可以积累一定的创建、管理和关闭企业的知识，可以认识清楚失败的原因，也可以提高机会识别能力和创业警觉性。并且当创业者的失败次数和失败程度超过某一个阈值点以后，经历过多地失败反而会导致后续创业成功的概率降低。当失败次数和程度超出创业者无法承受的状态，如无法弥补的经济损失、自尊心受损和心理创伤等，就会对创业者产生破坏性影响（心灰意冷、失去生存的勇气、精神失常等），使其失去继续创业的信心和勇气以及面对困难和挑战产生消极畏难情绪，或者因个人学习能力下降而识别不清创业失败的主要原因，导致后续创业重蹈覆辙。

　　失败学习对新创企业绩效呈显著正的影响，说明从失败中学习能提高后续创业取得成功的概率（Cave, et al.，2001），因为失败学习水平越高，创业者能从负面情绪中更快地得到恢复，产生最大化学习效果（Bower，1992）。上述研究还发现，失败学习在创业失败与新创企业绩效之间扮演中介作用。失败会产生丰富的信息和知识，这些信息和知识只有通过学习才能转化为对新创企业有用的资源。然而，失败既可以促进学习，也可以抑制学习。适度的失败有利于增强创业者信心，促进渐进式学习，并最终提高创业成功率（Baumard & Starbuck，2005）。相反，过度的失败则会导致很高的负面情绪，抑制人的学习，不利于后续创业活动的开展。由此可见，失败学习才是走向创业成功的关键所在，创业者要善于从失败中学习。一是把失败看作学习的知识源头，努力克服从失败中学习的各种障碍；二是根据需要合理运用各种失败学习模式（变革式学习和渐进式学习、单环学习和双环学习等），努力提高失败学习水平；三是从失败中学习创业必备各种的知识、经验和技能，努力拓展失败学习内容。

第二节　研究局限与展望

综合多个视角对小微企业失败研究具有重要的学术意义和应用前景，但同时也是极富挑战的研究工作。通过长期的理论研究和实地调查，我们自信已经初步揭示了小微企业失败的内在机制、小微企业失败的影响以及失败经历对于失败学习和新创企业绩效的影响等问题，得出了可信的研究结论。但我们也深信，这些研究还只是初步的，在研究的过程中存在一些不足，这些不足也构成未来的研究方向，主要包括以下四个方面。

第一，问卷调查的不可控性和局限性。由于本文的研究对象是具有创业失败经历的创业者，本文依靠失败次数和失败程度作为衡量失败经历的指标，而失败程度条款虽然参考了前人研究，并依据既定研究的需求而设定，但细微之处存在欠思考的地方，条款主要测量创业者经济损失、心理打击和身体受创程度，缺乏对社会成本、专家成本、情绪成本等方面的考量。同时，还应针对被调查者不愿吐露真实的失败经历这一现象，尽力克服数据收集准确度低的障碍。此外，通过朋友、同学关系和创业网络发放的纸质和电子版问卷也可能存在一定的不可靠性，发放问卷的地域范围也过于分散和代表性不强，因此造成问卷数据的局限和代表性相对较弱。由于样本数量较少，我们仅仅对部分变量之间的关系进行了统计拟合，未来的研究可以基于更大规模的调查样本，利用结构方程方法对本书的总体分析框架进行统计拟合。

第二，考虑到创业者普遍存在不愿承认失败或者不愿意谈及自己的失败经历的倾向，许多被调查者在填写失败次数和失败程度上，掩盖自己失败经历和真实情况，同时许多被调查者由于时间跨度或者自身认知的局限性等原因在创业失败原因上模糊不清或者认识性不强。但是由于创业失败情景存在时间跨度问题，部分创业者难以回想起当时导致自身失败的真实原因及其对个人创业自我效能感的影响，难以客观陈述、评估相关问题。

第三，创业者经历失败以后会有多种认知反应，本书仅仅考察了失败归因，其他反应诸如动机、情绪反应、自我效能感、反事实思考等，都会对再创业意愿和失败学习产生影响，本文虽然有所提及，但没有做进一步研究。本研究只是将普遍的性别、年龄、学历等人口特征变量加入模型的控制变量进行实证研究。本文简单地把创业失败归因分为内部归因或外部归因，没有区分内、外部归因要素的稳定性，归因要素是否稳定对创业失败学习同样重要，未来研究可在此方面进一步探索。

第四，本书侧重创业者个体的学习，缺乏对组织学习视角的研究。后续创业从失败到成功的转化上，除了创业者自身做出极大努力外，企业组织也是一个很重要的决定性因素。其次，在失败次数和失败程度研究中，没有具体区分重大程度失败和轻微程度失败对创业者的具体影响；失败次数数量的合理范围值，阈值点等。不同创业个体，对待创业失败有不同的应激性反应，在失败上所涉及的问题不在研究的答题范围内等情况不同等。

小微企业作为经济社会的重要组成部分，在我国国民经济中扮演的角色越来越重要，已经成为实体经济的重要基础，在促进社会就业、减少贫困、保证经济发展和社会和谐等"保民生"方面发挥的作用越来越突出。但是小微企业波浪式的创业，一批涌现，一批倒下，小微企业高失败的现象仍然令人担忧。因此，有必要认真审视小微企业失败现象，探索如何避免小微企业失败，以及引导创业者积极面对失败，从失败中吸取经验教训，在后续创业活动中表现得更好。本文认为，小微企业失败的研究的未来研究方向可从以下方面进一步地完善：一是在对创业者如何从失败中修复的研究需要做进一步深入的探索，不仅需要基于一些研究理论做定性分析研究，还需要学者在现有研究成果的基础上进行实证方面的验证，例如扩大样本规模以及不同行业之间创业者失败修复对比问题等；并结合目前我国小微企业高失败率的具体原因和情况，提出一些较为全面的且具有实践性和可行性的方法措施去干预小微企业失败情况的发生。二是在研究如何提升创业者失败学习能力、内容以及再创业意愿时，对现有小微企业失败研究成果进行系统性整理，发现小微企业失败研究领域的空白之处。例如，创业者失败学习哪些方面内容和知识对指导创业者进行后续创业活动更加重要，需要学者进一步探索其他因素，如创业者的创业动机、情绪管理、自我效能感等对创业者失败学习效果和再创业动机的影响。三是在未来的研究中，我们需要意识到小微企业失败不仅会对创业者产生巨大影响，而且会对社会、组织、团队等造成重要的影响，需要系统全面地对小微企业失败展开相关的研究，从各方面、各角度来研究如何避免小微企业失败、引导创业者从失败中学习，提高创业者再创业意愿。例如，可以通过构建对失败宽容的社会文化以及完善社会支持系统等。

参 考 文 献

[1] Aiken L S, West S G. Multiple Regression: Testing And Interpreting Interactions [M]. Newbury Park, CA: Sage, 1991.

[2] Aldrich H, Zimmer C. Entrepreneurship Through Social Networks, Sexton D, Smilor R, Eds, The Art And Science of Entrepreneurship [M]. Cambridge, MA: Ballinger, 1986.

[3] Alsos G A, Kolvereid L. The Business Gestation Process of Novice, Serial And Portfolio Business Founders [J]. Entrepreneurship Theory And Practice, 1998, 22 (4): 101 - 114.

[4] Alvarez S A, Busenitz L W. The Entrepreneurship of Resource - Based Theory [J]. Journal of Management, 2001, 27: 755 - 775.

[5] Amason A C, Thompson K R. Hochwarter W A, Harrison A W. Conflict: An Important Dimension In Successful Management Teams [J]. Organizational Dynamics, 1995, 24 (2): 20 - 35.

[6] Amit R. Strategic Assets And Organizational Rent [J]. Stategic Management Journal, 1993, 14 (1): 33 - 46.

[7] Amit R, Glosten L, Muller E. Challenges To Theory Development In Entrepreneurship Research [J]. Journal of Management Studies, 2010, 30 (5): 815 - 834.

[8] Anderson J C, Hakansson H, Johanson J. Dyadic Business Relationships Within A Business Network Context [J]. The Journal of Marketing, 1994, 58 (4): L - 15.

[9] Angelo A C, Daniel J C, Woo G K. Success And Failure In Northern California: Critical Success Factors For Independent Restaurants [J]. Cornell Hospitality Quarterly, 2008, 46 (4): 364 - 380.

[10] Arend R J. A Dyad - Based Analysis of New Venture Success: Comparing Recent Internet To Non-Internet Related Ipos [J]. Journal of Private Equity, 2003, 7 (1): 9 - 71.

[11] Argyris C. Double - Loop Learning In Organizations [J]. Harvard Business Review, 1977, 55 (5): 115 - 125.

[12] Argyris C. Strategy, Change And Defensive Routines [J]. Administrative Science Quarterly, 1985, 32 (32): 368.

[13] Argyris C, Schön D A. Organizational Learning: A Theory of Action Perspective [J]. Reis, 1997, 10 (77/78): 345 - 348.

[14] Aspelund A, Berg - Utby T, Skjevdal R. Initial Resources' Influence On New Venture Survival: A Longitudinal Study of New Technology - Based Firms [J]. Technovation, 2005, 25 (11): 1337 - 1347.

[15] Baker T, Nelson R E. Creating Something From Nothing: Resource Construction Through Entrepreneurial Bricolage [J]. Administrative Science Quarterly, 2005, 50 (3): 329 - 366.

[16] Bandura A. Self - Efficacy: Toward A Unifying Theory of Behavioral Change. [J]. Advances In Behaviour Research & Therapy, 1977, 1 (4): 139 - 161.

[17] Bandura A. Social Cognitive Theory: An Agentic Perspective [J]. Asian Journal of Social Psychology, 1999, 2 (1): 1.

[18] Bandura A. Social Foundations of Thought And Action: A Social Cognitive Theory. Prentice - Hall Series In Social Learning Theory [M]. Social Foundations of Thought And Action: Prentice - Hall, 1985.

[19] Baron R M, Kenny D A. The Moderator Mediator Variable Distinction In Social Psychological Research: Conceptual, Strategic, And Statistical

Considerations [J]. Journal of Personality And Social Psychology, 1986, 51 (6): 1173 – 1182.

[20] Baron R A. Behavioral And Cognitive Factors In Entrepreneurship: Entrepreneurs As The Active Element In New Venture Creation [J]. Strategic Entrepreneurship Journal, 2007, 1: 167 – 182.

[21] Baron R A. Cognitive Mechanisms In Entrepreneurship: Why And When Entrepreneurs Think Differently Than Other Persons [J]. Journal of Business Venturing, 1998, 13: 275 – 294.

[22] Bates T. Analysis of Young, Small Firms That Have Closed: Delineating Successful From Unsuccessful Closure [J]. Journal of Business Venturing, 2005, 20 (3): 343 – 358.

[23] Bates T. Self – Employment Entry Across Industry Groups [J]. Journal of Business Venturing, 1995, 10 (2): 143 – 156.

[24] Baumard P, Starbuck W H. Learning From Failures: Why It May Not Happen [J]. Long Range Planning, 2005, 38 (3): 281 – 298.

[25] Baumol W. Macroeconomics of Unbalanced Growth: Comment [J]. American Economic Review, 1972, (58): 896 – 897.

[26] Beaver G, Jennings P L. The Abuse of Entrepreneurial Power—An Explanation of Management Failure? [J]. Strategic Change, 2015, 5 (3): 151 – 164.

[27] Beaver W H. Financial Ratios As Predictors of Failure, Empirical Reseach In Accounting: Selected Studies [J]. Journal of Accounting Research, 1966: 179 – 199.

[28] Berger A N, Udell G F. Relationship Lending And Lines of Credit In Small Firm Finance [J]. Journal of Business, 1995, 68 (3): 351 – 381.

[29] Berger A N, Udell G F. The Economics of Small Business Finance: The Roles of Private Equity And Debt Markets In The Financial Growth

Cycle [J]. Journal of Banking & Finance, 1998, 22 (6 - 8): 613 - 673.

[30] Berger A N, Udell G F. Small Business Credit Availability And Relationship Lending: The Importance of Bank Organizational Structure [J]. Economic Journal, 2002, 112 (477): 32 - 53.

[31] Bian Y. From Family To Market: Labor Allocation In Contemporary China, By Fei - Ling Wang [J]. China Journal, 2000, 43: 199.

[32] Biggadike R. The Risky Business of Diversification [M]. Readings In Strategic Management: Macmillan Education UK, 1989.

[33] Bowen H P, Clercq D D. Institutional Context And The Allocation of Entrepreneurial Effort [J]. Journal of International Business Studies, 2008, 39 (4): 747 - 767.

[34] Brenner R. National Policy And Entrepreneurship: The Statesman's Dilemma [J]. Journal of Business Venturing, 1987, 2 (2): 95 - 101.

[35] Brockner J, Guare J. Improving The Performance of Low Self - Esteem Individuals: An Attributional Approach [J]. Academy of Management Journal, 1983, 26 (4): 642 - 656.

[36] Brown J S, Duguid P. Organizational Learning And Communities - Of - Practice: Toward A Unified View of Working, Learning, And Innovation [J]. Organization Science, 1991, 2 (1): 40 - 57.

[37] Bruno A V, Mcquarrie E F, Torgrimson C G. The Evolution of New Technology Ventures Over 20 Years: Patterns of Failure, Merger, And Survival [J]. Journal of Business Venturing, 1992, 7 (4): 291 - 302.

[38] Brunstein J C, Gollwitzer P M. Effects of Failure On Subsequent Performance: The Importance of Self - Defining Goals. [J]. Journal of Personality & Social Psychology, 1996, 70 (2): 395.

[39] Brush C G, Greene P, Hart M M. From Initial Idea To Unique Advantage: The Entrepreneurial Challenge of Constructing A Resource Base [J]. 2001, 15 (1): 64 - 80.

［40］Busenitz L W, Iii G P W, Shepherd D, Nelson T. Entrepreneurship Research In Emergence: Past Trends And Future Directions ［J］. Journal of Management, 2003, 29 (3): 285 - 308.

［41］Butler R., Sohod S. Joint - Venture Autonomy: Resource Dependence And Transaction Costs Perspectives ［J］, Scandinavian Journal of Management, 2011, 11 (2): 159 - 175.

［42］Cannon M D, Edmondson A C. Confronting Failure: Antecedents And Consequences of Shared Beliefs About Failure In Organizational Work Groups ［J］. Journal of Organizational Behavior, 2001, 22 (2): 161 - 177.

［43］Cardinal L B, Sitkin S B, Long C P. Balancing And Rebalancing In The Creation And Evolution of Organizational Control ［J］. Organization Science, 2004, 15 (4): 411 - 431.

［44］Cardon M S, Stevens C E, Potter D R. Misfortunes Or Mistakes?: Cultural Sensemaking of Entrepreneurial Failure ［J］. Journal of Business Venturing, 2011, 26 (1): 79 - 92.

［45］Carmeli A, Schaubroeck J. The Influence of Leaders' And Other Referents' Normative Expectations On Individual Involvement In Creative Work ☆［J］. Leadership Quarterly, 2007, 18 (1): 35 - 48.

［46］Carter N M, Gartner W B, Reynolds P D. Exploring Start - Up Event Sequences ［J］. Journal of Business Venturing, 1996, 11 (3): 151 - 166.

［47］Carter S, Wilton W. Don't Blame The Entrepreneur, Blame The Government, The Centrality of The Government In Enterprise Development, Lessons From Enterprise Failure In Zimbabwe ［J］. Journal of Enterprising Culture, 2006, 14 (1): 65 - 84.

［48］Chandler G N, Honig B, Wiklund J. Antecedents, Moderators, And Performance Consequences of Membership Change In New Venture Teams

[J]. Journal of Business Venturing, 2005, 20 (5): 705 – 725.

[49] Chatterji A K. Spawned With A Silver Spoon? Entrepreneurial Performance And Innovation In The Medical Device Industry [J]. Strategic Management Journal, 2009, 30 (2): 185 – 206.

[50] Chell E, Haworth J M, Brearley S A. The Entrepreneurial Personality: Concepts, Cases And Categories [M]. London: Routledge, 1991.

[51] Chrisman J J, Bauerschmidt A, Hofer C W. The Determinants of New Venture Performance: An Extended Model [J]. Entrepreneurship Theory & Practice, 1998: 23.

[52] Christian B, Julien P A. Defining The Field of Research In Entrepreneurship [J]. Journal of Business Review, 2000, 16: 165 – 180.

[53] Ciavarella M A, Buchholtz A K, Riordan C M, et al. The Big Five And Venture Survival: Is There A Linkage? [J]. Journal of Business Venturing, 2004, 19 (4): 465 – 483.

[54] Cochran A B. Small Business Mortality Rates: A Review of The Literature [J]. Journal of Small Business Management, 1981, 19 (4): 50 – 59.

[55] Coelho P R P, Mcclure J E. Learning From Failure [J]. Working Papers, 2005, 25 (10): 759.

[56] Cohen W M, Levinthal D A. Innovation And Learning: The Two Faces of R&D [J]. The Economic Journal, 1989 (99): 569 – 596.

[57] Cole A H. Meso – Economics: A Contribution Form Entrepreneurial History [J]. Explorations In Entrepreneurial History, 1968, 6 (1): 3 – 33.

[58] Coleman J S. Social Capital In The Creation of Human Capital [J]. American Journal of Sociology, 2015, 94: 95 – 120.

[59] Collins O F, Unwalla D B, Moore D G. The Enterprising Man [J]. East Lasing, Michigan State University Business Studies, 1964.

［60］ Cooper A C, Dunkelberg W C. Entrepreneurial Research: Old Questions, New Answers And Methodological Issues ［J］. American Journal of Small Business, 1987 (3): 11 –23.

［61］ Cope J, Watts G. Learning By Doing – An Exploration of Experience, Critical Incidents And Reflection In Entrepreneurial Learning ［J］. International Journal of Entrepreneurial Behaviour & Research, 1999, 6 (3): 104 – 124.

［62］ Cope J. Entrepreneurial Learning And Critical Reflection Discontinuous Events As Triggers For 'Higher – Level' Learning ［J］. Management Learning, 2003, 34 (34): 429 –450.

［63］ Cope J. Entrepreneurial Learning From Failure: An Interpretative Phenomenological Analysis ［J］. Journal of Business Venturing, 2011, 26 (6): 604 –623.

［64］ Cope J. Toward A Dynamic Learning Perspective of Entrepreneurship ［J］. Entrepreneurship Theory & Practice, 2005, 29 (4): 373 –397.

［65］ Cope J, Cave F, Eccles S. Attitudes of Venture Capital Investors Towards Entrepreneurs With Previous Business Failure ［J］. Venture Capital, 2004, 6 (2 –3): 147 –172.

［66］ Covin J G, Green K M, Slevin D P. Strategic Process Effects On The Entrepreneurial Orientation – Sales Growth Rate Relationship ［J］. Entrepreneurship Theory & Practice, 2006, 30 (1): 57 –81.

［67］ Cressy R. Are Business Startups Debt – Rationed? ［J］. Economic Journal, 1996, 106 (438): 1253 – 1270.

［68］ Cyert R M, March J G. A Behavioral Theory of The Firm ［M］. UK: Prentice – Hall, 1963: 93 – 107.

［69］ Davern M. Social Networks And Economic Sociology ［J］. American Journal of Economics & Sociology, 1997, 56 (3): 287 –302.

［70］ Davidsson P, Honig B. The Role of Social And Human Capital

Among Nascent Entrepreneurs [J]. Journal of Business Venturing, 2003, 18 (3): 301 - 331.

[71] Delmar F, Davidsson P. Where Do They Come From? Prevalence And Characteristics of Nascent Entrepreneurs [J]. Entrepreneurship And Regional Development, 2000, 12 (1): 1 - 23.

[72] Detienne D R. Entrepreneurial Exit As A Critical Component of The Entrepreneurial Process: Theoretical Development [J]. Journal of Business Venturing, 2010, 25 (2): 203 - 215.

[73] Dieriekx I, Karel C. Asset Stock Accumulation And Sustainability of Competitive Advantage [J]. Management Science, 1989, 35 (12): 1504 - 1514.

[74] Dollinger M J. Environmental Contacts And Financial Performance of The Small Firm [J]. Journal of Small Business Management, 1985, 23 (1): 24 - 31.

[75] Dollinger M J. Environmental Contacts And Financial Performance of The Small Firm [J]. Journal of Small Business Management, 1985, 23 (1): 24 - 31.

[76] Domenico M L D, Haugh H, Tracey P. Social Bricolage: Theorizing Social Value Creation In Social Enterprises [J]. Entrepreneurship Theory & Practice, 2010, 34 (4): 681 - 703.

[77] Eckhardt J T, Shane S A. Opportunities And Entrepreneurship [J]. Journal of Management, 2003, 29 (3): 333 - 349.

[78] Ensley M D, Pearson A W, Amason A C. Understanding The Dynamics of New Venture Top Management Teams: Cohesion, Conflict, And New Venture Performance [J]. Journal of Business Venturing, 2002, 17 (4): 365 - 386.

[79] Fiol C M, Lyles M A. Organizational Learning [J]. Academy of Management Review, 1985, 10 (4): 803 - 813.

［80］ Finkelstein S. Why Smart Executives Fail And What You Can Learn From Their Mistakes ［J］. Executive Excellence, 2004, 24（3）: 629 – 638.

［81］ Franco M, Haase H. Failure Factors In Small And Medium – Sized Enterprises: Qualitative Study From An Attributional Perspective ［J］. International Entrepreneurship & Management Journal, 2010, 6（4）: 503 – 521.

［82］ Fredrickson B L. The Role of Positive Emotions In Positive Psychology: The Broaden – And – Build Theory of Positive Emotions ［J］. Philosophical Transactions Biological Sciences, 2001, 56（3）: 218 – 26.

［83］ Fredrickson B L. What Good Are Positive Emotions? ［C］ Review of General Psychology. 1998: 300 – 319.

［84］ Garmeli A, Gittell J H. High Quality Relationships, Psychological Safety And Learning From Failures In Work Organizations ［J］. Journal of Organizational Behavior, 2009, 30（6）: 709 – 729.

［85］ Garmeli A, Sheaffer Z. How Learning Leadership And Organizational Learning From Failures Enhance Perceived Organizational Capacity To Adapt To The Task Environment ［J］. The Journal of Applied Behavioral Science. 2008, 44（4）: 468 – 489.

［86］ Gartner W B. A Conceptual Framework For Describing The Phenomenon of New Venture Creation. ［J］. Academy of Management Review, 1985, 10（4）: 696 – 706.

［87］ Gartner W B, Bird B J, Starr J A. Acting 'As If': Differentiating Entrepreneurial From Organizational Behavior ［J］. Entrepreneurship Theory & Practice, 1992, 16（3）: 13 – 31.

［88］ Gartner W, Shane S. Measuring Entrepreneurship Over Time ［J］. Journal of Business Venture, 1995, 10: 283 – 301.

［89］ Gartner W B. "Who Is An Entrepreneur?" Is The Wrong Question

[J]. American Journal of Small Business, 1988, 13 (2): 461 –467.

[90] Garvin D A. Building A Learning Organization [J]. Harvard Business Review, 1989, 78: 78 –97.

[91] George E, Chattopadhyay P, Sitkin S B, Barden J. Cognitive Underpinnings of Institutional Persistence And Change: A Framing Perspective [J]. Academy of Management Review, 2006, 31 (2): 347 –365.

[92] Gimeno J, Folta T B, Cooper A C, Woo C Y. Survival of The Fittest? Entrepreneurial Human Capital And The Persistence of Underperforming Firms [J]. Administrative Science Quarterly, 1997, 42 (4): 750 –783.

[93] Goleman D. Emotional Intelligence [M]. New York: Bantam Books, 1995.

[94] Goleman D. What Makes A Leader? [J]. Harvard Business Review, 1998, 11: 92 –102.

[95] Granovetter M, Swedberg R. The Sociology of Economical Life [M]. Boulder. Colorado: Westview Press, 1992.

[96] Grant R M. The Resource – Based Theory of Competitive Advantage: Implications For Strategy Formulation [J]. California Management Review, 1999, 33 (3): 3 –23.

[97] Greenberger D B, Sexton D L. An Interactive Model of New Venture Initiation [J]. Journal of Small Business Management, 1988, 26 (July).

[98] Gressgård L J, Hansen K. Knowledge Exchange And Learning From Failures In Distributed Environments: The Role of Contractor Relationship Management And Work Characteristics [J]. Reliability Engineering & System Safety, 2015, 133 (133): 167 –175.

[99] Hansen B E. Threshold Effects In Non – Dynamic Panels: Estimation, Testing, And Inference [J]. Journal of Econometrics, 1999, 93 (2): 345 –368.

[100] Hayward M L A, Shepherd D A, Griffin D. A Hubris Theory of Entrepreneurship [J]. Management Science, 2006, 52 (2): 160 – 172.

[101] Hayward M L A, Forster W R, Sarasvathy S D, et al. Beyond Hubris: How Highly Confident Entrepreneurs Rebound To Venture Again [J]. Journal of Business Venturing, 2010, 25 (6): 569 – 578.

[102] Headd B. Redefining Business Success: Distinguishing Between Closure And Failure [J]. Small Business Economics, 2003, 21 (1): 51 – 61.

[103] Heider F. The Psychology of Inerpersonal Relations [M]. New York: Wiley. 1958.

[104] Holcomb T R, Ireland R D, Jr R M H, et al. Architecture of Entrepreneurial Learning: Exploring The Link Among Heuristics, Knowledge, And Action [J]. Entrepreneurship Theory & Practice, 2009, 33 (1): 167 – 192.

[105] Huber G P. Organizational Learning: The Contributing Processes And The Literatures [J]. Organization Science, 1991, 2 (1): 88 – 115.

[106] Hurley R F. Innovation, Market Orientation, And Organizational Learning: An Integration And Empirical Examination [J]. Journal of Marketing, 1998, 62 (3): 42 – 54.

[107] James L R, Brett J M. Mediators, Moderators, And Tests For Mediation [J]. Journal of Applied Psychology, 2016, 69 (2): 307 – 321.

[108] Jenkins A S. Attributions, Learning And The Motivation To Re – Enter After Firm Failure (Summary) [J]. Frontiers of Entrepreneurship Research, 2011.

[109] Johannisson B, Landstrom H, Rosenberg J. University Training For Entrepreneurship – An Action Frame of Reference [J]. European Journal of Engineering Education, 1998, 23 (4): 477 – 496.

[110] Kakati M. Success Criteria In High – Tech New Ventures [J].

Technovation, 2003, 23 (5): 447 – 457.

[111] Kale P, Singh H. Building Firm Capabilities Through Learning: The Role of The Alliance Learning Process In Alliance Capability And Firm – Level Alliance Success [J]. Strategic Management Journal, 2007, 28 (10): 981 – 1000.

[112] Kale S, Arditi D. Business Failures: Liabilities of Newness, Adolescence, And Smallness [J]. Journal of Construction Engineering & Management, 1998, 124 (6): 458 – 464.

[113] Kamm J B, Shuman J C, Seeger J A, et al. Entrepreneurial Teams In New Venture Creation: A Research Agenda [J]. Entrepreneurship Theory & Practice, 1990, 14 (4): 7 – 17.

[114] Kazanjian R K. Relation of Dominant Problems To Stages of Growth In Technology – Based New Ventures [J]. Academy of Management Journal, 1988, 31 (2): 257 – 279.

[115] Kim J Y, Miner A S. Vicarious Learning From The Failures And Near – Failures of Others: Evidence From The US Commercial Banking Industry [J]. Academy of Management Journal, 2007, 50 (3): 687 – 714.

[116] Kirzner I M. Entrepreneurial Discovery And The Competitive Market Process: An Austrian Approach [J]. Journal of Economic Literature, 1997, 35 (1): 60 – 85.

[117] Kliduff M, Tsai W. Social Networks And Organizations [M]. London: Sage, 2003.

[118] Knight F. Risk, Uncertainty, And Profit [M]. Boston: Houghton Mifflin, 1921.

[119] Krackhardt D. The Strength of Strong Ties: The Importance of Philos In Organizations [J]. Networks And Organizations: Structure, Form, And Action, 1992: 216 – 239.

[120] Lado A A, Dant R R, Tekleab A G. Trust – Opportunism Para-

dox, Relationalism, And Performance In Interfirm Relationships: Evidence From The Retail Industry [J]. Strategic Management Journal, 2008, 29 (4): 401 – 423.

[121] Lechler T. Social Interaction: A Determinant of Entrepreneurial Team Venture Success [J]. Small Business Economics, 2001, 16 (4): 263 – 278.

[122] Lee S H, Wong P K. An Exploratory Study of Technopreneurial Intentions: A Career Anchor Perspective [J]. Journal of Business Venturing, 2004, 19 (1): 7 – 28.

[123] Levesque M, Minniti M, Shepherd D A. Entrepreneurs'Decisions On Timing of Entry: Learning From Participation And From The Experiences of Others [J]. Entrepreneurship, Theory And Practice, 2009, 33 (2): 547 – 570.

[124] Liao J J, Welsch H, Moutray C. Start – Up Resources And Entrepreneurial Discontinuance: The Case of Nascent Entrepreneurs [J]. Journal of Small Business Strategy, 2008, 19 (2): 1 – 15.

[125] Lichtenstein B M. , Brush C G. How Do 'Resource Bundles' Develop And Change In New Ventures? A Dynamic Model And Longitudinal Exploration [J]. Entrepreneurship Theory And Practice, 2001, 25 (3): 37 – 58.

[126] Lieberman M B, David B. First – Mover (Dis) Advantages: Retrospective And Link With The Resource – Based View [J]. Strategic Management Journal, 1998, 19: 1111 – 1125.

[127] Lin N. A Theory of Social Structure And Action [M]. Cambridge University Press, 2001.

[128] Littunen H. Networks And Local Environmental Characteristics In The Survival of New Firms [J]. Small Business Economics, 2000, 15: 59 – 71.

[129] Locke E A, Latham G P. A Theory of Goal And Task Performance [M]. Prentice Hall, Englewood Cliffs, NJ, 1990.

[130] Loveman G, Sengenberger W. The Re – Emergence of Small – Scale Production: An International Comparison [J]. Small Business Economics, 1991, 3 (1): 1 – 37.

[131] Low M B, Macmillan I C. Entrepreneurship: Past Research And Future Challenges: [J]. Journal of Management Official Journal of The Southern Management Association, 1998, 14 (2): 139 – 161.

[132] Lumpkin G T, Dess G G. Clarifying The Entrepreneurial Orientation Construct And Linking Performance [J]. Academy of Management Review, 1996, 21 (1): 135 – 172.

[133] Lussier R N. A Nonfinancial Business Success Versus Failure Prediction Model For Young Firms [J]. Journal of Small Business Management, 1995, 33 (1): 8 – 20.

[134] Lussier R. N, Corman J. A Business Success Versus Failure Prediction Model For Entrepreneurs With 0 – 10 Employees [J]. Journal of Small Business Strategy, 1996, 7 (1): 21 – 35.

[135] Lussier R N, Pfeifer S. A Comparison of Business Success Versus Failure Variables Between US And Central Eastern Europe Croatian Entrepreneurs [J]. Entrepreneurship Theory & Practice, 2000, 24 (4): 59.

[136] Granovetter M S. The Strength of Weak Ties [J]. American Journal of Sociology, 1973, 78: 1360 – 1380.

[137] Maclelland C. The Achieving Society [M]. New York: Free Press, 1967.

[138] Mantere S, Aula P, Schildt H, et al. Narrative Attributions of Entrepreneurial Failure [J]. Journal of Business Venturing, 2013, 28 (4): 459 – 473.

[139] Martinko M J, Douglas S C, Harvey P. Attribution Theory In In-

dustrial And Organizational Psychology: A Review [M]. International Review of Industrial And Organizational Psychology 2006.

[140] Mcdougall P, Robinson R B. New Venture Strategies: An Empirical Identification of Eight 'Archetypes' of Competitive Strategies For Entry [J]. Strategic Management Journal, 2010, 11 (6): 447 – 467.

[141] Mcevily B, Zaheer A. Bridging Ties: A Source of Firm Heterogeneity In Competitive Capabilities [J]. Strategic Management Journal, 1999, 20 (12): 1133 – 1156.

[142] Mcgrath R G. Falling Forward: Real Options Reasoning And Entrepreneurial Failure [J]. Academy of Management Review, 1999, 24 (1): 13 – 30.

[143] Meyer G D, Dean T J. An Upper Echelons Perspective On Transformational Leadership Problems In High Technology Firms [J]. Journal of High Technology Management Research, 1990, 1 (2): 223 – 242.

[144] Meyer M W, Zucker L G. Permanently Failing Organizations [J]. (Newbury Park, Calif.), 1989, 44: 575.

[145] Mezirow J. Transformative Dimensions of Adult Learning (Jossey Bass Higher And Adult Education Series) [Hardcover] [J]. Applied Energy, 2015, 157: 374 – 381.

[146] Michael AH, Bierman L, Shimizu K, Rahul K. Direct And Moderating Effects of Human Capital On Strategy And Performance In Professional Service Firms: A Resource – Based Perspective [J]. Academy of Management Journal, 2001, 44 (1): 13 – 28.

[147] Michael S, Podoynitsyna K, Bij H V D, Halman J I M. Success Factors In New Ventures: A Meta – Analysis [J]. Journal of Product Innovation Management, 2008, 25 (3): 7 – 27.

[148] Miller D. An Asymmetry – Based View of Advantage: Towards An Attainable Sustainability [J]. Strategic Management Journal, 2003,

24：961 - 976.

［149］Miller D. The Correlates of Entrepreneurship In Three Types of Firms ［J］. Management Science, 1983, 29 （7）: 770 - 791.

［150］Miller D, Peter H. Organizations: A Quantum View. Englewood Cliffs ［M］. NJ: Prentice - Hall, 1984.

［151］Miller E D. Reconceptualizing The Role of Resiliency In Coping And Therapy ［J］. Journal of Loss & Trauma, 2003, 8 （4）: 239 - 246.

［152］Miller N, Bond D. Working With Experience: Animating Learning ［M］. London: Routledge, 1996.

［153］Minniti M. Entrepreneurship And Network Externalities ［J］. Journal of Economic Behavior & Organization, 2005, 57 （1）: 1 - 27.

［154］Minniti M, Bygrave W. A Dynamic Model of Entrepreneurial Learning ［J］. Entrepreneurship Theory & Practice, 2001, 25 （3）: 5.

［155］Mitchell R K, Busenitz L, Lant T, et al. Toward A Theory of Entrepreneurial Cognition: Rethinking The People Side of Entrepreneurship Research ［J］. Entrepreneurship Theory & Practice, 2002, 27 （2）: 93 - 104.

［156］Morris M H, Kuratko D F, Covin J G. Corporate Entrepreneurship & Innovation ［M］. The Wiley Handbook of Entrepreneurship. John Wiley & Sons, Ltd, 2017.

［157］Mueller B A, Shepherd D A. Making The Most of Failure Experiences: Exploring The Relationship Between Business Failure And The Identification of Business Opportunities ［J］. Entrepreneurship Theory & Practice, 2014, 40 （3）: 457 - 487.

［158］Murphy A. Richard Cantillion: Entrepreneur And Economist ［M］. Boston: Oxford University Press, 1989.

［159］Murray A. Top Management Group Heterogeneity And Firm Performance ［J］. Strategic Management Journal, 1989, 10: 125 - 141.

[160] Narasimban C, Zhang Z J. Market Entry Strategy Under Firm Heterogeneity And Asymmetric Payoffs [J]. Marketing Science, 2000, 19 (4): 313 - 327.

[161] Nicholls J G. Achievement Motivation: Conceptions of Ability, Subjective Experience, Task Choice, And Performance [J]. Psychological Review, 1984, 91: 328 - 346.

[162] Osborne R. L. Why Entrepreneurs Fail: How To Avoid The Traps. Management Decision, 1993, 31 (1): 18 - 21.

[163] Osborne R L. The Essence of Entrepreneurial Success [J]. Management Decision, 1995, 33 (7): 4 - 9.

[164] Peng M W, Luo Y. Managerial Ties And Firm Performance In A Transition Economy: The Nature of A Micro - Macro Link [J]. Academy of Management Journal, 2000, 43 (3): 486 - 501.

[165] Penrose E T. The Theory of The Growth of The Firm [M]. New York: Blackwell, 2009.

[166] Peteraf M A. The Cornerstones of Competitive Advantage: A Resource - Based View [J]. Strategic Management Journal, 1993, 14 (3): 179 - 191.

[167] Pfeffer J, Salancik C R. The External Control of Organizations: A Resource Dependence Perspective [M]. New York: Harper & Row, 1978.

[168] Politis D, Gabrielsson J. Entrepreneurs' Attitudes Towards Failure: An Experiential Learning Approach [J]. International Journal of Entrepreneurial Behaviour And Research, 2009, 5 (4): 364 - 383.

[169] Politis D. The Process of Entrepreneuiral Learning: A Conceptual Framework [J]. Enterpreneusrhip Theory And Practice, 2005, 29 (4): 399 - 424.

[170] Politis D, Gabrielsson J. Entrepreneurs' Attitudes Towards Failure: An Experiential Learning Approach [J]. Inter - National Journal of En-

trepreneurial Behaviour And Research, 2009, 5 (4): 364 – 383.

[171] Powell T C. Organizational Alignment As Competitive Advantage [J]. Strategic Management Journal, 1992, 13: 119 – 134.

[172] Powers J B. Commercializing Academic Research: Resource Effects On Performance of University Technology Transfer [J]. Journal of Higher Education, 2003, 74 (1): 26 – 50.

[173] Premaratne S P. Networks, Resources, And Small Business Growth: The Experience In Sri Lanka [J]. Journal of Small Business Management, 2001, 39 (4): 363 – 371.

[174] Putnam R D, Leonardi R, Nanetti R Y. Making Democracy Work: Civic Tradition In Modern Italy [J]. Contemporary Sociology, 1993, 26 (3): 306 – 308.

[175] Rae D, Carswell M. Using A Life – Story Approach In Researching Entrepreneurial Learning: The Development of A Conceptual Model And Its Implications In The Design of Learning Experiences [J]. Education And Training, 2000, 42 (4/5): 220 – 228.

[176] Rauch A, Rijsdijk S A. The Effects of General And Specific Human Capital On Long – Term Growth And Failure of Newly Founded Businesses [J]. Entrepreneurship Theory & Practice, 2013, 37 (4): 923 – 941.

[177] Robinson W T, Min S. Is The First To Market The First To Fail? Empirical Evidence For Industrial Goods Businesses [J]. Journal of Marketing Research, 2002, 39 (1): 120 – 128.

[178] Robinson J. The Economics of Imperfect Competition [M]. London: Macmilla, 1933.

[179] Robinson W T, Chiang J. Product Development Strategies For Established Market Pioneers, Early Followers, And Late Entrants [J]. Strategic Management Journal, 2002, 23 (9): 855 – 866.

[180] Robinson W T, Fornell C. Sources of Market Pioneer Advantages

In Consumer Goods Industries [J]. Journal of Marketing Research, 1985, 22 (3): 305 – 317.

[181] Robinson W T, Fornell C, Sullivan M. Are Market Pioneers Intrinsically Stronger Than Later Entrants? [J]. Strategic Management Journal, 2010, 13 (8): 609 – 624.

[182] Ronstadt R. Exit, Stage Left: Why Entrepreneurs End Their Entrepreneurial Careers Before Retirement [J]. Journal of Business Venturing, 1986, 1 (3): 323 – 338.

[183] Ronstadt R. The Corridor Principle [J]. Journal of Business Venturing, 1988, 3 (1): 31 – 40.

[184] Roper J, Cheney G. The Meanings of Social Entrepreneurship Today [J]. Corporate Governance, 2005, 5 (3): 95 – 104.

[185] Roth S, Bootzin R. Effects of Experimentally Induced Expectancies of External Control: An Investigation of Learned Helplessness. [J]. Journal of Personality & Social Psychology, 1974, 29 (2): 253 – 264.

[186] Roth S, Kubal L. Effects of Noncontingent Reinforcement On Tasks of Differing Importance: Facilitation And Learned Helplessness. [J]. Journal of Personality & Social Psychology, 1975, 32 (4): 680 – 691.

[187] Roy Y, Joo C, Michael W. Dynamics of Trust In Guanxi Networks [J]. Research On Managing Groups And Teams, 2006: 95 – 113.

[188] Rumelt R P. Strategy, Structure, And Economic Performance [M], Cambridge, MA: Harvard University Press, 1974.

[189] Rumelt R P. Toward A Strategic Theory If The Firm [J]. Competitive Strategic Management R. Lamb, 1984: 556 – 570.

[190] Russell D. The Causal Dimension Scale: A Measure of How Individuals Perceive Causes [J]. Journal of Personality And Social Psychology, 1982, 42 (6): 1137 – 1145.

[191] Saku M, Pekka A, Henri S, Eero V. Narrative Attributions of

Entrepreneurial Failure ［J］. Journal of Business Venturing, 2013 (28):
459 – 473.

［192］Sarasvathy S D. Dew N. Entrepreneurial Logics For A Technology
of Foolishness ［J］. Scandinavian Journal of Management, 2005, 21: 385 –
406.

［193］Sarasvathy S D. Causation And Effectuation: Toward A Theoreti-
cal Shift From Economic Inevitability To Entrepreneurial Contingency ［J］. The
Academy of Management Review, 2001, 26: 243 – 263.

［194］Sarasvathy S D. Causation And Effectuation: Toward A Theoreti-
cal Shift From Economic Inevitability To Entrepreneurial Contingency ［J］. The
Academy of Management Review, 2001, 26: 243 – 263.

［195］Sarasvathy S D, Dew N, Read S, Wiltbank R. Empirical Inves-
tigations of Effectual Logic: Implications For Strategic Entrepreneurship ［C］.
Paper Presented At The Entrepreneurship Theory And Practice Conference On
Strategic Entrepreneurship, 2007.

［196］Sarasvathy S D, Hall M, Menon A. Failing Firms And Successful
Entrepreneurs: Serial Entrepreneurship As A Simple Machine ［J］. Unpub-
lished Manuscript, 2002, 40 (2): 417 – 434.

［197］Sarasvathy S D, Menon A R, Kuechle G. Failing Firms And Suc-
cessful Entrepreneurs: Serial Entrepreneurship As A Temporal Portfolio ［J］.
Small Business Economics, 2013, 40 (2): 417 – 434.

［198］Sardana D, Scott – Kemmis D. Who Learns What? A Study
Based On Entrepreneurs From Biotechnology New Ventures ［J］. Journal of
Small Business Management, 2010, 48 (3): 441 – 468.

［199］Scherer R F, Adams J S, Carley S S. Role Model Performance
Effects On Development of Entrepreneurial Career Performance ［J］. Entrepre-
neurship Theory And Practice, 1989, 13 (1): 53 – 71.

［200］Schumpeter J A. The Theory of Economic Development ［M］.

Cambridge, MA: Harvard University Press, 1934.

[201] Schutjens V, Stam E. Starting Anew: Entrepreneurial Intentions And Realizations Subsequent To Business Closure. Papers On Entrepreneurship, Growth And Public Policy [J]. Max Planck Institute of Economics, 2007: 1 – 23.

[202] Scott Shane, Daniel Cable. Network Ties, Reputation, And The Financing of New Venture [J]. Management Science, 2002, 48 (3): 364 – 381.

[203] Scott W R. Institutions And Organizations [M]. Thousand Oaks, CA: Sage Publications, 1995.

[204] Scott W R, Meyer J W. Environmental Linkages And Organizational Complexity: Public And Private Schools. [J]. Administrative Organization, 1984: 56.

[205] Senge P M. The Fifth Discipline: The Art And Practice of The Learning Organization [M]. London: Century Business, 1990.

[206] Sexton L, Bowman N. The Entrepreneur: A Capable Executive And More [J]. Journal of Business Venture, 1985, 1 (1): 129 – 140.

[207] Shane S A, Venkataraman S. The Promise of Entrepreneurship As Field of Research [J]. Academy of Management Review, 2000, 25: 217 – 226.

[208] Shane S. Where Is Entrepreneurship Research Heading? Technology Entrepreneurship In The Emerging Regions of The New Millennium [D]. National University of Singapore, 2001.

[209] Shane S, Venkataraman S. The Promise of Entrepreneurship As A Field of Research [J]. Academy of Management Review, 2000, 25 (1): 217 – 226.

[210] Shane S, Toby S. Organizational Endowments And The Performance of University Start – Ups [J]. Management Science, 2002, 48 (1):

154 - 170.

[211] Sharma P, Chrisman S J J. Toward A Reconciliation of The Definitional Issues In The Field of Corporate Entrepreneurship [J]. Entrepreneurship Theory & Practice, 1999: 23.

[212] Shepherd D A. Learning From Business Failure, Propositions About The Grief Recovery Process For The Self - Employed [J]. Academy of Management Review, 2003, 28: 318 - 329.

[213] Shepherd D A, Douglas E J, Shanley M. New Venture Survival, Ignorance, External Shocks, And Risk Reduction Strategies [J]. Journal of Business Venturing, 2000, 15: 393 - 410.

[214] Shook L, Priem L, Mcgee, E. Venture Creation And The Enterprising Individual: A Review And Synthesis [J]. Journal of Management, 2003, 29 (3): 379 - 399.

[215] Singh S, Corner P D, Pavlovich K. Failed, Not Finished: A Narrative Approach To Understanding Venture Failure Stigmatization [J]. Journal of Business Venturing, 2015, 30 (1): 150 - 166.

[216] Simon H A. The Sciences of The Artificial, Cambridge, MA: MIT Press, 1969.

[217] Singh J V, Lumsden C J. Theory And Research In Organizational Ecology [J]. Annual Review of Sociology, 1990, 16 (1): 161 - 195.

[218] Sirmon D G, Hitt M A. Managing Resources: Linking Unique Resources, Management And Wealth Creation In Family Firms [J]. Entrepreneurship Theory And Practice, 2003, 27: 339 - 358.

[219] Sirmon D G, Hitt M A, Ireland R D. Managing Firm Resources In Dynamic Environments To Create Value: Looking Inside The Black Box [J]. The Academy of Management Review, 2007, 32 (1): 273 - 292.

[220] Sitkin S B. Learning Through Failure: The Strategy of Small Losses [M]. JAI Press, Greenwich, CT. 1992.

[221] Sitkin S B, Roth N L. Explaining The Limited Effectiveness of Legalistic Remedies For Trust/Distrust [J]. Organization Science, 1993, 4: 367 – 392.

[222] Slater S F, Narver J C. Market Orientation And The Learning Organization [J], Journal of Marketing. 1995 (59): 63 – 74.

[223] Smilor R W. Entrepreneurship: Reflections On A Subversivectivity [J]. Journal of Business Venturing, 1997 (5): 341 – 421.

[224] Smita S, Corner P, Pavlovich K. Coping With Entrepreneurial Failure [J]. Journal of Management & Organization, 2007, 13: 331 – 344.

[225] Song M, Benedetto C D, Parry M E. The Impact of Formal Processes For Market Information Acquisition And Utilization On The Performance of Chinese New Ventures [J]. International Journal of Research In Marketing, 2009, 26 (4): 314 – 323.

[226] Spice D P, Sadler – Smith E. Organizational Learning In Smaller Manufacturing Firms [J]. Small Business Journal, 2006, 24 (2): 133 – 158.

[227] Stam E, Gibcus P, Telussa J, Garnsey E W. Employment Growth of New Firms [J]. Ssrn Electronic Journal, 2007: 1 – 25.

[228] Starbuck W H, Milliken F J. Executives'Perceptual Filters: What They Notice And How They Make Sense [J]. Social Science Electronic Publishing, 2015: 35 – 65.

[229] Starr J A, Macmillan I C. Resource Cooptation Via Social Contracting: Resource Acquisition Strategies For Newventures [J]. Strategic Management Journal, 1990, 11: 779 – 792.

[230] Staw B M, Barsade S G. Affect And Managerial Performance, A Test of The Sadder – But – Wider Versus Happier – And – Smarter Hypotheses [J]. Administrative Science Quarterly, 1993, 38: 304 – 331.

[231] Stearns T M, Carter N M, Reynolds P D, Williams M L. New

Firm Survival: Industry, Strategy, And Location [J]. Journal of Business Venturing, 1995, 10: 23 –42.

[232] Sterne J, Mulvin D. The Low Acuity For Blue: Perceptual Technics And American Color Television [J]. Journal of Visual Culture, 2014, 13 (2): 118 –138.

[233] Stevenson H H., Robert M. J, Grousback H I. New Business Ventures & The Entrepreneur [M]. Homewood. IL. Irwin, 1989.

[234] Stinchcombe A. "Social Structure And Organizations", In Handbook of Organizations, J. G March, Ed [M]. Chicago: Rank Mcnally, 1965.

[235] Stokes D, Blackburn R. Learning The Hard Way: The Lessons of Owner – Managers Who Have Closed Their Business [J]. Journal of Small Business And Enterprise Development, 2002, 9 (1): 17 –27.

[236] Strahan P E, Weston J P. Small Business Lending And The Changing Structure of The Banking Industry 1 [J]. Journal of Banking & Finance, 1998, 22 (6 –8): 821 –845.

[237] Stuart R, Abetti P A. Start – Up Ventures: Towards The Prediction of Initial Success ☆ [J]. Journal of Business Venturing, 1987, 2 (3): 215 –230.

[238] Sull D N. Why Good Companies Go Bad [J]. Harvard Business Review, 1999, 77 (4): 42 –48.

[239] Tennen H, Eller S J. Attributional Components of Learned Helplessness And Facilitation. [J]. Journal of Personality & Social Psychology, 1977, 35 (4): 265 –271.

[240] Thomas J B, Clark S M, Gioia D A. Strategic Sensemaking And Organizational Performance: Linkages Among Scanning, Interpretation, Action, And Outcomes [J]. Academy of Management Journal, 1993, 36 (2): 239 –270.

［241］ Thompson J D. Organizations In Action ［M］. New York：Mcgraw - Hill，1967.

［242］ Timmons J A. New Business Opportunities：Getting To The Right Place At The Right Time ［M］，MA：Brick House Publishing Co，1990.

［243］ Timmons J A. New Venture Creation，5 Ed. ［M］. Singapore：Mcgraw - Hill，1999.

［244］ Tucker A L，Edmondson A C. Why Hospitals Don't Learn From Failures：Organizational And Psychological Dynamics That Inhibit System Change ［J］. California Management Review，2003，45 （2）：55 - 72.

［245］ Ucbasaran D，Westhead P，Wright M. Does Entrepreneurial Experience Influence Opportunity Identification ［J］. Journal of Private Equity，2004，7 （2）：7 - 14.

［246］ Ucbasaran D，Westhead P，Wright M. The Extent And Nature of Opportunity Identification By Experienced Entrepreneurs ［J］. Journal of Business Venturing，2009，24 （2）：99 - 115.

［247］ Ucbasaran D，Westhead R，Wright M，Floras M. The Nature of Entrepreneurial Experience，Business Failure And Comparative Optimism ［J］. Journal of Business Venturing，2010，25：541 - 555.

［248］ Ulmer K J，Neilson A. Business Turnovers And Causes of Failure ［J］. Survey of Current Business，1947，April，10 - 16.

［249］ Van G M. Explaining Entrepreneurial Intentions By Means of The Theory of Planned Behavior ［J］. Career Development International，2008，13 （6）：538 - 559.

［250］ Vesper K E. New Venture Experience ［M］. Seattle：Vector Books，1994.

［251］ Wall T D，Michie J，Patterson M. On The Validity of Subjective Measures of Company Performrance ［J］. Personnel Psychology，2004，57 （2）.

［252］Watson J, Everett J. Defining Small Business Failure ［J］. International Small Business Journal, 1993, 11 (3): 35 – 48.

［253］Watson J. Failure Rates For Female – Controlled Businesses: Are They Any Different? ［J］. Journal of Small Business Management, 2003, 41 (3): 262 – 277.

［254］Weiner B. An Attributional Theory of Achievement Motivation And Emotion ［J］. Psychology Review, 1985, 92: 548 – 573.

［255］Wennberg K, Wiklund J, Detienne D R, Cardon M S. Reconceptualizing Entrepreneurial Exit: Divergent Exit Routes And Their Drivers ［J］. Journal of Business Venturing, 2010, 25: 361 – 375.

［256］Wernerfelt B. A Resource Based View of Firm ［J］. Strategic Management Journal, 1984, 5 (1): 171 – 180.

［257］West G P, Decastro J. The Achilles Heel of Firm Strategy: Resource Weaknesses and Distinctive Inadequacies ［J］. Journal of Management Studies, 2001, 38 (3): 417 – 442.

［258］Westhead P, Wright M, Ucbasaran D. The Internationalization of New And Small Firms: A Resource – Based View ［J］. Journal of Business Venturing, 2001, 16 (4): 333 – 358.

［259］Westhead P, Wright M. Novice, Portfolio, And Serial Founders: Are They Different? ［J］. Journal of Business Venturing, 1998, 13 (3): 173 – 204.

［260］Wiklund J, Holger P H, Shepherd D A. Building An Integrative Model of Small Business Growth ［J］. Sm All Business Economics, 2009, 32 (4): 351 – 374.

［261］Wiklund J, Shepherd D A. Knowledge – Based Resources, Entrepreneurial Orientation, And The Performance of Small And Medium – Sized Businesses ［J］. Strategic Management Journal, 2003, 24 (13): 1307 – 1314.

［262］ Wilk E, Upchurch R. S, Willems J, Josiam B M. Restaurant Attrition: A Longitudinal Analysis of Restaurant Failures ［J］. International Journal of Contemporary Hospitality Management, 1996, 8 (2): 17 – 20.

［263］ Wolfe M T, Sheherd D A. "Bouncing Back" From A Loss: Entrepreneurial Orientation, Emotions, And Failure Narratives ［J］. Entrepreneurship Theory And Practice, 2015, 39 (3): 675 – 700.

［264］ Wood R, Bandura, A. Social Cognitive Theory of Organizational Management ［J］. Academy of Management Review, 1989, 14: 361 – 384.

［265］ Wright M, Westhead P, Sohl J. Habitual Entrepreneurs And Angel Investors ［J］. Entrepreneurship Theory And Practice, 1998, 22 (4): 5 – 21.

［266］ Yamakawa Y, Peng M W, Deeds D L. What Drives New Ventures To Internationalize From Emerging To Developed Economies? ［J］. Entrepreneurship Theory & Practice, 2008, 32 (1): 59 – 82.

［267］ Yamakawa Y, Peng M W, David L D. How Does Experience of Previous Entrepreneurial Failure Impact Future Entrepreneurship ［J］. Academy of Management Annual Meeting Proceedings, 2010: 352 – 371.

［268］ Yamakawa Y, Peng M W, Deeds D L. Revitalizing And Learning From Failure For Future Entrepreneurial Growth ［J］. Frontiers of Entrepreneurship Research, 2010, 30 (6): 1 – 12.

［269］ Yamakawa Y, Peng M W, David L D. Rising From The Ashes: Cognitive Determinants of Venture Growth After Entrepreneurial Failure ［J］. Entrepreneurship: Theory & Practice. 2015, 39 (2): 209 – 235.

［270］ Yang T, Aldrich H E. Out of Sight But Not Out of Mind: Why Failure To Account For Left Truncation Biases Research On Failure Rates ［J］. Journal of Business Venturing, 2012, 27: 477 – 492.

［271］ Young J E, Sexton D L. Entrepreneurial Learning: A Conceptual Framework ［J］. Journal of Enterprising Culture, 1997, 5 (3): 223 – 248.

［272］Zacharakis A L, Meyer G D, Decastro J O. Differing Perceptions of New Venture Failure: A Matched Exploratory Study of Venture Capitalists And Entrepreneurs ［J］. Journal of Small Business Management, 1999, 37 (3): 1 – 14.

［273］Zaheer A, Mcevily B. Bridging Ties: A Source of Firm Heterogeneity In Competitive Capabilities ［J］. Strategic Management Journal, 1999, 20 (12): 1133.

［274］Zahra S A, Nielsen A P. Sources of Capabilities, Integration And Technology Commercialization ［J］. Strategic Management Journal, 2002, 23 (5): 377 – 398.

［275］安东尼·桑德斯，玛西娅·米伦·科尼特. 金融市场与金融机构 ［M］. 王中华，译. 北京：人民邮电出版社，2006.

［276］白钦先，薛誉华. 各国中小企业政策性金融体系比较 ［M］. 北京：中国金融出版社，2001.

［277］白钦先. 政策性金融论 ［J］. 经济学家，1998 (3): 81 – 89.

［278］白小瑜. 社会建构论的再考量 ［J］. 西华师范大学学报：哲学社会科学版，2009: 51 – 57.

［279］边燕杰，张磊. 网络脱生：创业过程的社会学分析 ［J］. 社会学研究，2006 (6): 74 – 88.

［280］蔡莉，柳青. 新创企业资源整合过程模型 ［J］. 科学学与科学技术管理，2007 (2): 95 – 102.

［281］陈佳吟. 微型餐饮业创业失败关键因素之研究 ［D］. 国立高雄餐旅学院餐旅管理研究所，2009.

［282］陈峻，沈洁，秦玲，陈宏建. 基于分布均匀度的自适应蚁群算法 ［J］. 软件学报，2003, 14 (8): 1379 – 1387.

［283］陈良俊，张同建. 论我国企业绩效管理中存在的现实性问题 ［J］. 江苏科技信息，2011 (5): 60 – 61.

[284] 陈晓红，郭声琨．中小企业融资 [M]．北京：经济科学出版社，2005.

[285] 陈悦琴，蔡明宏，林明杰．趋动创业者东山再起之因素探讨 [J]．创业管理研究，2006，1（1）：45-74.

[286] 陈震红，董俊武．成功创业的关键——如何获取创业资源 [J]．科技创业月刊，2003，9：48-49.

[287] 崔启国．基于网络视角的创业环境对新创企业绩效的影响研究 [D]．吉林：吉林大学，2007.

[288] 丁江涛，张同建，许龙．劳动密集型中小企业技术创新影响因素实证研究——基于江苏省镇江市的样本数据检验 [J]．华东经济管理，2012（2）：10-14.

[289] 葛宝山，董保宝．基于动态能力中介作用的资源开发过程与新创企业绩效关系研究 [J]．管理学报，2009（4）：520-526.

[290] 高静．资源获取、失败归因与新创企业绩效 [D]．绍兴：绍兴文理学院，2016.

[291] 郭毅，罗家德．社会资本与管理学 [M]．上海：华东理工大学出版社，2007：11.

[292] 郭毅，朱森．企业家及企业家网络构建的理论分析——基于社会网络的分析观点团 [J]．苏州城市建设环境保护学院学报：社会科学版，2002（1）：44-48.

[293] 郭毅，朱熹．国外社会资本与管理学研究新进展 [J]．外国经济与管理，2003（7）：2-7.

[294] 胡洪浩，王重鸣．国外失败学习研究现状探析与未来展望 [J]．外国经济与管理，2011，33（11）：39-47.

[295] 胡丽娜，张骁．国外创业失败研究综述 [J]．技术经济，2012，31（6）：60-65.

[296] 胡小平．中小企业融资 [M]．北京：北京经济管理出版社，2000.

[297] 黄海云，陈莉平．嵌入社会网络的企业集群结构及其优势 [J]．现代管理科学，2005，5：70－71．

[298] 凯恩斯．就业、利息和货币通论 [M]．上海：商务印书馆，1997．

[299] 黎赔肆，李富．创业失败研究述评及展望 [J]．当代经济，2014（4）：30－31．

[300] 李路路．社会资本与私营企业家．中国社会机构转型的特殊动力 [J]．社会学研究，1995（6）：46－58．

[301] 李君，陈万明，安宁．创业失败经历、失败学习与再创业意愿 [J]．大连理工大学学报（社会科学版），2018（2）：89－96．

[302] 李雪灵，韩自然，董保宝，于晓宇．获得式学习与新企业创业：基于学习导向视角的实证研究 [J]．管理世界，2013（4）：94－134．

[303] 李雪玲，范长亮，申佳，万妮娜．创业失败与失败成本：创业者及外部环境的调节作用 [J]．吉林大学社会科学学报，2014，54（1）：159－176．

[304] 丽霞，徐海俊，孟菲．我国中小企业融资体系的研究 [M]．北京：科学出版社，2005．

[305] 林嵩，张帏，林强．高科技创业企业资源整合模式研究 [J]．科学学与科学技术管理，2005，26（3）：143－147．

[306] 林嵩，姜彦福．创业研究进展综述与分析 [J]．管理现代化，2005（6）：22－24．

[307] 林毅夫，李永军．中小金融机构发展与中小企业融资 [J]．经济研究，2001（1）：10－18，53．

[308] 刘建群．论中小企业融资策略 [J]．企业经济，2005（8）：100－101．

[309] 刘井建．创业学习、动态能力与新创企业绩效的关系研究：环境动态性的调节 [J]．科学学研究，2011，29（5）：728－734．

[310] 刘良灿，张同建．心理契约理论浅析 [J]．湖州职业技术学院学报，2010（4）：40－43．

[311] 刘预，蔡莉，朱秀梅．信息对新创企业资源获取的影响研究 [J]．情报科学，2008，26（11）：1728－1731．

[312] 马鸿佳．创业环境——资源整合能力与过程对新创企业绩效的影响研究 [D]．吉林：吉林大学，2008．

[313] 茅于轼．小额贷款机构的所有权 [J]．农村金融研究，2008（2）：61，71．

[314] 倪宁，王重鸣．创业学习研究领域的反思 [J]．科研管理，2005（5）：94－98．

[315] 倪宁，杨玉红，蒋勤峰．创业失败学习研究的若干基本问题 [J]．现代管理科学，2009（5）：114－116．

[316] 倪宁．创业失败经验对创业知识转化模式的影响 [J]．工业工程与管理，2011（2）：87－91．

[317] 彭华涛，谢科范．创业企业社会网络资本与经济资本的关系分析 [J]．管理学报，2004，1（3）：295．

[318] 平莉．关于我国中小企业融资问题的思考 [J]．图书情报导刊，2005，15（2）：206－207．

[319] 乔治·霍曼斯．作为交换的社会行为 [J]．美国社会学杂志，1958，63：597－606．

[320] 饶扬德．企业资源整合过程与能力分析 [J]．工业技术经济，2006，9：72－74．

[321] 石秀印．中国企业家成功的社会网络基础 [J]．管理世界，1998（6）：187－196．

[322] 王华锋，李生校．国外女性创业研究的历程、动态与发展趋势 [J]．技术经济，2006（12）：24－28＋128．

[323] 王华锋．企业家的工作——家庭冲突及其处理策略与创业绩效关系研究 [D]．浙江：浙江大学，2009．

[324] 王华锋，李生校，窦军生. 创业失败、失败学习和新创企业绩效 [J]. 科研管理，2017 (4)：94 - 103.

[325] 王华锋，高静，王晓婷. 创业者的失败经历、失败反应与失败学习——基于浙、鄂两省的实证研究 [J]. 管理评论，2017 (6)：96 - 105.

[326] 王强. 企业失败定义研究 [J]. 北京工业大学学报，2002，2 (1)：21 - 26.

[327] 王庆喜，宝贡敏. 企业资源理论述评 [J]. 经济学研究，2004，9：6 - 11.

[328] 王素弯. 微型企业发展现况与辅导方向 [J]. 台湾劳工双月刊，2007，6 (6)：83 - 90.

[329] 温忠麟，侯杰泰，张雷. 调节效应与中介效应的比较和应用 [J]. 心理学报，2005，37 (2)：268 - 274.

[330] 温忠麟，张雷，侯杰泰，刘红云. 中介效应检验程序及其应用 [J]. 心理学报，2004，36 (5)：614 - 620.

[331] 徐婧婧，杜红. 创业失败经历对在创业意向的影响机制研究 [D]. 浙江：浙江大学，2012 - 12 - 01.

[332] 杨隽萍，唐鲁滨，于晓宇. 创业网络、创业学习与新创企业成长 [J]. 技术与创新管理，2013，25 (1)：24 - 33.

[333] 姚梅芳. 基于经典创业模型的生存型创业理论研究 [D]. 吉林：吉林大学，2007.

[334] 叶学锋，魏江. 多元化经营的战略选择分析 [J]. 科研管理，2001，22 (6)：57 - 62.

[335] 易国庆. 中小企业政府管理与政策支持体系研究 [M]. 北京：企业管理出版社，2000.

[336] 于晓宇，蔡莉，陈侬，段永嘉. 技术信息获取、失败学习与高科技新创企业创新绩效 [J]. 科学学与科学技术管理，2012，33 (7)：62 - 67.

[337] 于晓宇，李厚锐，杨隽萍．创业失败归因、创业失败学习与随后创业意向［J］．管理学报，1023，10（8）：1179－1184．

[338] 于晓宇，李雪灵，杨若瑶．创业失败学习：来自创业新手、新创企业与行业特征的解释［J］．管理学报，2013，10（1）：77－83．

[339] 于晓宇．创业失败研究评介与未来展望［J］．外国经济与管理，2001，33（9）：19－26．

[340] 于晓宇．失败学习行为、战略决策与创业企业创新绩效［J］．管理科学学报，2013，12（16）：37－56．

[341] 于晓宇．网络能力、技术能力、制度环境与国际创业绩效［J］．管理科学，2013，26（2）：13－27．

[342] 占部都美．公司的危机及解决之道［M］．陈耀茂，译．台北，经联，初版，1990年．

[343] 张健，姜彦福，雷家．美国创业学术研究及其对我们的启示［J］．外国经济与管理，2003，25（1）：21－25．

[344] 张健，姜彦福，林强．创业理论研究与发展动态［J］．经济学动态，2003，12（5）：21－25．

[345] 张捷．中小企业的关系型借贷与银行组织结构［J］．经济研究，2002（6）：32－37，54．

[346] 张捷，王霄．中小企业金融成长周期与融资结构变化［J］．世界经济，2002（9）：63－70．

[347] 张进芳．影响青年创业成败因素之研究［D］．云林：国立云林科技大学，2006．

[348] 张君立，蔡莉，朱秀梅．社会网络、资源获取与新创企业绩效关系研究［J］．工业技术经济，2008，27（5）：87－90．

[349] 张小倩．小额贷款公司风险控制及建议［J］．经济论坛，2008（23）：116－118．

[350] 张延峰，司春林．国外创业网络化研究评述［J］．研究与发展管理，2008（10）：59－65．

[351] 张玉利，王晓文. 先前经验！学习风格与创业能力的实证研究 [J]. 管理科学，2011，24（3）：1 – 12.

[352] 张玉利. 如何从创业失败中吸取教训 [J]. 中外管理，2011（9）：104 – 105.

[353] 赵道致，张靓. 资源杠杆——基于企业网络的竞争优势获取模式 [J]. 科学学与科学技术管理，2006，27（9）：169 – 170.

[354] 赵健，尤建新，张同建，韩志强. 基于技术创新能力成长视角的东西部企业隐性知识转化效应比较分析 [J]. 管理评论，2010（12）：104 – 111.

[355] 赵健，尤建新，张同建，韩志强. 互惠性视角下的知识型企业知识转化机制 [J]. 同济大学学报，2011（2）：304 – 308.

[356] 赵荔. 创业失败学习的实证研究 [J]. 企业经济，2012（7）：25 – 27.

[357] 赵文红，孙万青. 创业者的先前经验、创业和创业绩效的关系研究 [J]. 软科学，2013，11（27）：53 – 57.

[358] 赵延东，罗家德. 如何测量社会资本：一个经验研究综述 [J]. 国外社会科学，2005，（2）：19.

[359] 朱秀梅，陈琛，杨隽萍. 新企业网络能力维度检验及研究框架构建 [J]. 科学学研究，2010，28（8）：1222 – 1229.

[360] 邹进洋. 中小企业融资问题研究 [J]. 时代金融，2011（27）：72.

附　录

附录1：访谈提纲

类别	题项
基本资料	年龄、性别、学历、从事行业、规模等
创业背景 与历程	1. 您曾有几次的创业经验？在您的创业经验中，有哪一次或哪几次让您印象深的、比较特别的、学到最多的？
	2. 具体描述你的创业经验（深刻的、特别的）？ 2.1　在什么样的因缘际会下，让您兴起创业的念头？ 2.2　从创业念头到创业实践，这中间的准备阶段历经了多少时间？为什么（评估、考量、决策）？
	3. 第一次的经验对往后的影响（先搁置）。视谈话内容是否提及第一次，再问为什么第一次创业是深刻的，对你往后创业的重要性为何？若未提及，则问为什么第一次经验被忽略的、不重要的？
挫折与困境	4. 您的创业经验，你曾经遇到的挫折？经营上的困境？ 5. 请您具体描述这些挫折与困境？
面对与反应	6. 当您面临这挫折或困境，您的反应是？ 7. 您当时的心境如何？您如何去面对？求助他人或外力的协助？ 8. 他人（家人或朋友）如何看待您的失败？ 9. 哪些因素让您觉得在挫折或困境中的助力最大？
学习与成长	10. 你是否在这些挫折与困境中得到教训？ 11. 在经历挫折之后，您是否因此有所改变（生活、工作、朋友……）？ 12. 这些挫折给您的启示或启发？ 13. 这些挫折经验，是否影响您下一次的创业？

附录 2：调查问卷

您好：本问卷调研对象为具有多次创业经历的创业者，如果您符合我们的要求，请您花费 5~10 分钟时间认真填写。您的帮助对研究工作的开展至关重要，所得数据仅作为学术研究之用。谢谢您的协助，谨此献上最诚挚的谢意！

绍兴文理学院经济与管理学院王华锋博士/教授
联系电话：668552　　　QQ471396010　　　Email：whftony@163.com

第一部分：基本资料

1. 性别：□男　□女

2. 年龄：□20 岁以下　□20~29 岁　□30~39 岁　□40~49 岁　□50~59 岁　□60 岁及以上

3. 学历：□中学　□大专　□本科　□研究生　□其他

4. 行业：□传统制造业　□高新技术行业　□传统服务业　□电子商务　□其他

5. 规模：□1~5 人　□6~10 人　□11~20 人　□21~50 人　□50 人以上

6. 营业额：□50 万元以下　□50 万~100 万元　□100 万~500 万元　□500 万元以上

7. 创业失败次数：□1 次　□2 次　□3 次　□3 次以上

第二部分：创业失败经历（在相应的数字上打"√"）

序号	条款	很不同意	不同意	较不同意	中性	有点同意	同意	非常同意
1	创业团队的成员在教育背景上差异很大	1	2	3	4	5	6	7
2	创业团队成员已有的行业背景差异很大	1	2	3	4	5	6	7
3	我曾经因为创业失败债务缠身	1	2	3	4	5	6	7
4	我曾经因为创业失败差点失去生存下去的勇气	1	2	3	4	5	6	7
5	我曾经因为创业失败而心灰意冷	1	2	3	4	5	6	7
6	创业失败使我对自己的创业能力产生过怀疑	1	2	3	4	5	6	7
7	创业失败曾使周边的人对我失去信任	1	2	3	4	5	6	7
8	在创业失败时期我的体重明显下降	1	2	3	4	5	6	7
9	在创业失败时期我有严重失眠现象	1	2	3	4	5	6	7

第三部分：失败原因

序号	条款	很不同意	不同意	较不同意	中性	有点同意	同意	非常同意
1	我曾经因为创业失败蒙受过巨大的经济损失	1	2	3	4	5	6	7
2	我曾经因为创业失败差点破产	1	2	3	4	5	6	7
3	正式商议决策前创业团队成员对决策方案已有明确的设想	1	2	3	4	5	6	7

序号	条款	很不同意	不同意	较不同意	中性	有点同意	同意	非常同意
4	决策制定过程中团队成员会对决策风险进行充分的分析与评估	1	2	3	4	5	6	7
5	您所在的公司创业时能够得到需要的人才	1	2	3	4	5	6	7
6	您所在的公司拓展业务时得到政府政策的支持	1	2	3	4	5	6	7
7	进入这个市场所需要投入的必要资本大吗	1	2	3	4	5	6	7
8	企业提供的产品或服务与原有企业有差异吗	1	2	3	4	5	6	7

第四部分：失败归因

序号	条款	很不同意	不同意	较不同意	中性	有点同意	同意	非常同意
我认为创业失败主要原因在于：								
1	决策出现重大失误	1	2	3	4	5	6	7
2	公司管理出现混乱	1	2	3	4	5	6	7
3	错过了宝贵的市场机会	1	2	3	4	5	6	7
4	公司业务和规模盲目扩张	1	2	3	4	5	6	7
5	在资金、人才和技术等资源要素获得上受到限制	1	2	3	4	5	6	7
6	缺乏财政、税收等方面的政策支持	1	2	3	4	5	6	7
7	产品或者服务没有竞争优势	1	2	3	4	5	6	7
8	在市场进入方面受到一定限制	1	2	3	4	5	6	7

第五部分：从失败中学习

序号	条款	很不同意	不同意	较不同意	中性	有点同意	同意	非常同意
1	失败使我对自己的能力有更加准确地认识	1	2	3	4	5	6	7
2	失败使我对自己性格上的优缺点有更客观地了解	1	2	3	4	5	6	7
3	失败使我在后续的创业中变得更加小心谨慎	1	2	3	4	5	6	7
4	失败使我重新审视对各种事物的看法	1	2	3	4	5	6	7
5	我从失败中积累了许多宝贵的经验	1	2	3	4	5	6	7
6	我从失败中掌握了更多企业成长方面的知识	1	2	3	4	5	6	7
7	我从失败中掌握了更多市场需求信息	1	2	3	4	5	6	7
8	我从失败中学会了如何处理各种关系（客户、供应商、竞争对手、政府、金融机构和媒体）	1	2	3	4	5	6	7

第六部分：失败干预策略

序号	条款	很不同意	不同意	较不同意	中性	有点同意	同意	非常同意
1	与之前创业相比，我更能开发有效的途径进行融资	1	2	3	4	5	6	7
2	与之前创业相比，我能帮助企业及时获得金融或财务上的支持	1	2	3	4	5	6	7

序号	条款	很不同意	不同意	较不同意	中性	有点同意	同意	非常同意
3	与之前创业相比，我更能从银行、投资基金或担保公司获得金融上的支持	1	2	3	4	5	6	7
4	与之前创业相比，我能更好地协调好与各级政府、行业协会、顾客和供应商及竞争对手等的关系	1	2	3	4	5	6	7
5	与之前创业相比，我可以处理好与家人、亲戚、朋友、同事之间的关系	1	2	3	4	5	6	7
6	与之前创业相比，我相信其他社会网络成员的建议和信息	1	2	3	4	5	6	7
7	与之前创业相比，我与其他社会网络成员的互动频率更高	1	2	3	4	5	6	7
8	与之前创业相比，我与其他社会网络成员的互动程度更高	1	2	3	4	5	6	7
9	与之前创业相比，我能够顺利地从政府获得财务扶持	1	2	3	4	5	6	7

第七部分：新创企业绩效

序号	条款	很不同意	不同意	较不同意	中性	有点同意	同意	非常同意
1	与竞争对手比，公司职员数量增加较快	1	2	3	4	5	6	7
2	与竞争对手比，公司销售额增长显著	1	2	3	4	5	6	7

序号	条款	很不同意	不同意	较不同意	中性	有点同意	同意	非常同意
3	与竞争对手比，公司新产品或服务增长速度较快	1	2	3	4	5	6	7
4	与竞争对手比，公司市场份额增长显著	1	2	3	4	5	6	7
5	与竞争对手比，公司利润增长显著	1	2	3	4	5	6	7

再次感谢您参与，祝工作顺利，学习进步！

后　记

　　小微企业（microbusiness）作为经济社会的重要组成部分，并且在促进社会就业、减少贫困、保证经济发展和社会和谐等"保民生"方面发挥的作用越来越突出。随着我国社会主义市场经济的深入发展，小微企业的活跃度正在不断提升。但是近年来由于全球经济萎靡、实体经济下行等因素的影响，成本高、税费重、融资难等压力形成叠加效应，严重压缩了小微企业在市场中的生存发展空间，小微企业面临严峻的生存危机与发展难关。

　　20世纪70年代后期以后，由于国际石油危机爆发导致大企业纷纷破产倒闭，而此时中小型企业自给自足的优点得以充分展现。一大批学者从其他领域纷纷转入对中小企业研究的行列中，并对奠定中小企业研究学术基础作出了巨大的贡献。小微企业作为中小企业分支中一个特殊的存在，也受到了学术界足够的关注。研究小微企业，一方面要总结成功的经验；另一方面，又不要存在失败偏见。成功固然是企业家追求的目标，但失败却是十分普遍的现象，并且正是因为许多前期的失败才孕育出来随后的成功。因此，从某种程度上而言，研究小微企业失败现象显得更有意义。目前，国内有关小微企业的出版物，包括译著、论著、文集、案例等，已有数百种之多。这些鸿篇巨著不乏真知灼见，不乏理论创新，我们博采诸家之长，潜心研究与探讨，形成了这本专著。

　　写作本书的初衷与设想有两方面：一是理论上，切合中国目前的国情，着重探讨创业者的失败经历，探寻创业失败背后的主要原因及机理，分析创业失败造成对企业家个人、组织（家庭、企业等）、社会的影响，在此基础上，进一步考察创业者在创业失败后所采取的失败学习行为与失败干预策略，以及失败学习和失败干预对后续创业活动的影响。在从一个全新的视角——连续创业视角，以失败学习和失败干预为核心变量，建立先前的失败经历与随后的创业活动之间的联系，从而构建出一个小微企业失败完整的理论框架，弥补已有研究的不足。二是实践上，帮助创业者能够正确看待失败，积极从创业失败阴影中尽快恢复，并通过有效的失败学习，东山再起。另一方面，帮助政府决策部门从制度层面进行科学合理的顶层设计和战略规划，制定出台务实有效的创业扶持政策措施，切实解决其面临的困难，营造良好的创新创业环境。力求具有实践意义，力求为创业者提供借鉴与启示。

呈现在读者面前的这本专著就是依据上述设想而写的。然而，由于我们志大才疏，设想与事实或实践仍可能有一段距离。我们诚恳倾听广大读者的批评与指正，我们愿意随时修正我们的观点，与时俱进，共同提升小微企业的研究水平。

本书在写作过程中，参阅和选用了一些书籍、报刊的资料，未能一一标明出处，特致歉意和谢忱。

赵飞红

2018 年 7 月 18 日